美しい文字を求めて

造像銘・墓誌・鐘銘

―金石文学入門Ⅱ 技術篇―

鈴木 勉 著

雄山閣

巻頭図版1　骨文（東京高橋蒼氏蔵）…浚い彫り

巻頭図版２　野中寺弥勒菩薩半跏像銘（丙寅年　六六六年説）‥毛彫り

巻頭図版3　山代真作墓誌（戊辰年［七二八］）…毛彫り

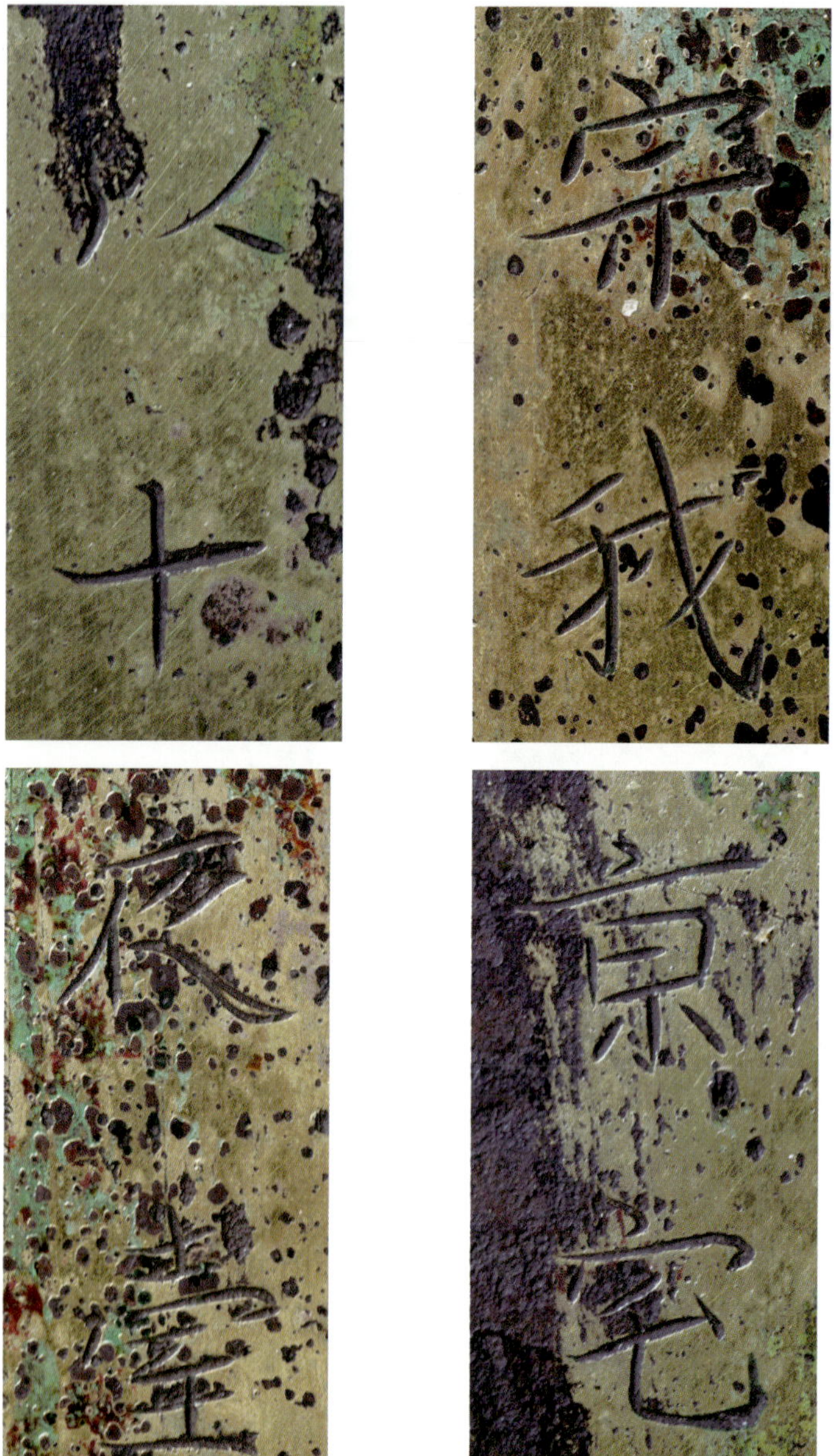

巻頭図版４　石川年足墓誌（天平寶字六年〔七六二〕）…毛彫り、籠字陰刻（一部）

巻頭図版5　妙心寺鐘銘（戊戌年［六九八］）……ヘラ押し陽鋳銘

巻頭図版6　興福寺勧禅院鐘銘（神亀四年［七二七］）…毛彫り

巻頭図版7　横浜磯子東漸寺鐘銘（永仁六年〔一二九八〕）…毛彫り

巻頭図版8　鎌倉円覚寺鐘銘（正安三年［一三〇一］）…薄肉彫り陽刻

〈金石文学入門Ⅱ　技術編〉

造像銘・墓誌・鐘銘　美しい文字を求めて

目次

第一章　文字を刻むこころと技術――11

第二章 中国伝統の文字の技術「浚い彫り」 33

第一章　文字を刻むこころと技術

1　美しい文字を求めて

〈美しい文字を求めるこころ〉

生まれて間もないころの文字、古代中国の甲骨文や金文は、なぜかとても美しい。古代の人々もきっと美しい文字を求めてそれらの文字を刻んだに違いない。古代の人が求めた「美しさ」と、現代の私たちが求める「美しさ」とは同じこころであるのか。それはわからない。しかし、古代の人々も、確かに何かを求めて、美しい文字を望み、書き、刻んでいた。そのことは、甲骨文など古代中国の文字の驚くほどの丁寧な彫り跡（図1）から感じとることができる。

甲骨文を見る現代の人は、古代の文字のかたちやたどたどしさから、古代の技術と文化の未熟さを思ってしまうことがある。私たちが、高度な印刷技術で作られた端正な現代の文字に慣れてしまっている為か、あ

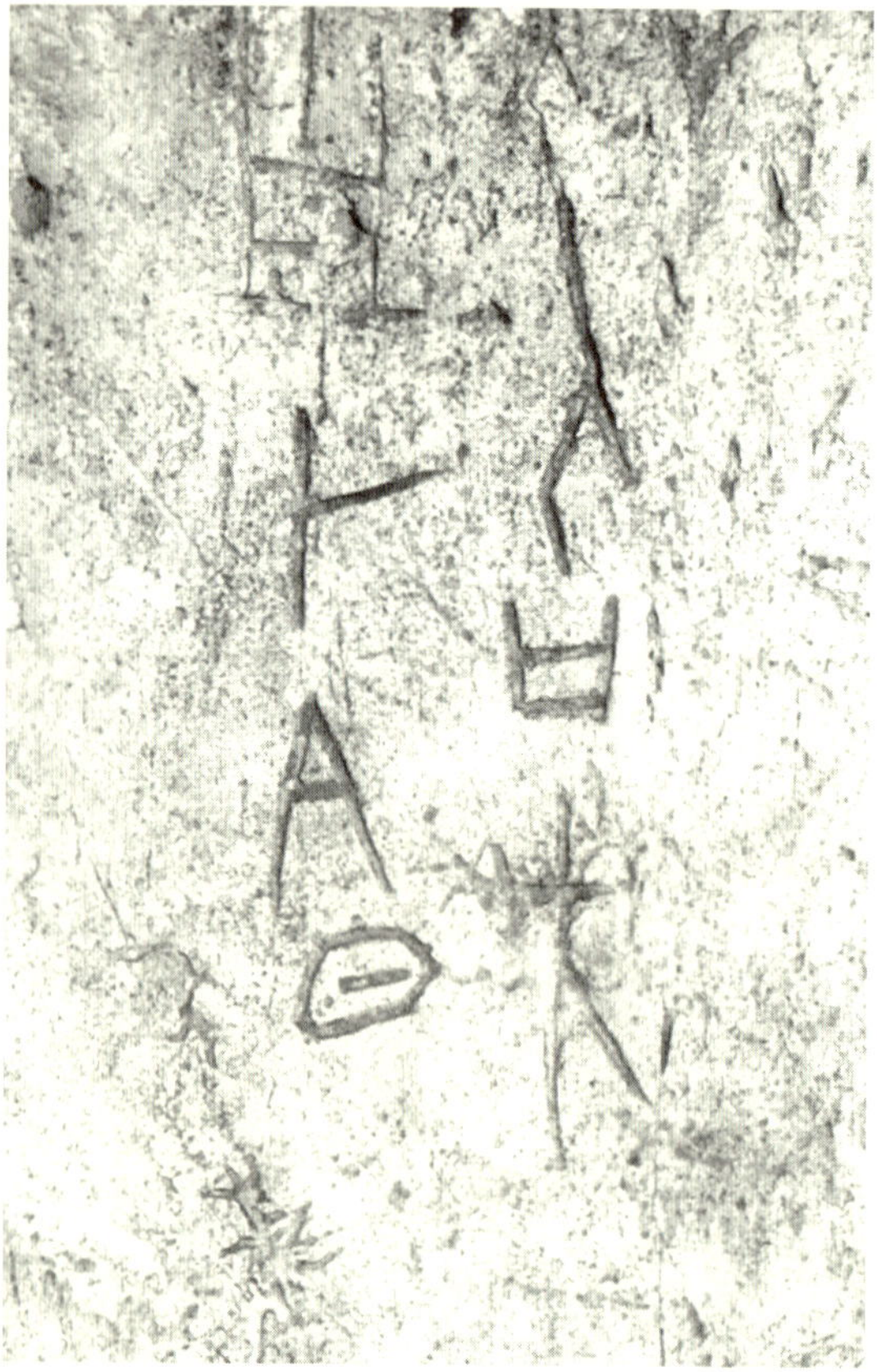

図1　甲骨文の精緻な彫り跡（高橋蒼氏所蔵）

るいは亀の甲や牛の骨に、小さな刀で細い線を彫ることの難しさを感じるこころを、私たちが失ってしまっている為かもしれない。現代は文字を手で書く機会が減り、キーボードを叩けば、プリンタからまことにきれいな文字が現れる。古代人が文字を刻んだのも、それと同じくらい簡単だと思ってしまいかねない。これは、制御盤上の小さなボタンを押せば、核爆弾を積んだミサイルが発射され、数十万人の人が死んでしまう恐怖をオペレーターが感じ取れないのと、きっと同じことなのだろう。

実は、古代から現代に至るまで、文字を書く、文字を彫るということは、人間にとって、とても大変なことであった。文字を書くことがいかに集中力を要する作業であるかを、梅棹忠夫氏は著書『知的生産の技術』の中で次のように書いている。ワープロが世に出る前から、タイプライターをこよなく愛した、梅棹氏ならではの感受性である。

ひとさまにさしあげる手紙は、どういうわけか、鉛筆がきでは失礼だということになっている。わたしも、手紙だけは、まえからペンでかいた。ところが、このペン字というものは、ひどくむつかしいものである。毛筆なら、ふとさと筆勢で、なんとかかっこうがつくが、ほそいペン先で字をかいても、なんともぶさいくな形になって、いやである。一字一字が、かっこうがつかないうえに、全体の字くばりがむつかしい。びんせんに手紙をかいても、うつくしくかけたためしがない。ほんとうにじょうずな字で、きれいにかいた手紙をもらうと、返事をかくのがいやになる。自分ではかけないのに、美的感覚だけがするどくなるというのは悲劇である。わたしは、だんだんと筆無精になった。(1)

仮に、神わざ的によく切れる刀を私たちが手に入れたとして、古代人のように亀の甲や牛の骨のような硬くて脆い材料に、小さな文字を彫ってみたらどうだろう。きっと、古代人の技に感動し、美しい文字を求め続けた彼らのこころを知って驚くに違いない。

〈文字の記号性と非記号性…河野六郎氏の言語論に対して〉

言語は、ことばと文字に分けて考えられている。「ことば」は音声言語、「文字」は文字言語と言い換えることができる。河野六郎氏は、音声言語と文字言語の関係について次のように述べる。

文字も一つの言語記号である。それは音声に依る第一義的な言語記号をその成立の基盤とするが、必ずしも単にそれを写し出すだけのものではない。言語記号として音声と文字はその性格を異にし、その使用を異にする。第一に、音声と文字とではその訴える感覚が違う。言うまでもなく音声は聴覚に、文字は視覚に依る。この感覚の相違は重大である。聴覚が一次元的に進行するに対し、視覚は二次元ないし三次元的に展開する。言語の根本的性格はその線条性、すなわち一次元的展開にあるが、これは言語が本来音声を利用するもので、したがって聴覚に訴えるものであるからである。この根本的性格は文字による言語も従わざるを得ない。文字言語は畢竟、音声言語の上に成り立つもので、その逆ではないから。その意味で文字言語は第二義的な言語である。この線条性という大きな枠の中ではしかし。音声と文字はそれぞれの特色を発揮する。音声は微妙なニュアンスを含みながら連続して流れる。これに対し文字は区分（discreteness）を要求する。その際、音声の微妙な移り行きに対し文字はこれを幾つかの部分に抽象し、それを単位として設定する。したがって文字は音声に通常極めて粗雑にしか対応しない。〈中略〉一般にアクセントのような、いわゆるsuprasegmentalな特徴は文字化されない。たとえ文字化されることがあっても、例えばアクセントの表記のように、ごく大雑把なものである。いわんや抑揚のような感情表現に重要なものは、！とか？といった符号でやっとお茶を濁すに過ぎない。(2)

氏の解析は、音声言語と文字言語の特性を明瞭に捉えていて、わかりやすい。つまり、文字は「微細なニュアンス」や「微妙な移り行き」を表すことが苦手で、ことばのような感情表現はむずかしい、というのである。現代風にいえば、ことばはアナログ的なので微妙な表現が出来るが、文字はデジタル的なので感情などの抑揚のある曖昧な表現が出来ない、となるだろう。

しかし河野氏が規定するところの「文字」の概念に、私はわずかに違和感を覚える。ところが、ここで使われている「文字」を「活字」と読み替えると、素直に理解できる。河野氏は活字をイメージして「文字」の語を使っているのであろう。

文字を使い始めたころの人々は、神に願いを伝えるために文字を用いたといわれる。しかし、文字は、おそらく祭祀の場で披露されたであろうから、神に伝えると同時に、そこにいる他の人間への伝達も担っていたと考えることができよう。つまり、刻んだ文字を、見せて伝えたい何かがあったと考えられる。そのように用いられた文字は、ことばを忠実に写す記号性と、微妙なニュアンスを写す非記号性の二面性を併せ持っていたのである。人は、その時々の状況によって、文字の記号性と非記号性の軽重に変化を与えたであろう。それでも両者は共に文字の重要な機能であった。人は文字の両機能を駆使して、自分の意志や情報を、神や人々に伝えてきた。

河野氏のいうところの文字、すなわち活字は、ことばの記号的表現に適している（実は活字も、必ずしも記号性ばかりの文字ともいえないが）。活字以外の文字、例えば筆やペンで書かれた文字や、石や金属に刻まれた文字は、記号的表現力と共に非記号的表現力も併せて有している。長い文字の歴史の中で、活字が文字の代表格となる時代は、我が国に限定すればこの百年余りに過ぎないのだ。したがって歴史学の範疇で文字を扱う場合に、河野氏がいうところの、感情表現が苦手な「文字」（すなわち活字）を想定することは適当ではない。活字以前の文字が持つ非記号的表現力にこそ注意を向ける必要があるのではないだろうか。古代の人々は、文字の非記号性を決して軽んじてはいなかったのである。

〈日本列島の人々が文字を受け入れた頃〉

文字の記号性と非記号性は、時間と空間という、私たち人間が乗り越えなければならない普遍的な課題の前では、その軽重を争う緊張関係にあった。より広範に情報を行き渡らせたい時代には、記号性が重視され、情報のより微妙なニュアンスを伝えたい時代には、非記号性が重視された。両者の軽重の変化は、周期的に、あるいは反動的に歴史の上に繰り返し現れる(3)。

為政者の意思の表出を、ことば（音声言語）に頼っていた古き時代には、直接的な意思伝達が重要であった。しかし、日本列島に文字がもたらされ、多くの人々がそれを利用するようになった七、八世紀、文字（文字言語）を介した間接的伝達が可能になった。ことばなどによる直接的伝達手段が持つ時間的かつ空間的な限界を、七、八世紀の列島人は、文字の記号的な力で超越したのである。文字は広範な領域を覆う支配体制を確立し、強固な律令制を布くことができたと理解されている。

古代の人々は、新たに受け入れた文字を、その記号性を主に使うことで、情報をより広く、より永く伝えようとしたが、だからといって、それまで情報伝達の主役であったことばの非記号性を軽んずるようになってしまったわけではない。

〈古代の金銀象嵌文字の非記号性〉

文字は、より広範に正確に情報を行き渡らせるのに優れており、ことばは微妙なニュアンスを伝えるのに優れている。言い換えれば文字は記号性に優れ、ことばは非記号性に優れているといえる。しかし、古代の人々は、文字を受け入れるとき、ことばの記号性の部分だけを文字に託したのではない。非記号性の部分も同時に文字に託そうとした。そのことは、刀剣に文字を金象嵌したり、金属器に銘文を陰刻する行為に現れている。彼らは意図・意志の強さや永続性を、刀剣や金属器の上の輝く象嵌銘や陰刻銘の技術を使って、文字の非記号的表現を行おうとしたのである。石や金属に刻まれた文字（銘文）の情報伝達力は、ことばに較べればいかにも頼りない。情報の受け取り側の文章読解力が不十分にあった時代であればなおさら、銘文の記号的表現による情報伝達に多くは期待できない。銘文は確かに遠い未来に対してメッセージを伝えてくれるが、その時代においては、ひっそり石や銅器に溶け込んでしまう恐れもあったであろう。日本古代の金銀象嵌銘は、文字が朝鮮半島や中国からもたらされ始めた頃に集中して現れる。文字の記号性に託された情報が受け取り側の読解力の不足によって十分に伝達されないがゆえに、その非記号性を強調することができる豪華な文字、すなわち金銀象嵌銘が多く利用されたのであろう。

〈文字に託すもの〉

文字を使うようになって以来、私たち人間は、いつの時代も「立派な文字」、「強い線」、「端正な書」、「流れるような線」、「情緒的な筆使い」つまり「より良い文字＝美しい文字」を求め、大きな努力を払ってきた。美しいという表現をいにしえの人々が用いていたとは思えないが、それを宜《よ》しとする文字は確かに存在していた。そうした宜《よ》しとする文字を、本書では美しい文字と表現する。いにしえの人々が求めた美しい文字とは、すなわち文字の非記号的表現に他ならない。では、その美しい文字とは、どのようなものであったか？　また、人々が美しい文字に託して読み手側に伝えようとしたものは何だったのか？

文字の記号性によって表現されたものは、彼らが表現したかったことの一部に過ぎない。時に、意に反して記さねばならなかったこともあったに違いない。となれば、文字の美しさ（＝非記号性）によって表現されるものにこそ、彼らの真意が蔵されているともいえる。人間が文字を使い始めて以来、その美しさを大切にしてきたことがそれを示している。

現代のことでいえば、活字やフォントは、文字の記号性を重視した文字の一形態ではあるが、美しさを全く無視しようとするものではない。美しさを大切に思うがゆえに、様々な種類の活字やフォントを生み出してきた。そしてそれを利用していることが、私たち現代人が、活字やフォントの美しさに「何か」を託したいこころを持っていることを表している。活字やフォントが文字文化の主役になった近現代においても、記号性と美しさ（＝非記号性）の緊張関係は変わらず続いている。それがあるからこそ文字は大きな可能性を持つのであろう。

いにしえの人々が遺した文字や文章から、彼らの真意を知ろうとする金石文学においては、文字の情報伝達手段としての記号性と美しさ（＝非記号性）の、両側面に思いを巡らせることが求められよう。

2　金石文学は情報伝達学

〈いにしえの人々の真意（こころ）を考える〉

文字（言語）は、言語記号の一つとして存在する。人は意思を他者に伝えるために、時には自分自身に示すために、頭に浮かんだことを文字として表出する。金石資料は、いにしえの人が何らかの意思や感情を、文字ないしは文字を記した器物に託して伝えようとして作り上げた「物」であるから、それは、その作った人たちから、同時代や後の時代の人々への語りかけと考えることができる。したがって、それを扱う金石文学は時空を亘る情報伝達学だと位置づけることができる。言い換えれば、いにしえの制作者たちが文字や器物に託したメッセージなどの「情報」を、現代の私たちがどのように受信するか、ということに尽きる。

現代の私たちは、いにしえの人々が遺した金石資料から、どのように彼らの真意を読み取ればよいのであろうか。彼らの真意が文章に映し出されていると考えてよいのであろうか？

ことばも文字も、完全な情報伝達手段ではない。ことばを発する人も、文字を記す人も、伝えたいことの一部しか表現できずに苦しんできた。その上、ことばや文字は、全ての表現手段がそうであるように、自身が伝えたくない部分をも表わしてしまうこともある。もっとうがった見方をすれば、ことばも文字も、自身の「こころ」を隠すために発せられることさえあるのだ。このようなことばと文字の情報伝達手段としての多面性を考えれば、金石文学においても、様々な手段を講じていにしえの人々の真意を探っていくことが求められよう。

〈金石文資料が発する情報〉

そこで、金石資料について「情報伝達」をキーワードにして考えてみよう。

「情報」の発信者である金石資料の作り手には伝えたかったこと、そして隠したかったこともあったと考えなければなるまい。それを分けて考えれば次のようになる。

①伝えたかったことの中で、文字として記号化された情報
②伝えたかったことの中で、文字として非記号化された情報（例えば、かたち、色、動き）
③伝えたかったことの中で、記号化も非記号化もできなかった非文字化情報
④伝えたくなかったが、現れてしまった非文字化情報

①文字として記号化された情報について
近年の金石文学では、金石資料を「文字情報」として解釈しようとすることが多い。ここでいう「文字情報」とは、

文字の記号性のことを指す。金石資料をあたかも活字化された文献資料のように扱おうとするのである。文字の記号性は、金石資料が持つ情報の一部に過ぎない。したがって文字の記号性に特化した金石文学研究では、作者の意思や感情を十分に読み取ることができないのは言うまでもない。

しかし、それでも文章の内容から作り手の意思を理解しようとすることはとても大切である。そのためには、まず文字の形態を正確に捉えることが必要である。つまり、一つ一つの文字が制作時にいかなる形態で記されたかを復元したいところである。

一つ一つの文字を考究することを「釈文」という。釈文の「文」は文章ではなく、「文字」を意味する。つまり、一つ一つの文字をときほぐすことをいう。釈読あるいは解釈と混同されがちなので注意が必要である。

金石文学における釈文作業の重要性については、改めて述べるが、これまでの金石文学において、その重要性は幾度か叫ばれながら、その手法の詳細について解説された著述はない。いかに金石文学が「経験」によって語られてきたかの証であろう。釈文法は「作り手の目に見えていた文字の姿を復元する方法」と規定できるが、これまでの金石文学が、そのことに気付かなかったのは、金石文学を古代から現代への情報伝達学であると認識できなかったためである。いわば、釈文を経験豊かな学者の鑑識眼に委ねてきたために、客観的な「方法論」として確立する気運が生まれなかったのである。情報伝達学という概念を取り入れれば、情報には発信側と受信側があるという認識が生まれ、それによって、まずは発信側の情報を復元することが試みられたに違いない。これまでのいかなる金石文学研究書も、その文字が、情報の受信者である研究者自身にいかなるかたちに「見えるか」のみが重ねて議論されていた。

発信者の情報の一部である文字を復元する釈文の作業は、技術的な解析が有効である。その器物や刻銘の工程を再現し、個別の加工法の特性を知ることで、制作当時の制作者の目に映っていたであろう文字の姿を、高い精度で復元できるようになる。

②文字として非記号化された情報（例えば、かたち、色、動き）について

金石文は、紙などに遺された文字とは異なり、その目的が長く世に伝えることと理解されてきた。確かに、金属や石に文字を刻むことは、長く世に伝えようとして行われるのであるが、それも一面にすぎない。「刻む」行為はその耐久性だけでなく、文化的希少性や、技術的難度などによって文字や文章の象徴性が高められ、同時にその重要性が強調されるという側面もある。その象徴性は、文字が刻まれる器物の希少さや時間的価値によっても左右される。金石文の作り手側は、銘文では表現できないものをその器物に語らせようとする。威力のある「剣」や、神の力を持つ「鏡」、仏教を体現する仏の像などが文字を彫る対象にされるのはそのためである。したがって、その器物をかたちづくる段階で、作り手側の意図を、器物のかたちや色などに託そうとする。そのため、金石文学では器物や刻銘の技術史的理解や、社会的、宗教的理解も必要になる。

③記号化も非記号化もできなかった非文字化情報について

記号化も非記号化もできなかった非文字化情報とは、つまり文字化されなかった情報である。こうした非文字情報をその受信側である私たちが捉えるのは容易ではないが、制作者側の考えが、彼の意図の如何に関わらず、器物の上に浮かび上がることがある。したがって美術史学的な手法や技術史的な手法による金石資料の評価が、彼らの真意の推定を可能にする。

④伝えたくなかったが、現れてしまった非文字化情報

発信者が発する情報には、伝えたいために発信するものと、ある事柄を隠すために発信するものがある。どちらも作

り手側の意図に沿った情報である。したがって銘文の文意が作り手側の真意であるとは限らない。また、作り手側の意図に反して情報が器物に現れてしまうこともある。例えば「手間をかける」ことは、人の意図とは無縁なところにある。同様に高品位なものづくりは「意図するもの」ではなく、「にじみ出るもの」と理解されよう。そうした痕跡を歴史学的に評価することで、作者の真意や制作の背景などを推し量ることが可能になる。「姿良くつくる」、「丁寧に刻む」、「きれいに仕上げる」などという人間の意志的な作業であるものづくりには、作り手側の意図が及ばないところがある。行為とはすべからくそういうものであろう。意に反して現れてしまう非文字化情報を歴史学で取り扱うことも決して不可能ではない。そのためには非文字化情報の評価方法の確立が必要であろう。私は、技術移転論[4]の手法をもって、非文字化情報の評価を試みたいと考えている。

3 二次元・三次元・四次元性文字

〈文字の情報伝達機能〉

「文字も一つの言語記号である。それは音声に依る第一義的な言語記号をその成立の基盤とするが、必ずしも単にそれを写し出すだけのものではない。言語記号として音声と文字はその性格を異にし、その使用を異にする」とされる。[5]そして、私たちは文字言語が音声言語（ことば）を視覚化するだけのものではないことを知っている。

筆者がかつて住んだある町に、「しっこすりざか」と呼ばれてきた急峻な坂道がある。登るにしても下るにしても、とてもしんどい坂である。ところが、いつのころかその名称を地図に載せ、道路脇に標識を立てることになり、表記は

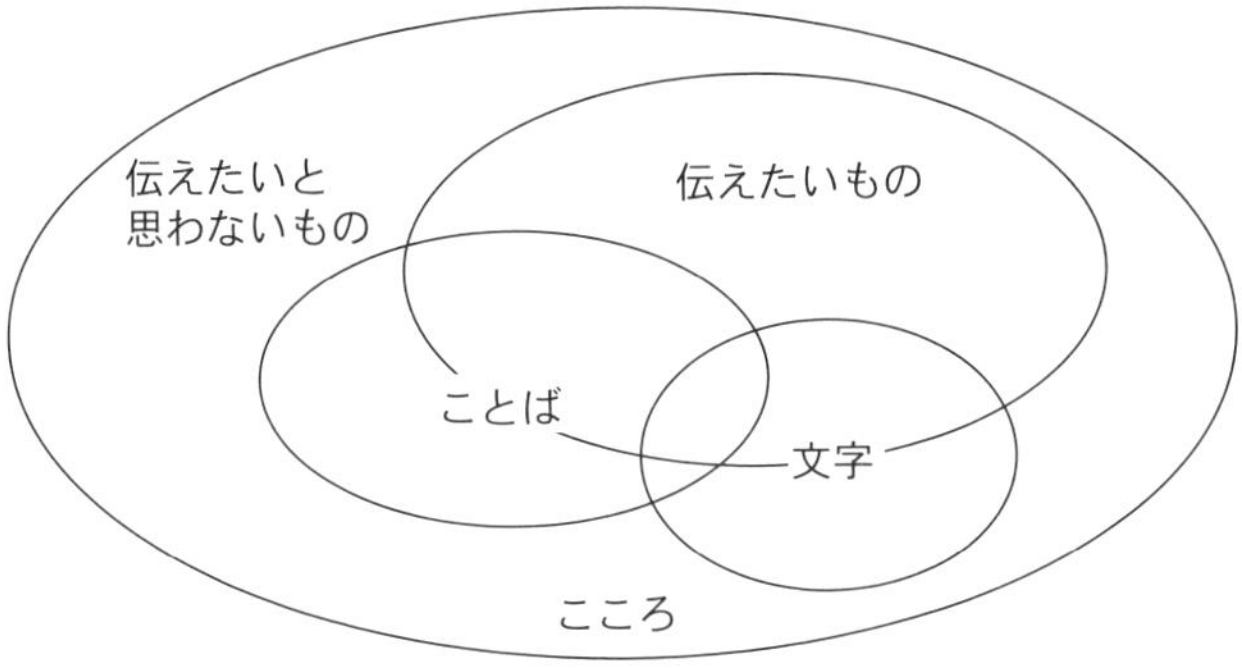

図２　こころ・ことば・文字の関係図

「尻こすり坂」となった。それから四〇年あまり、もう「しっこすりざか」と呼ぶのは、その地域でも五〇歳以上の人ばかりとなり、「しっこすりざか」は「しりこすりさか」となった。若い人に聞くと「しっこすりざかとなまって呼ぶ人もいる」という。

この話はことばが文字で表記された結果、逆にそれによってことばが変化してしまった一つの例であるが、私はそこで失われたものがあると感じている。フウフウいいながら、坂道を上っている情景が失われたのである。恐らくはその急峻さを強く伝えたいために、馬車や荷車を引いた人や自転車を押した人は、「しっこすりざか」と、最初の促音に力を込めて口から発したに違いない。また、促音を強めるだけでは、坂道を登った大変さが十分に伝わらないと考えた人々は、歯を食いしばるジェスチャーや、目を大きく見開いて、その大変さを伝えようとした。大人も子供も、かつては妻や母にそうして伝えたはずである。

人はこころの中の伝えたいものを、ことばにして相手に送る。しかし、ことばだけでは自分の感情や意図を十分に伝えることはできない。語る人はその不十分さを意識してかしないでか、表情や手振りを加えて補おうとし、時には語気を荒げたり、やさしい声音を使う。私たちは、ことばにする段階で、すでに「伝えたいもの」の何割かを失っているのである。

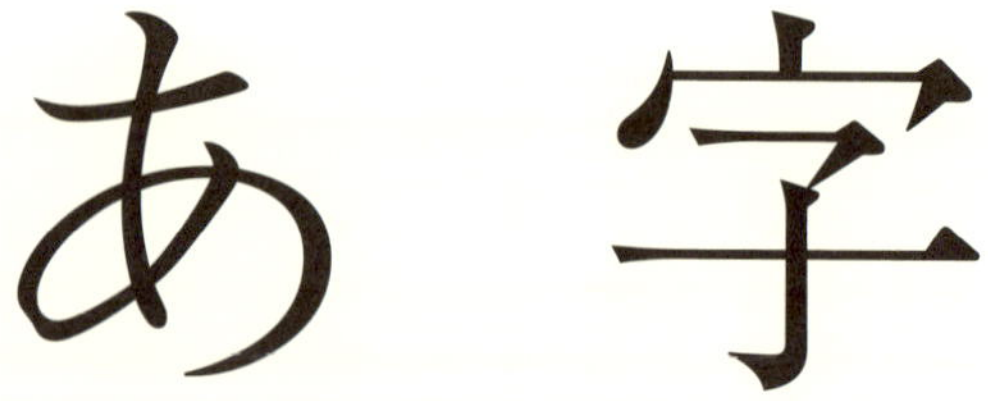

図3　明朝体活字

また人は、ことばを経由して、こころを文字化する。しかし、ここでも「伝えたいもの＝こころ」の何割かを失っている。失うものがあるにもかかわらず私たちが文字化を進めるのは、文字や文章が、それ以上の利点を持っているからであり、今後も私たちはその歩みを止めることはないであろう。しかし、失うものが大きいために、それを補完すべく私たちの祖先はいつの時代も努力を重ねてきた。

このような、こころとことばと文字の関係を図に表すと、図2のようになる。ことばは「伝えたいもの」以外のものを伝えてしまうこともある。それと同様に、文字もことばが伝えきれないものを伝えてしまうことがある。図2の文字やことばの領域が「伝えたいもの」以外の領域にはみ出していることや文字の領域の全てがことばの領域に含まれていないのはそのことを示している。文字を情報伝達のツールとして使う私たちは、その機能の可能性と限界についてしっかり捉えておく必要がある。

〈二、三、四次元性文字と識別性〉

筆で書かれた文字や石や金属に刻された文字の多くは、文字線の太さが一様ではない。その文字線の太さの変化のことを「肥痩」という。現代では文字がボールペンやシャープペンシルで書かれるようになったためか、文字線には肥痩がなく、同じ太さで表現するものと思われることが多くなったようだ。古代から現代に至るまで肥痩の無い文字がなかったわけではない。しかし、文字のほとんどはその文字線に肥痩があった。さらに現代最も多く使われる活字の明朝体でも文字線に肥痩が見られる（図3）。なぜであろうか。

明朝体が使われるのは、端正で読みやすいためである。特に小さい文字が使われる本や書類などでよく使われる。一方、大きい文字が必要な、看板や本の表題などにはあまり使われない。明朝体の視覚的な解析などは、ここではおいておくとしても、文字線の肥痩が文字を読みやすくしていることは間違いない。

では、なぜ文字線に肥痩があると読みやすくなるのであろうか？　おそらくは、次のことを挙げることが出来るのではないか。なお、「読みやすい」をここでは「識別性が高い」と言い換える。

①筆で書かれた文字の文字線の肥痩は筆圧の強弱が現れる。つまり、太い部分は強さが、細い部分は弱さが現れる。強弱が文字線の識別性を高める

②肥痩によって、はらいやハネの向きがわかり、それが識別性を高める

③肥痩によって、収筆部で筆が止められているか、抜かれているかがわかり、それが識別性を高める

④起筆部と収筆部に、墨だまりができることによって、文字線の方向性を見いだすことが可能になり、識別性が高まる

⑤文字線の肥痩は、筆の進みの速い遅いを反映することがある。たとえば、線幅が細くなる部分では、筆の進みが速くなった印象が生まれる。同じ太さの筆を使い、筆の毛に含まれる墨の量を同じとし、同じ紙に書くとすれば、筆の進みが速いほど文字線の幅が細くなることを、私たちは経験的に知っている

①は、文字線の二次元（平面）的表現に、文字線の「深み＝強弱」の評価を加えたもので、文字の三次元的な表現といえる。それが識別性を高めている。

②～⑤は、さらに文字線の方向性（動き）やその速さ、つまり時間の流れを加えたもので、文字の四次元的な表現と

いえる。それが一層識別性を高めることになる。

文字が単なる直線や曲線の組み合わせで成り立っているとすれば、文字は二次元的な表現手段である。しかし、文字線の肥痩によって深浅が表現され、更にそれによって強弱が表現されることが理解されれば、文字は三次元的な表現手段となる。さらにまた、筆記具の動きの方向やその速さの表現が理解されれば、文字は時間の流れを加えた四次元的表現手段となる。

私たち漢字文化圏の人間は、文字線に肥痩を付与することで、その三次元性を、また時には四次元性までをも感じ取って文字の識別性の向上に役立ててきたのである。

情報伝達手段としてのことばの役割に対する、文字の役割は「確実性」と「不易性」にある。それゆえに、文字に求められるものの第一義は「識別性」である。その「識別性」を高めるために、私たちの祖先は文字の表現力を二次元から三次元へ、そして四次元へと進化させていったものと考えることができる。

また、筆順に定められたものがあるとは一概にいえないまでも、筆順が識別の大切な要素となってきたことも否定できない。文字のほとんどが手書きであった古代においては、現代の教科書的なテキストもなく、文字の形態の標準化は難しかったであろう。したがって、それだけ文字は識別性が重視されていたと考えることができる。そこにおいて、一定の筆順は、文字の三、四次元性による識別をより確かなものにする。近現代の文字の教育でも、筆順が重視されてきたが、それは、いつの時代も、教育する立場の者たちが、意識的にせよ無意識的にせよ、筆順が文字の三、四次元性と表裏の関係にあり、それを保持することが文字の識別性を高めることを、理解していたためであろう。

〈記号性を超える文字の三、四次元性〉

この世に起こることは、すべからく時間の経過を含んだ四次元的事象であるから、伝えられる情報も本来は四次元的であるはずである。ところが、伝える役目を持つことばや文字の表現は、シーケンシャル（線条的）でしかない。例えば、人が食事をする時、茶碗を持つ左手と、箸を持つ右手は、同時に全く異なった動きをし、これまた同時に、目は、次に食べようとするおかずを探している。また、耳は、向かいに座った子供のおしゃべりを聞き、歯は固い肉を噛みながら、舌は、かみくだかれた米粒をのどの奥に送り込もうとしている。こうした同時性や時間的関連性を持つ事象のありのままを、ことばや文字で表現することは不可能である。ことばや文字は接続詞を上手に使いながら一つ一つ線条的に表していく以外にない。

そこで人間は、ことばや文字では伝えきれないものを、別の手段で伝えようとする。ことばを発するときに、ジェスチャーや発音の変化を使うように、文字を書く時には、筆やペンの動きの変化や、筆圧の強弱で自分のこころを表そうとする。

ことばが口から発せられる時には、発音の強弱や、ジェスチャーや、音の遅速によって、ことばを発する人間の心象を、ありあまるほどに伝えてしまうのと同様に、文字の書き手も、自身の心象を筆に乗せて伝えようとする。文字線の肥瘦が間接的に表す筆圧の強弱は、書き手の意思の強弱などの三次元的要素を伝え、同じく肥瘦が間接的に現す筆の進みの早さや遅さは、書き手の心の動揺や、心の移り変わりを伝える。口から発することばが記号性以外の何かを表現しようとするのと同じように、いや、同じというよりは、文字独自の方法によって、文字はその記号性を超える何かを表現しようとするのである。活字文化が広まって以来、文字はその記号性ばかりが重視されてきたのかもしれない。しかし、本来的に文字は、その記号性を超えるもの、つまり非記号性と共にあるのだ。

4　文字を刻むこころと技術

〈刻まれた文字と書かれた文字…阿辻哲次氏の文字／書籍論に対して〉

昭和時代の文字は、紙にボールペンやシャーペンで書かれたものや印刷されたものが多かったが、現在の私たちは文字をPCのディスプレイやスマートフォンの画面で目にすることが多くなった。この二〇年くらいで、私たちと文字を繋ぐ世界は大きく変貌したといえる。こうした文字を取り巻く環境の劇的な変化は、いつの時代にもあって、文字はそのつどそれに対応して生きてきた。それでも、文字というのは紙や木の上に筆やペンで書かれるものとの認識が残っている。そのような認識が生まれたのは、日本では一四〇〇年前の聖徳太子のころ、中国でも戦国時代以後のことだ。つまり、それ以前の文字は、中国でも日本でも何らかの器物に刻まれたか、鋳込まれたものであった。紙や木に書かれるようになって、文字は大きく変質したと考えられている。そのあたりの事情について阿辻哲次氏は興味深い解析を行っている。

（前略）これまで紹介してきた卜辞（甲骨文など占いに用いた文字）や金文は、非常に古い時代の文字による記録ではあるものの、しかし厳密な意味ではいずれもそれらは書籍ではない。〈中略〉

書籍とは、なんらかの思想や知識または情報を、同時代または後世の不特定多数の読者に伝達することを想定して執筆される著述である。したがって、書籍であるからには、それは誰に対しても開かれたものでなければならないのだが、卜辞と金文が万人に対してオープンであったとはとうてい思えない。

また、書籍はそれが書かれる素材を選ばないという点も、書籍の成立を考える時には重要なポイントである。ト辞は実際に占いをおこなった甲羅や骨の上に記録されて、初めて占いの記録としての意義が完結される。また青銅器の銘文も同様であって、銘文を青銅器から切り離して独立させれば、その文章は本来の存在意義を失うのである。それに対して書籍とは、後世における通常の形態のように紙に書かれるものだけではなく、木簡や竹簡という木や竹の札に書かれようが、帛書という絹の布に書かれようが、いずれの場合でも書籍としての機能にはまったく変化がない。つまり重要なのは書かれた文章の内容であって、使われた素材は書籍にとって本質的な問題ではない〈後略〉(6)。

阿辻氏は、金石文に対する概念として「書籍」という語を新しく提示して、金石文と書籍の間の本質的な違いを指摘しようとしたのである。この解析は、氏の思惑とは異なるが、金石文の何たるかを明確にしている点において、大いに有益である。つまり、卜辞は甲羅や骨を離れては、また金文は青銅器から切り離しては、「その文章は本来の存在意義を失う」とする。この指摘は正しい。しかし、一方の書籍に対しては、どのような素材に書かれても、その文章の機能にはまったく変化がないとしているが、本当にそうだろうか。どのような文章であれ、その作り手からすれば、書く素材にこだわらない人はいない。この文章を、絹に書くのか、木簡に書くのか、あるいは、長期保存できる紙に書くのか、すぐに傷んでしまう紙に書くのか、また、上質な金箔で飾った紙に書くのか、安価な紙に書くのか、など、その素材を吟味しない人はいない。阿辻氏の指摘するところのどのような素材に書かれても、その文章の機能にはまったく変化がないというのは、文章を理解しようとした後世の人々が、文字の記号性にしか目を向けず、文意だけを読み取ろうとしてきたことを端的に表している。つまり、阿辻氏自身が金文以降の文字について、その記号性だけを読み取ることに専念してきたことを告白してしまっているのである。阿辻氏に限らず、活字時代に育った研究者達は、文字の記号性にのみ注目してしまう傾向がある。文字を記号性だけで解釈しようとする活字時代の人々こそ、長い文字の歴史の上では、異端かつ少数派ともいうべき存在である。阿辻氏の解析は、氏自身が、活字文化に浸りきり、情報の受け取り側から古代の文字を見ようとしていることを示しているともいえる。そうではなく、文字の書き手、文章の作り手の視点に立てば、記号性だけでは表現しきれなかった部分、つまり、非記号性の部分に託そうとしたであろう彼らの真意（こころ）について考えることができるであろう。例えそれが古代から現代への情報伝達であるとしても、情報の発信者、つまり書き手が何を発信しようとしたかを考えることが、情報伝達学としての金石文学の新しい視点である。

〈文字は記号か？…梅棹忠夫氏の筆跡論に対して〉

古代の人々が甲羅や骨に文字を刻み、青銅器に文字を鋳込むとき、何らかの思いを込めて行ったであろう。では、文字を手書きする場合に、書くことに人の思いや感情は存在しないのであろうか？　このことについて一九六九年に梅棹忠夫氏が率直に書いているので、引用してみよう。

> 毛筆の字はもちろんのこと、ペン字だって、日本では美的鑑賞の対象である。そればかりか、筆跡は人がらを反映する、などというばかげた迷信があって、字は、倫理的批評の対象にさえなる。履歴書は毛筆でもペンでも、本人がみずからかく、というのが常識になっているが、それも、人を採用する側では、筆跡によって、いくらかは人物を鑑定できるような気になっているのかもしれない。
>
> 　というようなことをかんがえると、ますます字をかくのがいやになる。美的・倫理的な立場をはなれても、すくなくとも筆跡が個性をもつことはさけがたい。自分の字は、他人の字と一ぺんにみわけがつく。なんだか自分の分身をみているようで、気もちがわるい。西洋人は、手紙でも何でもタイプライターでたたいてしまうから、個性もへったくれもない。さっぱりしたものだ。わたしたちも、ああいうぐあいにゆかないものかな、とかんがえた。

〈後略〉（傍点は筆者）⑺

梅棹氏は、文字を書くときの自分の感情を包み隠さず書いてくれており、書き文字より、活字やタイプライタの使用を薦める意図を表している。活字やフォントに埋めつくされてしまった現在の日本ではあまり聞くことができないが、ワープロが普及し始めたころには日本中のどこにおいても語られた話である。しかし、文字を書く苦労が無くなった現在では、同じ文章でありながら逆に文字の非記号性の重要性を訴えかける内容に読めてしまうから不思議だ。梅棹氏の主張がどこにあるにせよ、書き文字には大きな非記号性が備わっていることがわかる。つまり、この非記号性は文字の忘れてはならない重要な機能なのだ。梅棹氏は、「筆跡は人がらを反映する、などというばかげた迷信があって」と述べながら、すぐその後で「美的・倫理的な立場をはなれても、すくなくとも筆跡が個性をもつことはさけがたい。」と記す。「人がら」と「個性」がどのように違うのか私にはよく分からない。筆跡が個性を持つという「恐ろしい現実」の前で、梅棹氏がかなり動揺していることは確かである。文字の非記号性の重大さを一番知っているのが梅棹氏だともいえよう。それだけの機能を持つ文字を使ってきた、古代から最近までの手書き時代の文章の作り手が、非記号性という文字の重大な機能をおろそかにするはずがない。記号性では表現できない意思を非記号性に託して表現しようとしてきたのは当然である。

書き文字と同様に、いやそれ以上に文字の非記号性を発揮させやすい器物への文字の彫り込みや鋳込みでは、その技術の力を借りて、より一層豊かな表現を指向することになる。文字を彫りつけたり、鋳込んだりする作業は、書くことに比べて数十倍から数百倍の手間がかかり、必要な技術の希少性も著しく高い。それだけの深い思いを込めて、一文字一文字を器物に刻んだのだ。

〈刻銘技術の選択に見る作り手側の意図〉

器物に文字を刻む「刻銘技法」には、様々なものがあるが、それぞれに特徴がある。したがってどの技法を選択するかは、何を伝えようかという目的による。その特性の中に、それを選んだいにしえの人々の意図が現れる。はじめに文字をどう表現し、何を伝えるかという作り手側の意図があり、数ある刻銘技法の中から、その意図に適合するものが選択される。したがって、刻銘技法から、作り手側の意図を考察することが可能である。例えば、文字を、より大きく表現するために籠字陰刻技法が採用され、下書きの文字のかたちを重視するために浚い彫り技法が採用され、また、文字をきらびやかに飾るために象嵌技法が採用されるといったことなどが考えられるのである。

（注）

（1）梅棹忠夫　一九六九『知的生産の技術』岩波書店　一二三頁
（2）河野六郎　一九七七「文字の本質」『岩波講座日本語8　文字』4頁
（3）茂木健一郎　二〇〇八『思考の補助線』筑摩書房　六一頁
（4）技術移転論については、以下の拙稿を参照されたい。鈴木勉・松林正徳　一九九八「日本古代における技術移転試論Ⅰ―技術評価のための基礎概念と技術移転形態の分類―（金工技術を中心として）」（『橿原考古学研究所論集』一三、吉川弘文館）、鈴木勉　二〇〇六「付説三　概説・技術移転論」（『復元七支刀―古代東アジアの鉄・象嵌・文字―』雄山閣）、鈴木勉　二〇〇八「古代史における技術移転試論Ⅱ　文化と技術の時空図で捉える四次元的技術移転の実相」（『橿原考古学研究所論集』一五、八木書店）
（5）河野六郎（2）の文献に同じ
（6）阿辻哲次　一九九三『漢字のベクトル』筑摩書房　一四七―一四八頁
（7）梅棹忠夫（1）の文献に同じ　一二三頁

第二章　中国伝統の文字の技術「浚い彫り」

1　甲骨文字の刻銘技術…浚い彫りの始まり

〈藤枝晃氏の三角鑿説〉

漢字の始まりとされる甲骨文は、一見すると簡単にシュッシュッシュッと彫られたかのように見える。長い研究史の中でも長く線彫り技法で彫られたと考えられてきた。しかし、それにしては端正にすぎる。美しすぎる。と筆者は思ってきた。

藤枝晃氏は、その刻銘技法について次のように述べている。

> 今日、印判屋が使っているような片刃の刀で刻ったものでもなく、篆刻家の使う両刃の刀で刻ったものでもない。手工用の三角鑿と同系統のもので、それもかなり鋭い刃物で一気に刻らなければ、こういう強い線は出ない。[1]

手工用の三角鑿とは、おそらく誰もが一度は手に取ったことのある版画用の「三角」という彫刻刀を指していると思われる。藤枝氏は、「一気に刻った」強い線と理解したのである。また、甲骨文は、一見肥瘦のない線が組み合わされているように見えるので、そこから藤枝氏は線彫りを想定したのかもしれない。いや、ほとんど、そう確信したのであろう。その判断を下すのに逡巡した様子は、文面からは読みとれない。

〈董作賓氏の「甲骨文断代研究例[2]」と貝塚茂樹氏の「契刻體・筆寫體」説[3]〉

董作賓氏は一九三二年に発表した「甲骨文断代研究例」の中で、出土甲骨資料をその結体の変化と書体の変遷によって次の如く第一期～五期に分類した。これによって甲骨文研究は飛躍的に深化したといわれる。

第一期的雄偉
第二期的謹飭
第三期的頽靡
第四期的勁峭
第五期的厳整

また、董氏は、同じ論文の「書契之具」の項で、筆と工具について、次のように論じている。

1、筆
（前略）至於殷代使用毛筆、我們還有直接的証拠、是在卜用的牛胛骨版上発見了写而未刻的文字。〈後略〉
2、刀
在第三次発掘大連坑附近大亀四版出土之地、我們會発現過一把小的銅刀、甚似現世刻字者所用、這大概就是殷人契刻文字的工具。

出土した甲骨の中に、毛筆によって文字が下書きされたままで彫られていない事例があることを報告し、それに続いて、亀甲版と同じ所から出土した「銅刀」が、甲骨文を彫った工具であろうとしているのである。厳密には、これが文字を彫った工具かどうか、はっきりしたことは分からないが、董氏は、そう推定した。いずれにしても鉄器が使われていなかった時代であるから、銅製の刃物か、石製の刃物が使われたのであろう。

貝塚茂樹氏は、上記の董氏の第一期から第五期の分類のそれぞれについて、「筆意」、「流麗な書風」、「筆畫豊潤」、「やや柔らかい筆」などの語を用いて再評価し、更に、第一期の頃の発掘資料に、朱墨で下書きされた例があることを考え合わせて、甲骨文を「契刻體」と「筆寫體」の二つに分けた。契刻體は「書体の筆画が直線的であることは筆によって書く文字ではなくて刀によって彫り込むのに適している」とし、筆寫體を「曲線を愛用して書体は、筆で写した文字にふさわし」く、「筆寫體をもととしてこれを刀で彫った」とした。(4)

貝塚氏は、甲骨文研究に多大な業績を残しているが、なぜかその刻法については多くを語っていない。僅かに次のように「線彫りではあるが」と記されるのみである。


〈前略〉このように朱墨をもって字を埋める習慣は、トいに使用された甲骨が神聖な記録として美化して殷王室に保存されたことを示している。そこに文字を美しく書こうという書道の意識の萌芽が見られる、といえよう。〈中略〉線彫りではあるが、雄偉な書風はここにも現れている。〈後略〉(5)（傍点は筆者）

貝塚氏、藤枝氏らが研究を重ねた時代、甲骨文は「線彫り」との説が通説化していたようである。その中で貝塚氏が指摘するところの「筆寫體をもととしてこれを刀で彫った」とする説は重要である。つまり、貝塚氏は下書きの筆で書いた肥瘦のある文字線を「貞人」が忠実に彫ったと解釈したかったのであろう。しかし、氏はそうしながらも「線彫りではあるが…」と記した。その背景には、それを疑うことができないほど「線彫り」説が定着していたことが推測できる。また、同時に貝塚氏自身が、そこに大きな技術的矛盾があることに薄々気付いていたからこそ「線彫りではあるが…」と記述したことも推測できるのである。

〈三原研田氏の「ジカ刻」説〉

三原研田氏は、下書きの後に刀で刻んだとする貝塚氏説を批判し、「傍に木片とか亀甲版上に墨書した範書もしくは原稿の卜辞がおかれていて、それを見ながら刻字していくのではないか」と述べ、「ジカ刻」説を提案した(6)。また、「現今の彫刻刀のV字型で垂直に入れそのまま放り出したような契刻や片刃刀で毛髪よりも細く、しかも起収のない刻法のもの、起収に特に圧力をかけたもの、起筆のみ圧強く末端を放り出したもの、時にU字形でふっくらと運んで、いく分鈍重になったもの等少くとも十種類ほどの刀の性能とその運びに伴う個性的な風格の相異が認められる。銅刀も決して一様のものではなかったのだろう(7)」とした。三原氏の観察は精細を極め、技巧的な側面に注意力を注いだ観察結果を遺してくれている。近接して観察を繰り返すことによって、古代の刻者とこころを通わせたことが氏の論文から窺える。しかし、彼も甲骨文は一刀のもとに刻されていると信じ切っていたようである。三原氏の主張が正しく、刻者が「ジカ刻」したとしても、それは必ずしも線彫りであることを意味しない。線彫りか浚い彫りかなど、より具体的な刻法に関する観察報告が記されていないことが惜しまれる。

〈硬脆材料に「三角鑿」は通用するか?〉

筆者はかねてより、甲骨文は、一回の加工で一本の文字線を加工する線彫りばかりではなく、細く小さな文字線の輪郭を丁寧になぞった浚い彫りによって彫られたものも多いと、考えてきた(8)。甲骨文は、一見彫刻刀などで簡単に彫りつけたように見えるが、丹念に観察すると、一本一本の文字線が大変精緻に彫られており、文字線の溝の周囲に、「割れ」、「欠け」が認められない。殊に牛の肩胛骨は硬脆材料である。硬くて脆いという意味で、落としたり叩いたりすれば、欠け、割れ、ヒビが入る可能性が高い素材である。片刃であれ、両刃であれ、篆刻刀のようなものを硬脆材料に突き入れれば、その両側に欠けが生じることは、篆刻の経験のある人ならば容易に理解できる。硬脆材料の欠けやすさを理解しているからこそ、藤枝氏や三原氏は「手工用の三角鑿」のような刃物を想定したのである。それも頷けないことではない。

硬脆（かたくてもろい）材料の加工では、切りくずを上手に逃がすことが大切である。材料に刀を入れることは、刀の両側の材料に大きな圧力を掛けることになる。展延性を持つ（延びたり縮んだりする軟らかい）材料は刀を突き入れると、刀に押し出された材料が溝の周囲に「盛り上がり」や「カエリ」となって現れる。しかし、硬脆材料の場合は、展延性が無いため、突き入れられた刀に押し出された材料は、割れてはじき飛ばされることになる。すなわち「欠け」が生じるのである。硬脆材料の場合、欠けは避けられないのだ。そこに技術的な工夫がなければ、欠けのない綺麗な線を彫ることはかなわない。そこで古代の工人は、工夫を重ねて一つの方法を考え出した。突き入れた刀の片側に切りくずを逃がしてやれば、もう一方の側の欠けは回避できる。つまり、ある幅を持つ溝を彫る場合は欠けを溝の中心側に集めれば良いのである。一本の文字線（溝）を一気に彫ろうとせずに、文字線（溝）の両側を片側ずつ二回に分けて彫り、切りくず（欠け）を溝の中心側に排出してしまう。これを加工技術の分野では「逃がす」といい、切りくずを逃がす側の刃の面を「すくい面」という。

溝の中心側に切りくずを逃がすことは篆刻家であればだれでもが常識的に実施している「技術」であるのだが、それが「手法」として確立しているために、多くの篆刻家は、それを「技術」として認識していないのかもしれない。しかし、この高度な「技術」によって、硬脆材料である印材の加工において「欠け」の痕跡を印面に残さないことができているのである。

藤枝氏や三原氏が推定する「手工用の三角鑿」は断面V字形の溝を彫る工具であるが、このV字の角の大きさに、注意してほしい。甲骨文の文字線の幅は、細いものでは〇・二～〇・三㎜程度のものがある。通常は太いところで〇・五㎜前後であろう。「手工用の三角鑿」を使う目的は、削った時の切りくずをV字形をした三角鑿の内側へ逃がすことにある。内側の部分が刃物の「すくい面」となる。太さ〇・三㎜の線を彫るに際して「すくい面」の機能を発揮させるためには、三角鑿のV字の角《かど》の内側を〇・一㎜以下の曲率で研ぎ上げる必要がある。鋼のような、硬さと粘り強さの両方の性質を持つ工具用素材が、甲骨文の時代に存在していたと仮定しても、V字の角の内側を〇・一㎜内外の曲率に作ることは、ほとんど不可能である。

貝塚氏は、こうした技術的限界や、「筆寫體」と「線彫り」との間にある技術的矛盾について感じ取っていたように思われるのである。氏の観察眼の高さを示すものである。

〈甲骨文字を精密観察し、三次元計測で検証する〉

二〇〇一年、筆者は甲骨文を手にとって観察・調査する機会に恵まれた(9)。デジタルマイクロスコープで観察すると図1～4のように、文字線の両端部がM形になっていた。次にこの文字線の断面形をレーザー三次元計測機で計測したところ、一つの甲骨片の中にもかかわらず、それぞれの溝の断面形が異なっていた（図5）。藤枝氏や三原氏が推定する「手工用の三角鑿と同系統のもの」で加工したとすれば、どの溝の断面形状もほぼ同じ形になるはずである。つまりこの甲骨文は文字線の両側を二回に分けて加工している、つまり、浚い彫りで刻されているのである。

この資料の信頼性が高いとすれば、この事実によって貝塚氏の指摘する「筆寫體」や筆者の「浚い彫り」が裏付けられることになる。今後精細な観察手法が普及すれば、信頼性が高いとされる資料についても同様の成果が期待できよう。ひとまずここでは、すでに甲骨文の時代の文字は浚い彫りで作られたものがあるとして考察を進めることとする。

筆者は貝塚氏の指摘する「契刻體」の時代、つまり、董氏が分類するところの第一期と第四期においても、浚い彫りが使われていたと考えている。その時代の文字の細い線が、意図的に精緻に刻まれていると見えるからである。

甲骨文に浚い彫りが使われているとすれば、中国中原の人々は、文字が生まれたころから文字線を肥痩のあるものと

図1　獣骨文▲

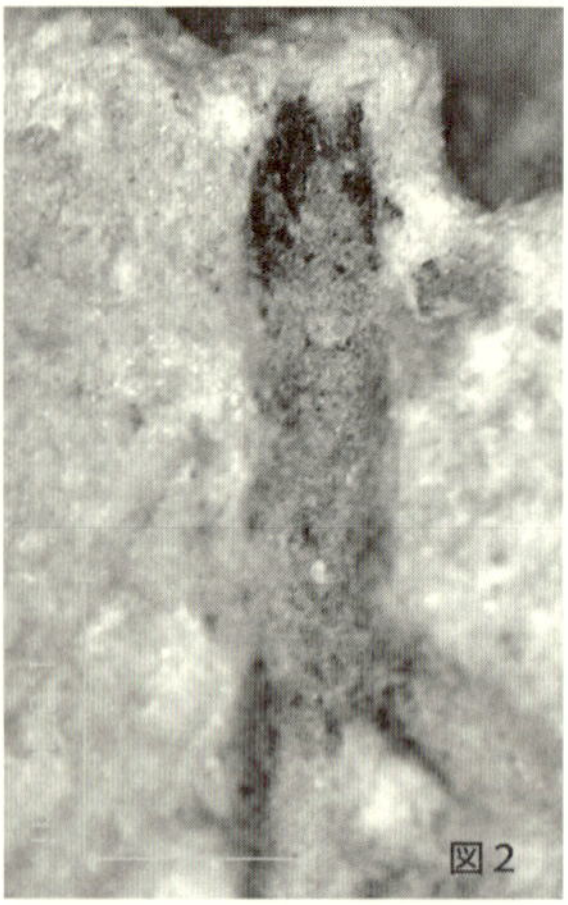

図2◀、3▶、4▼
獣骨文の筆画の
端部拡大（M字形）

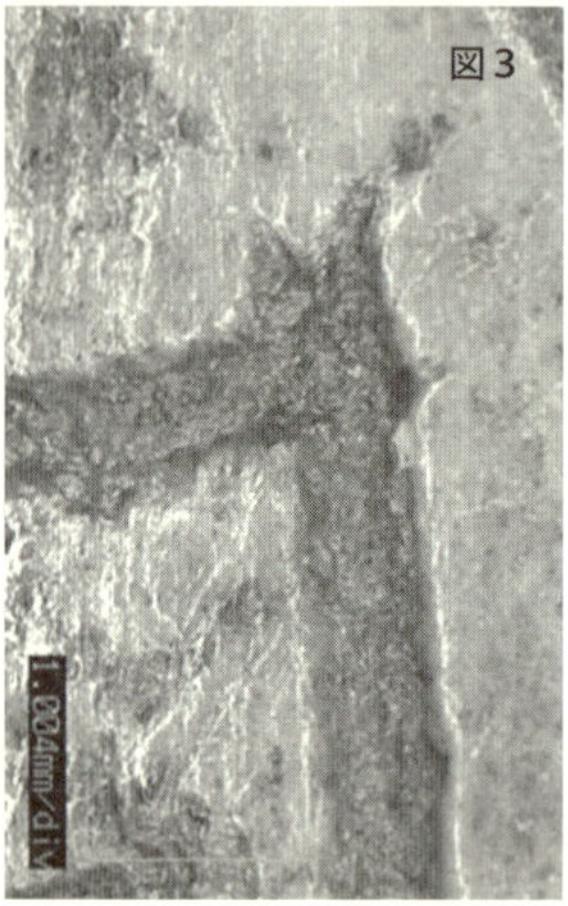

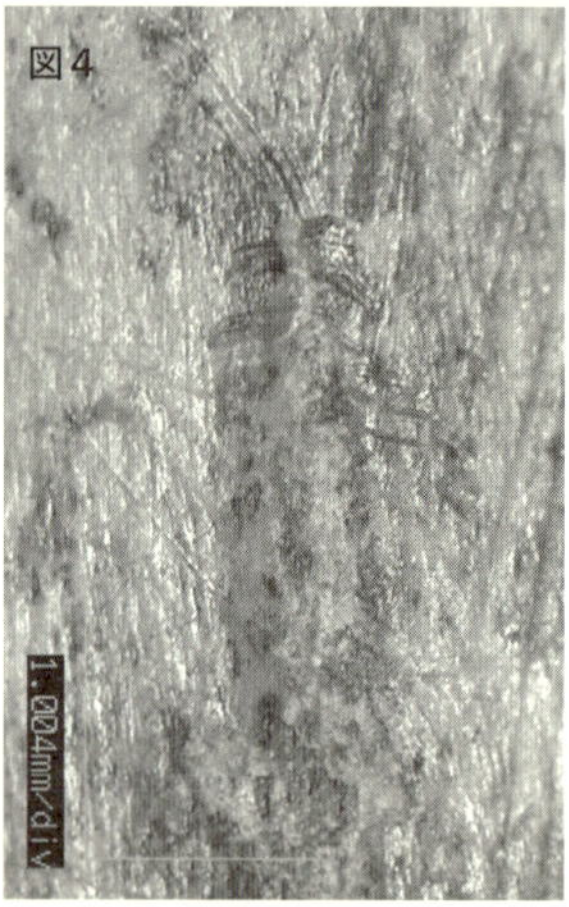

認識していたことになる。言い換えれば、文字の識別に文字線の肥痩をも利用していたのである。また、「刻す」という行為の中に、線の強弱＝思いの強弱が含まれると考えていたことも推定できる。付け加えれば、貝塚氏が指摘するように甲骨文には「筆意」「流麗な書風」「筆畫豊潤」「やや柔らかい筆」が感じ取れるのであるが、それは刀のことを考慮すれば、「刀意」、「刻風」、「抑揚のある刀」とも言い換えることができ、当時の人々が文字線の動きや、時間的変化を表現し、理解しようとしていたと考えることができる。つまり、甲骨文は浚い彫りによって、三、四次元的識別性と表

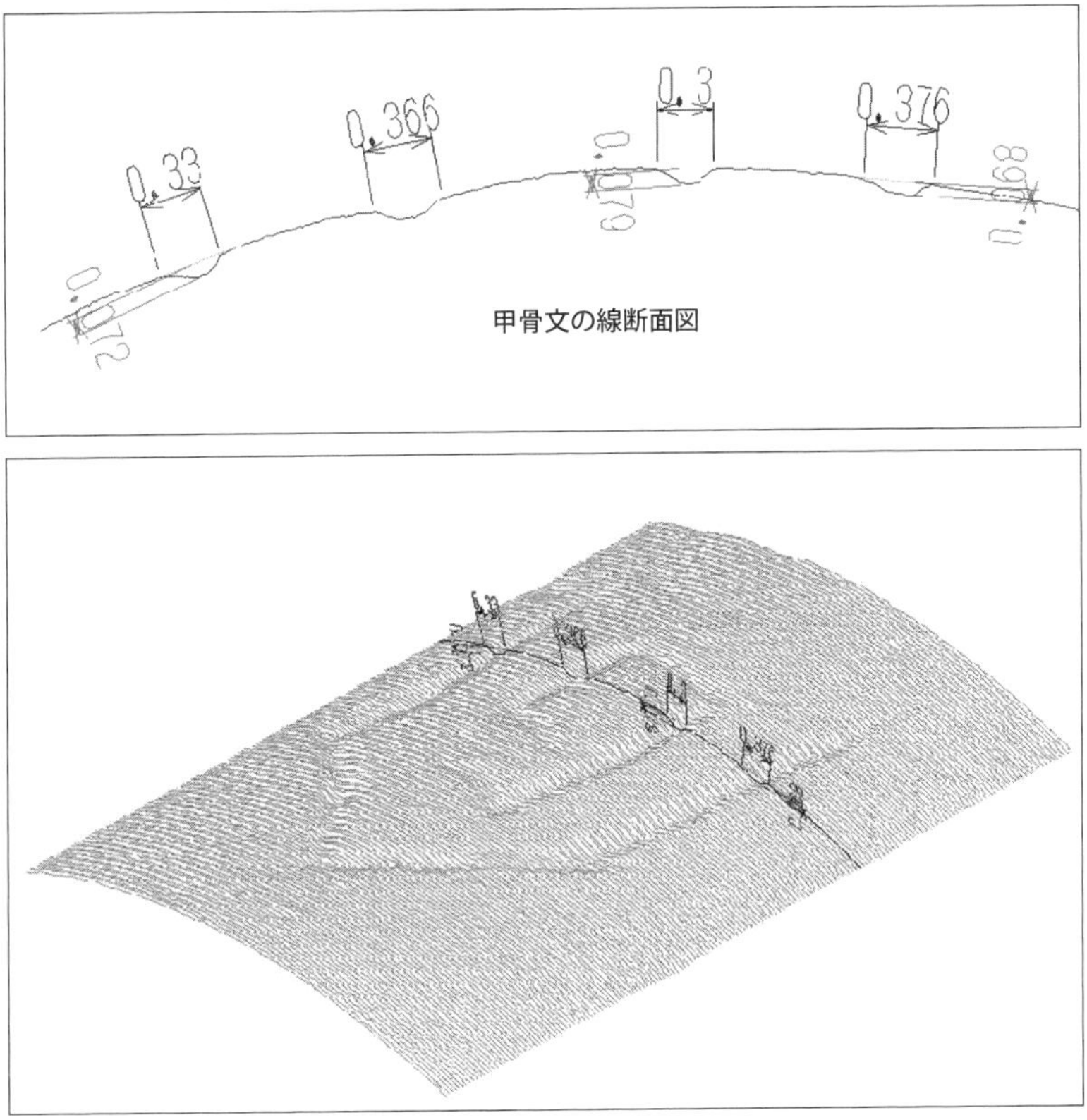

図5　獣骨文の筆画のレーザー三次元形状計測による断面図（単位：mm）

現力を実現していたのである。このことがその後の中国の文字の表現方法に大きな影響を与えることになるのであるが、それは、古代の人々が意図的に行ったことではない。ただ、彼らの、文字に託そうとしたこころが文字の記号性の範疇に納まらなかったのだ。

2　浚い彫りの伝統

周代の金文、春秋戦国時代の石鼓文、銅器への象嵌銘などの文字線には明らかに肥痩と抑揚が認められる（図6～8）。また、刻銘技術の完成期ともいわれる後漢時代の石碑では、もちろん刻銘は浚い彫りで行われ、隷書の文字線の肥痩は忠実に石の上

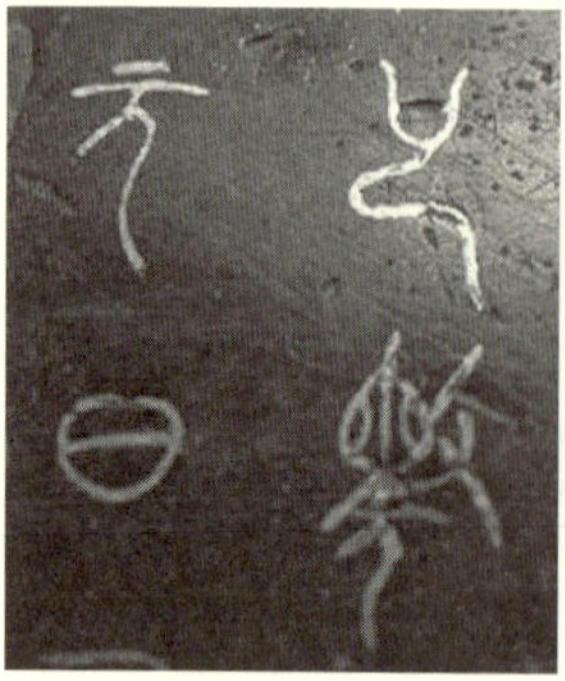

図８　春秋時代金象嵌銘▲

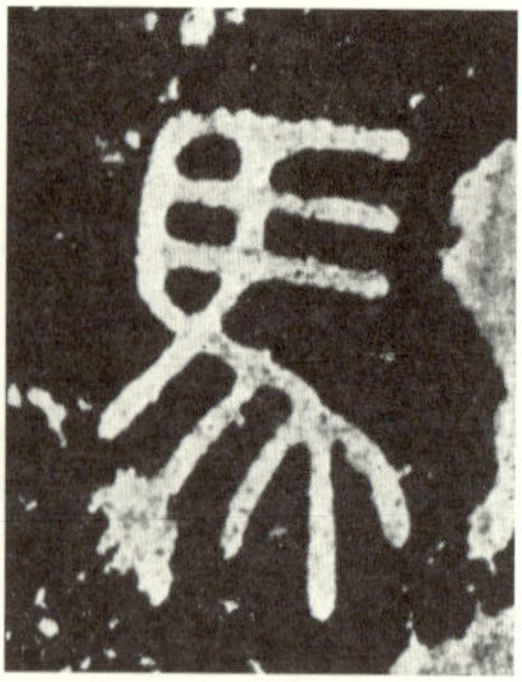

図７　石鼓文
（始皇帝以前）▲

図６　金文
（抱子形父丁既）▲

図９　後漢の石碑（左から白石神君碑▲、乙瑛碑▲、礼器碑▲）

図11
後漢の蹴り彫り
象嵌銘
（卅湅鉄刀）◀

図10
後漢の蹴り彫り象嵌銘
（五十湅鉄剣）▲

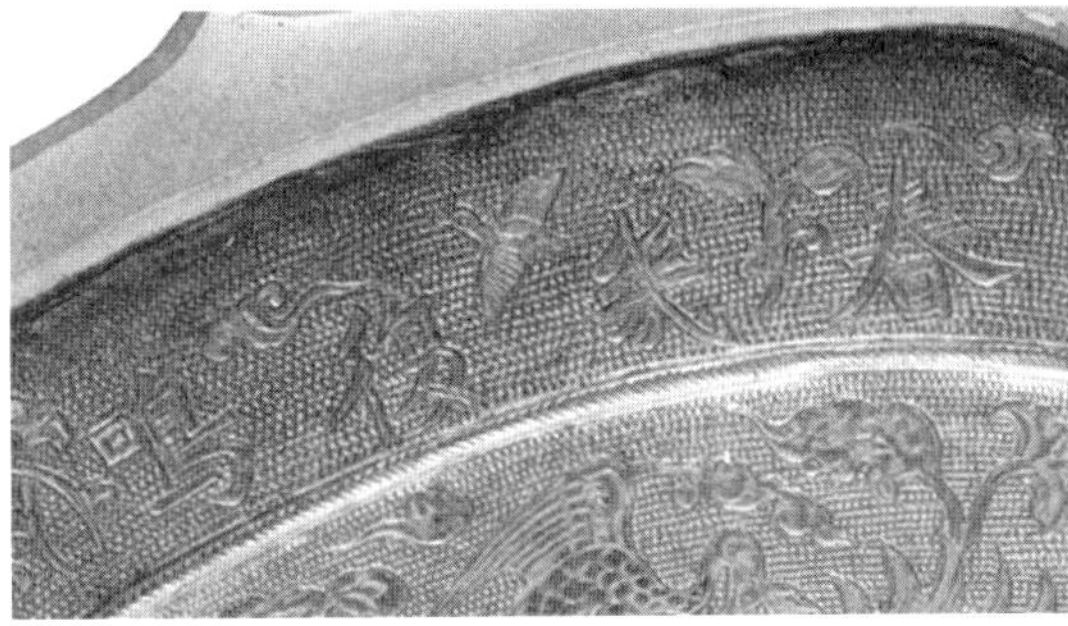

図12　正倉院金銀山水八卦背八角鏡の籠字▲

図13　唐・王媛墓誌（遼寧省博物館蔵、の浚い彫り、778年）◀

に転写されたのである（図9）。前項で述べたように漢字は、その発生の頃から肥痩をもって表現される三、四次元性文字であり、そのことは確かに継承されていった。また、同じ後漢代には新しい文字の技術が生まれた。図10、11に示すような蹴り彫り象嵌法である。その技術は神わざ的な水準まで高められているが、その洗練された象嵌銘をもとめ、育てたのは後漢社会の文字文化である。技術と文化の関係を考える上でその奥深さを考えずにはいられない。蹴り彫り象嵌は、一気呵成に文字線を彫り上げる蹴り彫り技術を基本とした技法であり、超高度な蹴り彫り技術があったおかげで、後漢の人々の文字に対する高い要求に応えることができたのである。逆に、蹴り彫り象嵌の技術は文字の肥痩や三、四次元性を、高いレベルでもとめた後漢に至るまでの中国の伝統的な文字文化が生み出した新技術というべきかもしれない。

さらに、こうした文字文化の伝統は、唐代、宋代に至っても保持され、文字の肥痩や三、四次元性を大切にした文字の技術が多く生まれた（図12、13）。

漢字の三、四次元的表現力は漢民族の文字文化を一層の高みに登らせることとなった。識別性と表現力が、頑なに守られてきたといえよう。このことは漢字を中心とした周辺地域の文字文化にも、多大な影響を与え続けた。

付け加えれば、中国の辺境などでは、肥痩や三、四次元性を持たない銘文が現れることもあった。例えば、売地券銘、小金銅仏の造像銘などである。それらの技術はさらに周辺の朝鮮半島や日本列島に伝来し、その文字文化に多大な影響を与えた。漢字文化と技術の周縁地域への伝播の問題は東アジア文化史上の重要なキーワードになり得る。

3　南朝・陳の太建七年鐘銘の浚い彫りと毛彫り

日本の梵鐘の形式は、奈良時代から平安時代にかけて完成したと考えられている。その頃の日本の梵鐘が、中国の梵鐘を祖型として作られたことは、多くの先学が指摘するところである。梵鐘の形や、銘文の形式、刻銘の技法など、全般に亘って強い影響があったことが推定され、日本の梵鐘の発生と変遷の、いかなる問題を考える上でも、古代中国の梵鐘を見過すわけにはいかない。したがって、中国、朝鮮半島、日本、三地域の梵鐘の鋳造、刻銘技術などの関連を明らかにすることは、東アジアの技術移転を論じ、ひいては、東アジアやその周辺地域の文化の在り様を明らかにすることにつながる[(10)]。

一〇世紀以前に中国で作られたとされる梵鐘が日本に三口現存する。奈良国立博物館所管の南朝・陳の太建七年（五七五）の陰刻紀年銘を持つ梵鐘（以後、陳太建鐘という）と書道博物館所蔵の唐の広徳二年（七六四）刻銘の梵鐘[(11)]、そして岐阜県大垣市長徳寺の鐘楼に懸かる唐の天復二年（九〇二）鋳造、後梁の開平五年（九一一）刻銘の梵鐘である。このうち、陳太建鐘と広徳二年銘鐘については、その出自が明らかではなく、これらを歴史資料として取り上げるべき

図14　陳太建鐘（奈良国立博物館所蔵）

か否か、金石文学上の課題となっていた。陳太建鐘が真に中国南朝・陳代に作られたものであることが検証できれば、東アジアにおける重要な歴史資料が増えることになる。本稿では、梵鐘本体と銘文の技術などの検討から、その制作時期と追銘の検証を試みる。

〈陳太建鐘銘を三群に分ける〉

図14、図15は陳太建鐘とその縦帯に施され

図15　陳太建鐘　鐘銘部分

図17　陳太建鐘銘Ｂ群６文字▲

図16　陳太建鐘銘Ａ群17文字▶

図18　陳太建鐘銘C群３文字

た陰刻銘の写真である。縦帯の撞座より上方に、二行一七文字「陳太建七年十二月九日／鐘一口供養起□」と刻されている。便宜上これを「A群」とする（図16）。同じく下方右側に一行六文字「弟子沈文殊造」とあり、これを「B群」とする（図17）。また、下方左側に一行三文字「稱廿斤」とある。これを「C群」とする（図18）。

　以下に、陳太建鐘銘の文字の「錆」「溝の断面形状」「文字の結体[12]」「文字の表現方法」について検討した。

〈文字線の溝の錆〉

　錆の状態を観察すると、A群一七文字とC群三文字の合計二〇文字の文字線の溝の多くは、錆など酸化物と思われるものに埋まっているが、B群の六文字の文字線の溝は、溝内部の表面は錆びてはいるが、酸化物で埋まるほどではなく、加工痕が見える。また錆の質についても、A、C群の溝の内側は、この梵鐘の表面全体を覆っている緑青系の錆と同様の青味がかった錆で埋まっているのに対し、B群の溝の内側は黄土色の錆が薄くかかった状態で緑青系の錆は認められない。

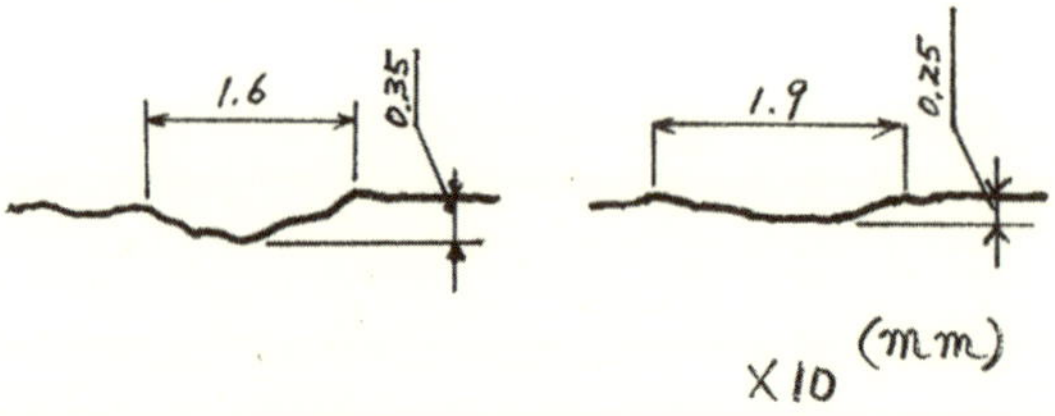

図19　陳太建鐘のA、C群の文字線の断面（実測図）

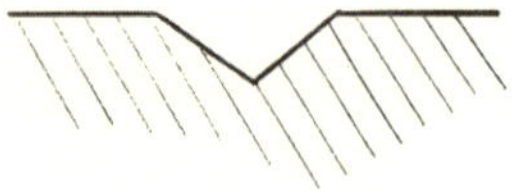

図20　陳太建鐘のB群の文字線の断面（観察に基づく想定図）

〈溝の断面形状〉

陳太建鐘の文字線の溝形状を三〇倍ルーペを用いて観察・測定したところ、A群とC群の文字線の溝は、加工深さは浅く、その加工深さに比べて幅が広い。溝の深さと表面溝幅は比例せず、図19のような断面形状であることがわかる。なお、溝の中央部に線状のキズのような加工痕が認められるが、これは「針状工具」でなぞったもので、後世の仕業と判断できる。

一方、B群の文字線の溝は、図20のように、加工深さが深い断面V字形の溝であることが観察され、溝の深さと溝幅は概ね比例する。

両者の溝の断面形状の違いは加工方法の違いに起因するものと考えられる。

〈文字の結体〉

A群とC群の文字は、漢字が隷書から楷書に移ろうとする時代の結体で、「建」「七」「九」「二」「養」「斤」などにおいて、横画が水平に描かれていること、および、横画から縦画に移るとき（転折という）に、筆を入れ替えていることなど、隷書の運筆が色濃く残っている。一方、B群の文字については、「弟」「子」「沈」などの横画から縦画への筆画が連続的に描かれていること、および、「沈」字の「ワ」が右肩上がりの結体を示していることなど、楷書の特徴が強く出ている。

〈たがねによる文字の肥痩表現〉

「太」「九」「供」「養」「斤」などの文字は、文字線の肥痩が表現されており、筆で書かれた下書きが用意されていたことが推定できるが、これらはすべてA群とC群に含まれる文字である。一方、前述したように、B群の文字の溝はV字形をしており、文字線の肥痩を特に表現しようとしていないこと、およびその行の文字の並びに乱れが認められることから、下書きを用意せずに毛彫りしたものと考えられる。

〈原銘と追銘〉

彫刻加工においては、文字線の肥痩を忠実に表現しようとする場合、下書きの文字線の輪郭の内側をたがねで丁寧に彫っていく。上記の観察結果と文字線の溝の断面形状の測定・観察結果を考え合わせると、陳太建鐘の陰刻銘のうち、A群とC群の合計二〇文字の刻銘は次の工程のように浚い彫りされたことが推定できる（図21）。

①筆で下書きをする。
②筆で書かれた下書きの文字線の輪郭の内側をたがねで彫る。
③その内側の残った部分をたがねで浚い取る。
④溝の底部をたがねでならす。

一方、B群の六文字については、V字形の溝を彫る毛彫りたがねと呼ばれる（図22）を使い、一回のたがねの動きで、一本の文字線が彫り上げられている。

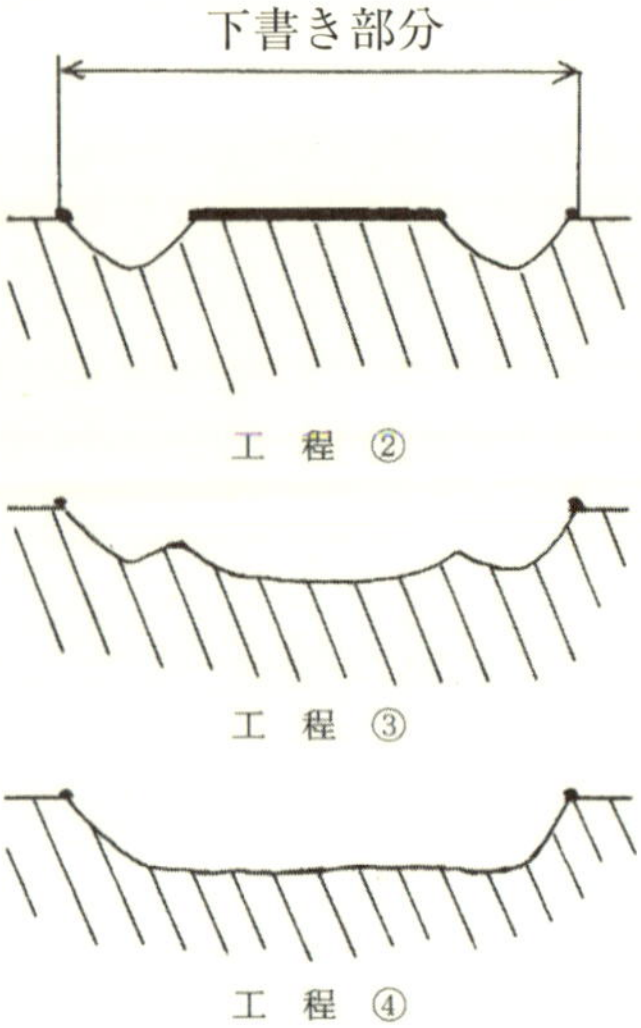

図21　陳太建鐘「浚い彫り」の工程

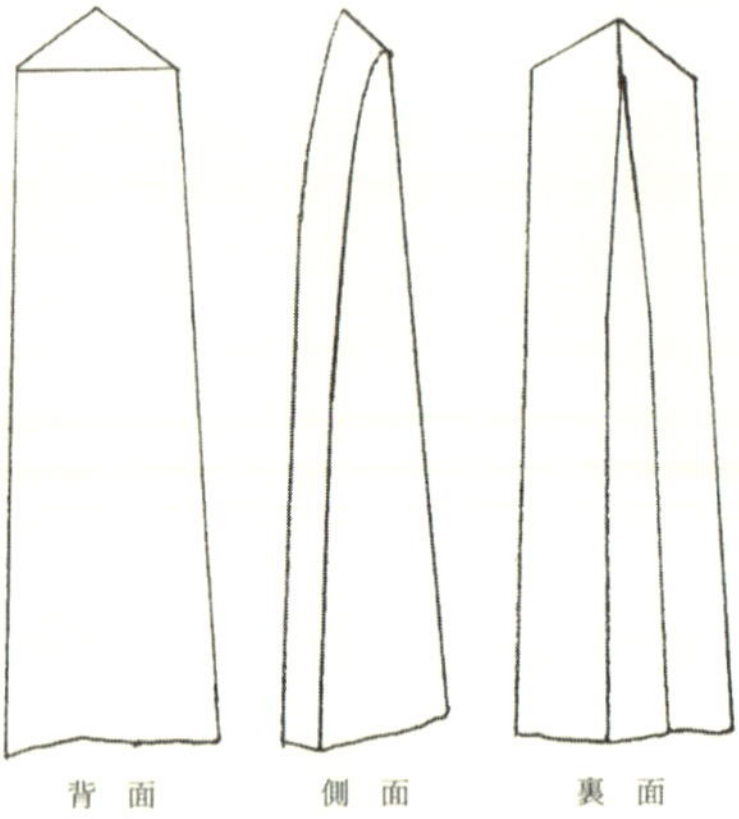

図22　毛彫りたがね

A群とC群の浚い彫りとB群の毛彫りでは、使われたたがねも工程も異なる。たがねや工程の違いは、それぞれの工人が異なることを意味する。

文字の結体の点からは、A、C群の文字は、漢字が隷書から楷書に移ろうとする中国の三世紀から六世紀の時期に刻されたことが推定できる。一方B群の文字は、楷書が確立し普及した地域と時期において刻されたことが推定でき、両者の間には、何らかの時間または地域的な隔たりがあると言える。また、錆の状態から考えれば、A・C群の文字と陳太建鐘本体は、ほぼ同じ時間を経過したものと考えられ、B群の文字線の溝は、それよりかなり新しく形成されたものと考えられる。

以上のことから、陳太建鐘の陰刻銘は大きく二つに分けることができる。浚い彫りであるA群とC群の合計二〇文字を原銘とし、毛彫りであるB群六文字を追銘とすべきであろう。

〈日本の文字の技術の特色〉

我が国のたがねを使った文字の技術は、古墳時代の鉄刀剣への象嵌銘に始まる。象嵌銘は、鉄剣に文字を陰刻し、そこに金銀銅を嵌めこむ技術であり、毛彫りと較べて複雑な技術といえる。鉄刀剣への象嵌銘は鉄素材への線彫り技術が必須であり、技術の歴史的水準において高度な技術といえる。したがって、毛彫り銘に先んじて象嵌銘が出現する我が国の文字の歴史は、技術史的立場では、少し不思議な思いがする。

日本において象嵌銘に続いて現れる刻銘は、毛彫り銘である。我が国の毛彫り銘は、六世紀末頃、小金銅仏の台座や光背の裏に刻まれた造像銘から始まる。その後、六世紀末から八世紀にかけての造像銘や、七世紀後半から八世紀後半までの墓誌や骨蔵器など、多くの金属製品に文字が刻まれたが、その多くが毛彫りであり、日本古代の文字の技術を特徴付けている。

日本における梵鐘の毛彫り銘は、神亀四年（七二七）銘興福寺勧禅院鐘（巻頭図版7）が初例であるが、それはちょうど墓誌が毛彫りで作られ、日本独自の文字の技術として進化を遂げようとしていたころのことである。その後、近世までの日本の陰刻鐘銘はほとんどが毛彫り銘である。慶長以前の梵鐘銘で浚い彫りによる刻銘を筆者は知らない。「浚い彫り」に類する技法で、文字線の輪郭を彫る陰刻銘としては、京都市西本願寺鐘（一一六五年頃）などに見られる籠字陰刻や、鎌倉市円覚寺鐘（一三〇一年）の薄肉彫り陽刻（第五章参照）などを挙げることができるが、我が国における文字の技術史の上では、例外として扱わざるをえない。また、それらが浚い彫りに変化していった形跡はない。

〈陳太建鐘の検証〉

以上のように、陳太建鐘の各要素について、検討を重ねてきた。溝の状態、錆の発生状況などから、A、C群とB群が異なる技法で異なる時期に刻されたものと推定でき、A、C群が原銘、B群が追銘と判断できる。更に、文字の結体、表現技法、文字の技術とその変遷過程を検討する中で、陳太建鐘の原銘が浚い彫りで刻されていることは、周辺の検討資料が少ない同鐘の出自を論ずるためには重要であった。少なくとも浚い彫りである陳太建鐘のA群とC群の二〇文字は、日本において刻されたものではないという推定が可能となる。また、浚い彫りは、唐代以前の陰刻銘として、最も妥当性がある文字の技術である。一方、毛彫りによるB群六文字は、中国において明代以後に刻された可能性が高いが、詳しい年代については特定できない。本鐘は、中国南朝陳において製作され、後の時代にB群が追銘されたと考えて良いであろう。

4　奈良県長谷寺法華説相図版銘の浚い彫り

六〜八世紀にかかる頃のわが国の文字の技術は、毛彫り技法を中心に発達し、その他には籠字陰刻や、素材を削り取らずにたがねを打ち込んで溝を形成する「打ち込み」（第五章参照）などがわずかに見られる程度である。

図23は奈良県長谷寺法華説相図版銘（奈良博出陳中、六八六年、六九八年、七一〇年の諸説あり）である。この陰文は、初唐風の謹厳な楷書であり、筆で書かれた文字特有の線の肥瘦や、起筆部、収筆部の形状を、忠実に再現するように、文字線の縁を彫っていることが想定された。実際に観察する機会を得て、文字の溝底部を見ると、溝の断面形状が、図24のようにW字形をしていることが確かめられた。そのことから、文字線の両側の縁を細く彫っていることが裏付けられた。長谷寺法華説相図版銘は、浚い彫りで刻されているのである。しかし、長谷寺法華説相図版そのものは、多くの部品がろう型鋳造によって制作された可能性が指摘されており、銘文の部分についても、ろう型鋳造で製作された可能性がある。したがって銅板へのたがねによる浚い彫りと、ろう原型へのへら押しによる浚い彫りの二技法を想定しておく必要がある。そのいずれであるかは、今後の精密調査によって明らかにされるであろう。

5　中国と朝鮮半島の浚い彫りの例

〈中国鐘・長徳寺鐘銘〉

岐阜大垣市にある長徳寺の鐘は、天復二年（九〇二）に鋳造され、銘は開平五年（九一一）に刻された。この他、鐘

図23　奈良県長谷寺法華説相図版銘
（長谷寺所有　奈良国立博物館所蔵）

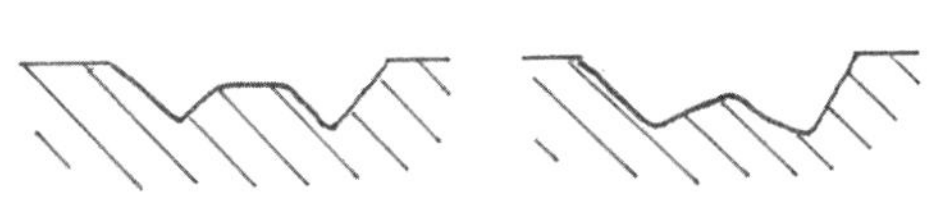

図24　奈良県長谷寺法華説相図版銘の溝底部断面図
（観察と写真による推定）

上部の笠形上に、中華民国二七年（一九三八）の追銘があるが、ここでは開平五年の原銘（図25）の刻銘技法を考えてみる。

図26は図25の「光」字の文字線の断面図（四箇所）である。この溝は断面がV字形をしているが、毛彫りによるものではないことが、次のことからわかる。

①毛彫り技法で形成されたV溝（文字線）は、溝の深さと溝幅が概ね比例関係になるが、長徳寺鐘銘のV溝（文字線）では両者は必ずしも比例関係にない。
②文字線の収筆部や起筆部に、たがね加工独特の切り上げの痕跡が見えない。
③筆で書かれた文字特有の形、すなわち起筆部や収筆部やハネの部分の形態を、忠実に倣っている。

以上のことから、長徳寺鐘の刻銘工程は、次のように推定できる（図27）。

①筆で下書きをする。
②下書きの文字線の縁の少し内側を線彫りする。それには、小さな毛彫りたがねか、丸毛彫りたがねが用いられる。
③残った中央部分を丸毛彫りたがねで浚い取る。
④文字線の縁、起筆部、収筆部をたがねやきさげで整える。
⑤溝の傾斜面を平鋤たがねなどを用いて整える。
⑥溝底部や傾斜面の仕上げは、きさげなどを用いて行なう。

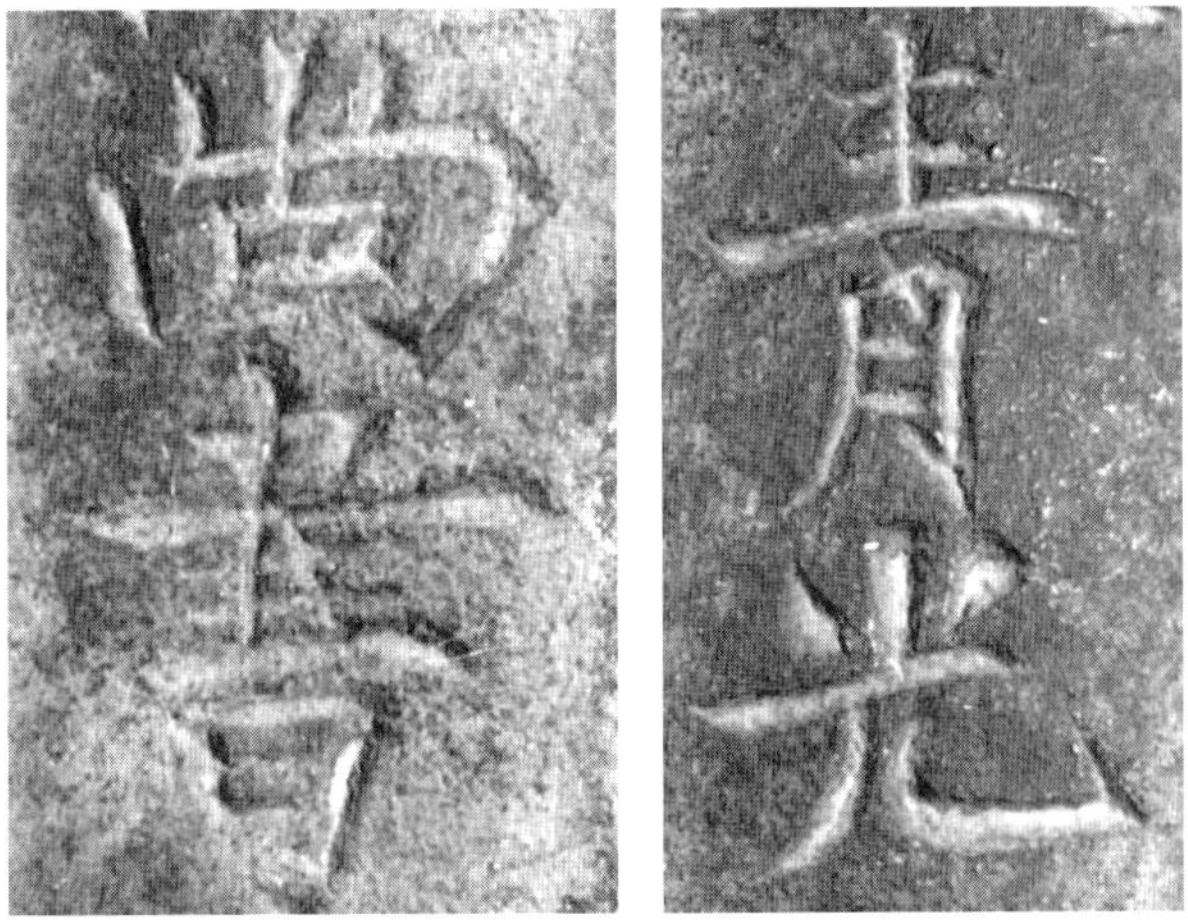

図25　長徳寺鐘原銘（部分）

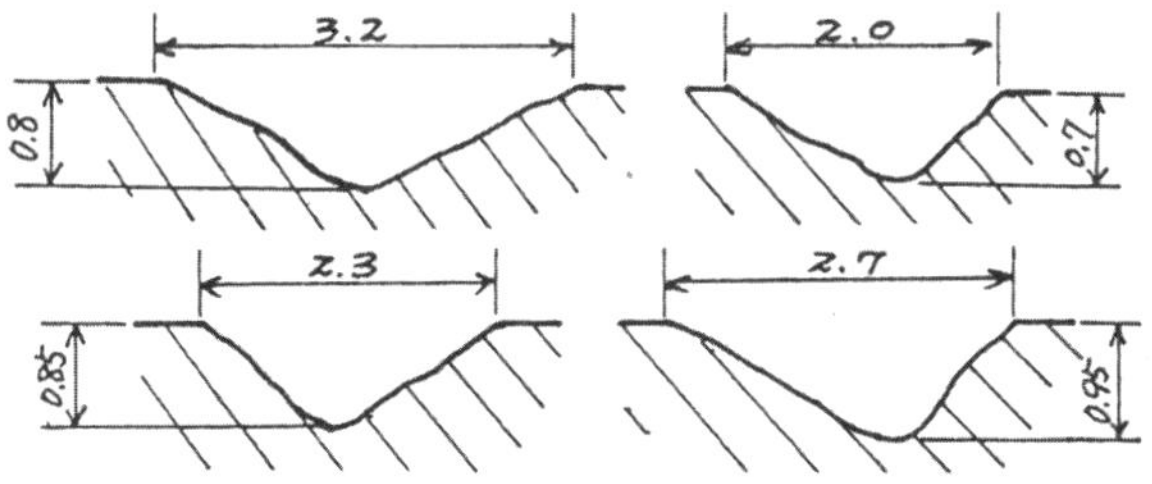

図26　岐阜大垣長徳寺鐘原銘の文字線の断面形

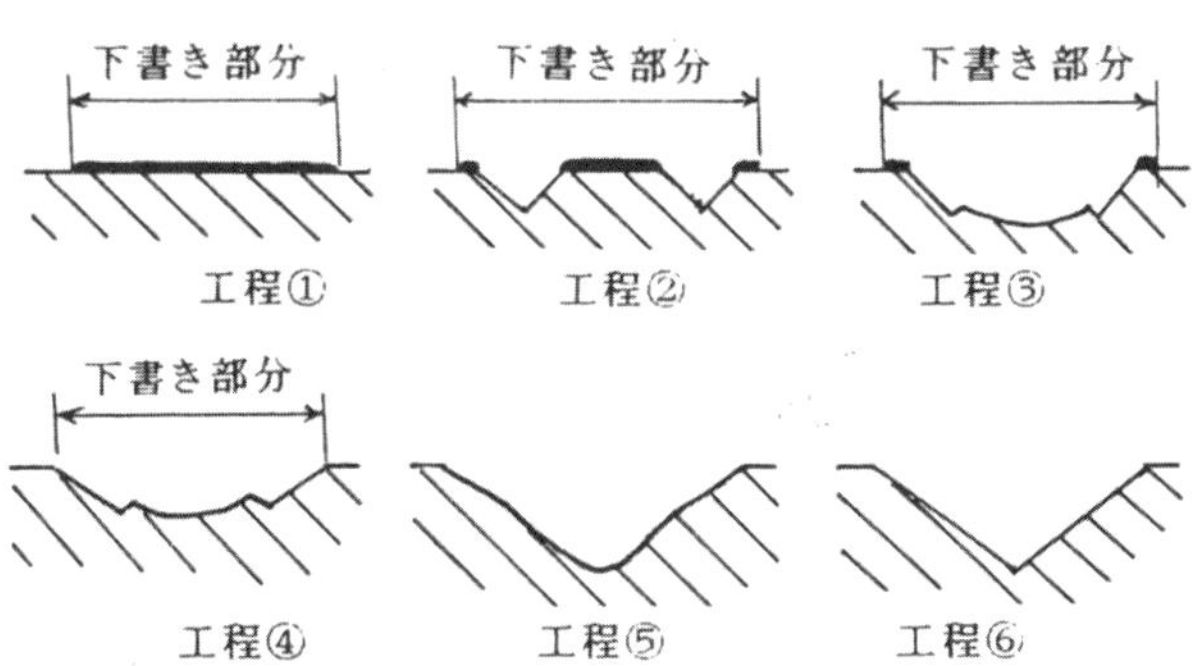

図27　岐阜大垣長徳寺鐘原銘の浚い彫り技法の工程

この技法は、前項で述べた陳太建鐘の浚い彫りと同様の技法である。溝底部の形状が陳太建鐘では比較的平坦に、長徳寺鐘ではV字形になる点で異なるが、下書きの文字線の輪郭を忠実に倣う技術は、基本的に変らない。

〈中国鐘・宝室寺鐘銘と景龍観鐘銘〉

この他、現在中国にある貞観三年（六二九）銘の宝室寺鐘銘（図28）、景雲二年（七一一）銘の景龍観鐘銘（図29）は、拓本で見るかぎりでは、線の肥痩や起筆部、収筆部の筆文字特有の形状を忠実に再現しているため、たがねによる浚い彫りと、鋳型にヘラで文字を彫り込む陰鋳の可能性が想定されるが、文字線の縁にダレ[13]が全く認められないことから、陰鋳の可能性は低い。この二鐘銘も浚い彫りであろう。

〈朝鮮鐘・清寧四年鐘銘〉

朝鮮半島の金銅仏の淵源は中国南北朝の金銅仏にあり、刻銘技術も金銅仏の制作技術の一部として中国から伝えられた。そして、後に日本列島にもたらされるのであるが、朝鮮半島ではその毛彫り刻銘の技術が変化・発展することはなく、次の時代に継承されることもなかったようだ（表1を参照）。遺物から判断すれば、金銅仏の刻銘に使われた毛彫り技術は消え、浚い彫りや籠字陰刻に代わっていった。不断にもたらされる中国からの高い文化の影響下にあって、新しく中国からもたらされた浚い彫り刻銘技術を受け入れていったことが推定できる。おそらくは、影響を受けやすい地理的状況ゆえの現象と思われる。この点は次章に述べる我が国の場合と大きく異なる。

韓国国立中央博物館には、清寧四年（一〇五八）の銘を持つ鐘がある。写真を図30に示す。この銘は先に挙げた岐阜大垣長徳寺鐘銘（図25）に、文字の形、文字線の溝形状が大変よく似ており、長徳寺鐘銘と同様の浚い彫りによるものと推定される。

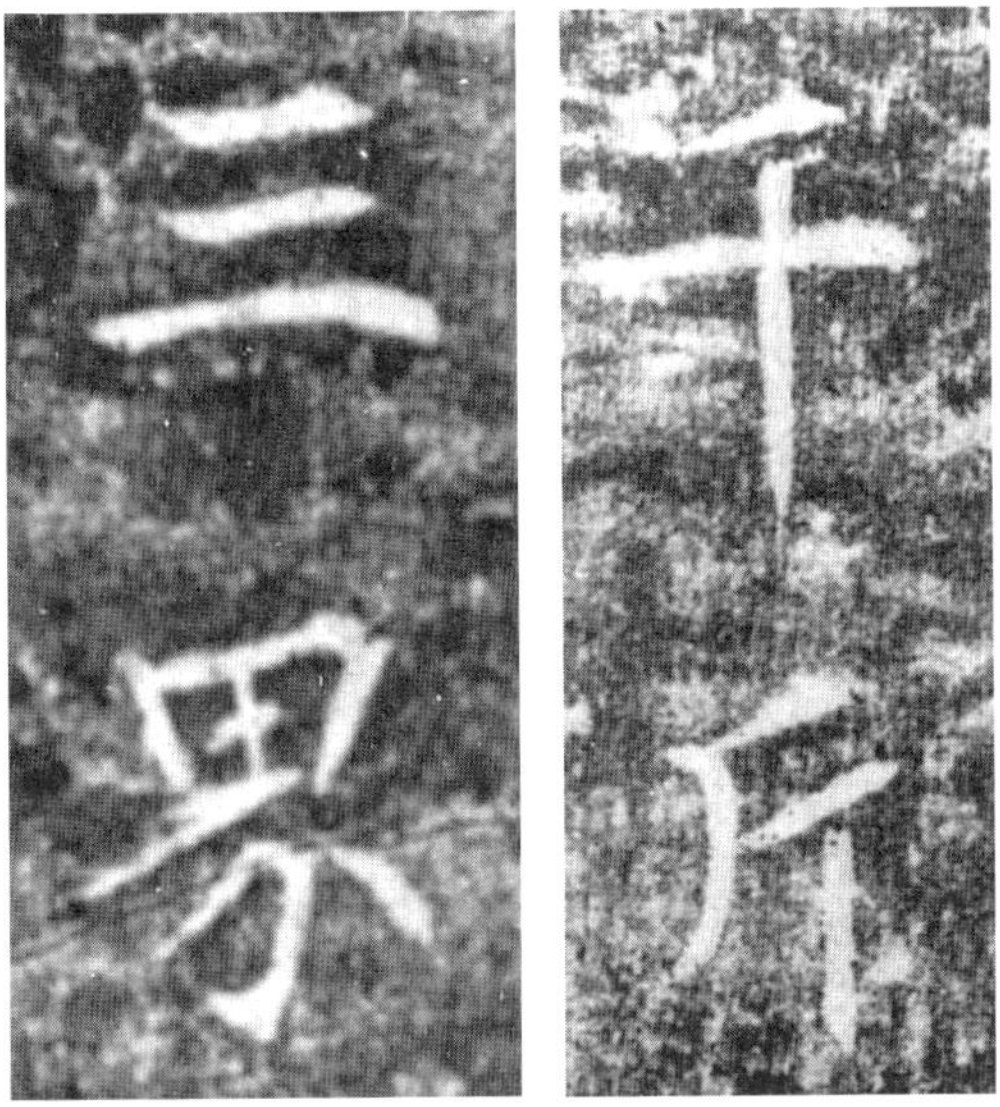

図28　宝室寺鐘銘（拓本部分、石田肇氏蔵）

図29　景龍観鐘銘（拓本部分、石田肇氏蔵）

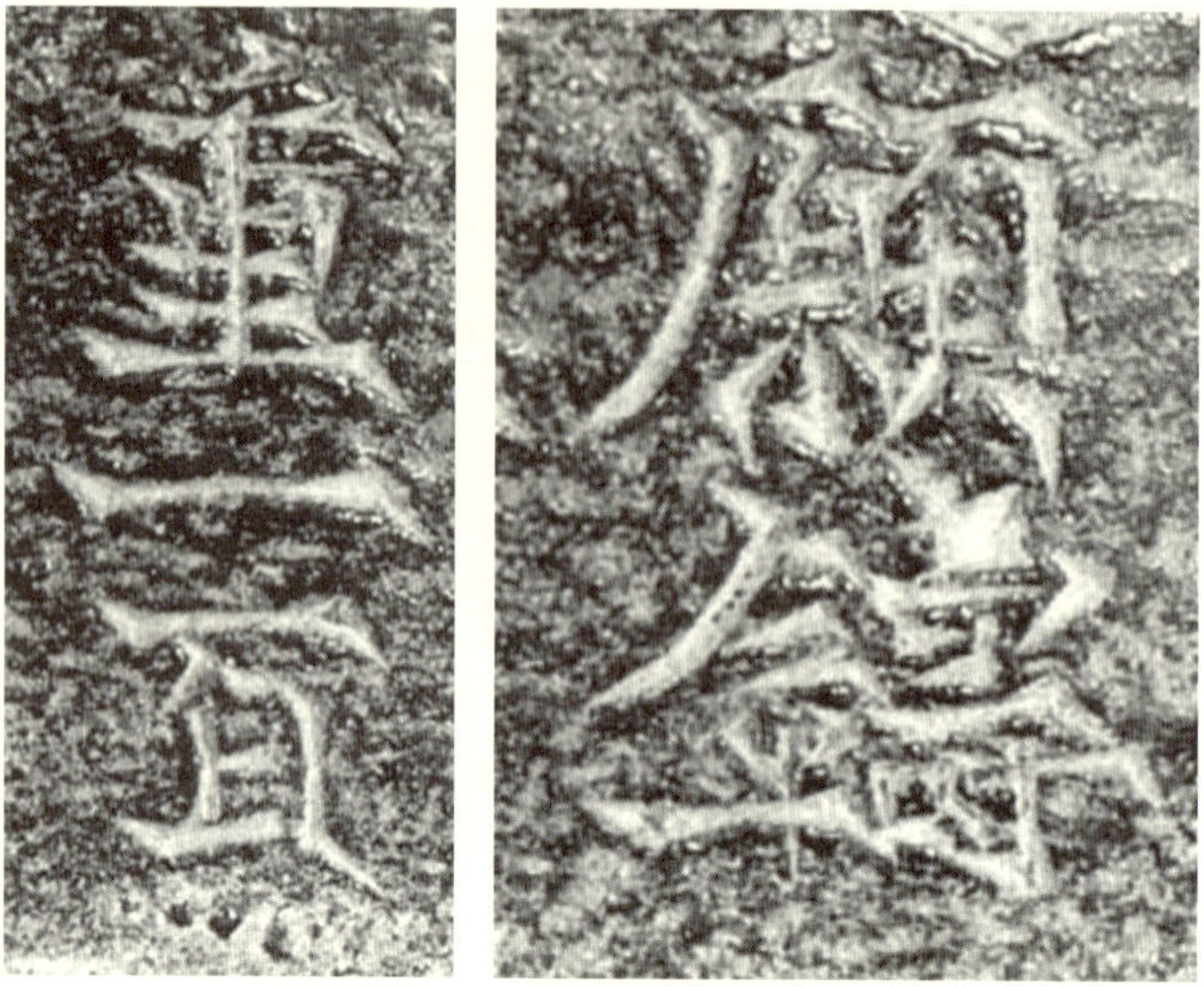

図30　清寧四年銘鐘（部分）

表１　朝鮮半島の金属製品への刻銘（六〜九世紀）

	名称	紀年銘	西暦	所在	加工法
1	延嘉七年金銅如来立像光背銘	延嘉七年	539	中央博	毛彫り
2	癸未年金銅三尊佛立像光背銘	癸未年	563	澗松美術館	毛彫り
3	辛卯年金銅三尊像光背銘	癸未年	571	個人蔵	毛彫り
4	王興寺舎利塔	丁酉年	577	扶余文化史研究所	毛彫り
5	鄭智遠金銅如来三尊立像光背銘		6c.	扶余博	毛彫り
6	建興五年金銅釈迦三尊仏光背銘	建興五年	6c.	扶余博	毛彫り
7	弥勒寺金製舎利奉安記	己亥年	639		毛彫り
8	慶州九黄洞三層石塔金製四角盒		7c.末	中央博	打ち込み
9	上院寺鐘銘	開元十三年	725	上院寺(江原道平昌郡)	浚い彫り
10	国府八幡鐘銘	天寶四歳	745	逸亡(原・長崎県厳原町)	籠字陰刻
11	益山王宮里五層石塔金製金剛経板		8c.	中央博	浚い彫り
12	廉巨和尚塔誌	會昌四季	844	慶州博	浚い彫り

6　文字の写し取り

〈文字を写し取る技術…紙の普及以前〉

すばらしい文字に出会うと、私たちはそれを凝視し、しっかり目に焼き付けようとする。金石文学に関わった人であれば、拓本を採る衝動に駆られる。筆者も、蔵王への途次、図らずも出会った石塔に釘付けとなったことがある。福島県伊達郡石母田に遺る渡来僧一山一寧の手になる供養石塔であった。すぐに村役場へ立ち寄って拓本採取の許可を得、それから二時間半、石塔にしがみつくようにしてタオルとタンポを揮った。生憎であったのは、同行者四人のうち三人が全く文字に興味の無かったことである。幸いであったのは、私と同様に金石文に親しんでいた者が一人だけいたことである。二時間半待ちぼうけを食わされた三人の頭には角が生えた。しかし、すばらしい文字は私たちを捕えて離さない。

美しい文字を写し取るための拓本の技術には巧拙があり、初心者では文字の形はうまく写し取れない。文字を写し取ることは、漢字が生まれたときから、文字を扱う人間の大きな技術的課題となった。甲骨文にも書丹された跡があったと報告されている。書丹とは、これから文字を彫ろうとする素材に、朱墨（？）などを使って下書きすることであり、それも写し取りであり、技術が要求される。さらに、下書きされた文字のとおりに彫ることも写し取りであり、それらの作業が文字を扱うにはとても難しい問題であることを、第二章の冒頭で述べた。

紙が普及する前は、金属器や石碑に彫る文字は金属や石の表面に直に書丹されたと言われている。彫った後は、書丹の文字は消えてしまう。したがって、書丹どおりに彫ることが出来たかどうか、検証できなかったということになるが、本当にそうだったのであろうか。文字や文章を亀甲や獣骨、あるいは金属器に彫り込む場合、文章を作る人は必ず草案を作ったであろう。また、文字の下書きも作ったに違いない。その下書きは確かなことは分からないが、木などに書かれたものと推定される。亀甲、獣骨、金属器（の鋳型？）に書丹するには、その下書きを横において転写したであろう。いわば、写し取りである。薄紙が無い時代には原本を横に置いて写し取るしかないであろう。現代の習字の学習方法と同じ原理である。写し取りは、原本にどれだけ似せて写し取れるかが課題であり、良く似ていればいるほど「腕が良い」ということになる。つまり、写し取りの善し悪しは転写する技術者（または書家）の技量に依存する。出来るだけ良く似せて転写するには、その技術者をしっかり養成するしかないのである。古代のことであるから、上手に転写できるかどうかは技術者にとっては生死にかかわる問題であったであろう。甲骨文や金文や漢碑など、古代中国の優れた文字を眺めていると、転写にかかわった技術者が長い時間をかけて養成されたことが想像される。一朝一夕に高度な水準の技術者は育たないからである。それを支える古代中国の人々の文字に対する執着の強さを窺い知ることが出来るのである。

書丹というと、筆を使って一気に書くことを考えがちであるが、実際には一度書いたものを修正したり、加筆したりするのは当然のことで、書き手と技術者との関係を推定すれば、技術者は彫り始める前に、この下書きで良いかどうかの許可を書き手に求めたことも推定される。

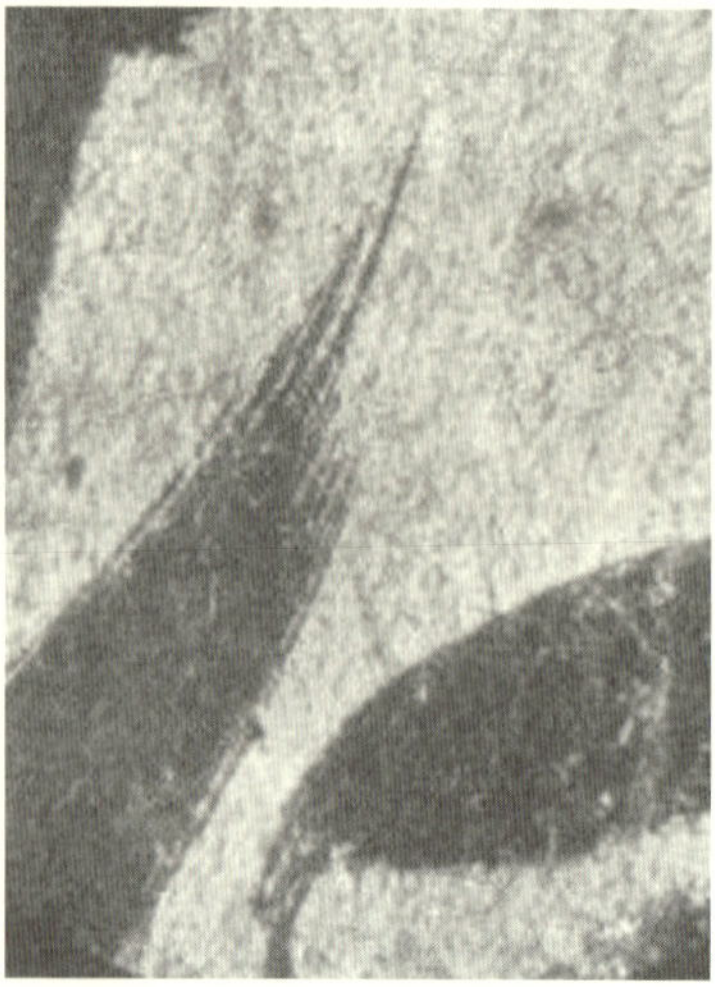

図31　喪乱帖の顕微鏡写真

『光学的方法による古美術品の研究』より

〈文字を写し取る技術…紙の普及以後〉

唐代において王羲之の書が珍重されたことはよく知られているが、太宗は専門の機関を設けてその複製を作らせたという。そこで用いられた技法は「双鈎填墨」というもので、原本（王羲之が書いた尺牘（手紙）などの上に薄紙を置き、その上から細い筆で文字線の輪郭をなぞり、さらに、その間を墨で填める方法と一般にいわれてきた。しかし、唐代の双鈎填墨の技術は現代の私たちが考えるほど簡単ではないようだ。

唐代の双鈎填墨本は八、九点しか現存しないといわれるが、そのうちの一点を、顕微鏡で覗いた研究者達がいた。『光学的方法による古美術品の研究』(14)に掲載された顕微鏡写真（図31）によれば、筆を抜く渇筆（かすれ）の部分などは、細い線を筆が抜ける方向にたくさん書いて転写しているのである。つまり、唐代の双鈎填墨は輪郭を取って、間を墨で埋める方法ばかりではなく、筆画の勢いや筆の動きの方向までをも再現しようとしているのである。

薄紙が開発される以前の写し取りは、原本を下に敷くことはできなかったであろうが、写し取りに対する当時の人々の意識の高さを想像することができる。

〈いかにして原本に似せるか〉

輪郭にならって写し取る方法は、文字や文様をしっかり写し取るための基本的な方法の一つといえる。もちろん唐代以前から様々な方法で行われていたと考えなければならない。紙から紙への写し取りは、双鈎填墨もしくはそれに準ずる方法を想定することになる。

石に写し取り（模刻）、さらに拓本（？）を採る方法が唐代には普及するが、この場合は、次のように度重なる写し取りが行われたと推定される。

①まず原本を双鈎填墨して複製を作る
②それを石板の上に貼り付け
③彫る

普通に考えると上記のようになるが、実際に彫る技術者は、それだけでは原本に似せて彫ることができない。この方法では彫り始めた段階で、双鉤填墨本が失われてしまうため、彫った文字が原本に似ているかどうか検証することが出来ないのだ。高度なレベルで似ていることが要求される唐代のことであるから、最後まで双鉤填墨本を残しておいて、較べながら修正していく工程が必須である。限りなく似せるためには、「検証」の作業を省略するわけにはいかないからだ。そうなると、次のような複雑な工程を想定しなければならない。

①まず原本を双鉤填墨して複製Aを作る（双鉤填墨専門官による）
②さらにそれをもう一度双鉤填墨して複製Bを作る（工人による）
③複製Bを石板の上に貼り付け
④文字線の輪郭に倣ってそのわずか内側を彫る（複製Bは消滅する）
⑤残った中央部分を彫り取る
⑥輪郭ギリギリまで、修正する
⑦複製Aを参照しながら、似せて彫ることができたか検証する
⑧それを修正する
（⑦と⑧は能書家または双鉤填墨専門官から許可が出るまで繰り返す）

石に文字を彫るには、一例として以上のような工程が考えられる。これは、これまで述べてきた浚い彫りと同じ手法である。つまり、中国の文字の技術は、原本の文字の形を大切にする中国古来の文字文化と切り離すことはできない。中国の文字文化はいつの時代も忠実な写し取りを要求してきた。写し取り作業のイニシアチブはいつも原本の書き手の側にあったと考えられ、その出来ばえを検証し、修正することは線彫り技法では対応できないのである。多くの場面で浚い彫り技法が採用されてきた必然性は実はその点にあるのだ。

（文献）
（1）藤枝晃　一九七一『文字の文化史』岩波書店　二四頁
（2）董作賓　一九三二「甲骨文断代研究例」『慶祝蔡元培先生六十五歳論文集』上　四一七頁
（3）①貝塚茂樹　一九五四『書道全集』第1巻、平凡社、②貝塚茂樹・伊藤道治　一九五三「甲骨文断代研究法の再検討—董氏の文武丁時代卜辞を中心として—」『殷代青銅文化研究』東方学報京都第二十三冊、京都大学人文科学研究所
（4）貝塚茂樹　一九五四「甲骨文と金文の書体」『書道全集』第一巻　一九頁
（5）貝塚茂樹　一九五四「図版解説」『書道全集』第一巻　一六五頁上段
（6）三原研田　一九七〇「亀甲獣骨文の字蹟」『滋賀大学教育学部紀要』第二〇号
（7）三原研田　一九六七「甲骨文字の書風について」『滋賀大学教育学部紀要』一七号、ほか
（8）①鈴木勉　一九八六「一〇世紀以前中国鐘と奈良県長谷寺法華説相図版銘の文字彫刻技法」『日本機械学会第六三期通常総会講演会講演概要集№八六〇—二』と、②鈴木勉　一九九五「「陳の太建七年銘鐘の陰刻銘の彫刻技法について」『史跡と美術』第六五輯二号、などがある。
（9）東京都在住の書道家高橋蒼氏のご厚意により、氏所有の甲骨文を観察・測定させていただいた。
（10）技術移転論の詳細については次の拙論を参照いただきたい。①鈴木勉・松林正徳　一九九三「日本古代における技術移転試論I—技術評価のための基礎概念と技術移転形態の分類—（金工技術を中心として）」『橿原考古学研究所論集』13、②鈴木勉　二〇〇八「古代史における技術移転試論II　文化と技術の時空図で捉える四次元的技術移転の実相」『橿原考古学研究所論集』15
（11）石田肇、鈴木勉　一九九四「書道博物館蔵梵鐘二題—広徳二年在銘支那鐘と天仁三季在銘模造朝鮮鐘—」『史跡と美術』

第六五〇号

(12) 金石文学においては、これまで「書体」の語が多く使われてきたが、書体とは、曖昧な「書風」や「体裁」を意味する場合と、篆書体、隷書体、楷書体、草書体などの区別を意味する場合がある。前者は直感的な表現であるため、客観性を確保することが難しく、後者は、文字の時代性を検討するには大雑把過ぎる。そこで筆者は、「結体」の語を用いている。結体とは、筆画の間架結構によって出来上がった文字の形をいう。間架結構法とは、造形理論のこと、点画の間のあけ方(間架)、点画の組み合わせ(結構)を考えて、フリ合い(均衡)よく造形する方法のこと。つまり、文字のかたちを要素ごとに検討することができるため、客観性が確保しやすい。例えば「口」字が扁平であることと、縦長であることを比較でき、へんとつくりの位置関係を比較することなどから、文字のかたちに時代的な検討が加えることが出来る(西川寧・安藤更生・加藤諄・堀江知彦編 一九五五『書道辞典』二玄社を参照した)。

(13) たがねによる文字彫りの場合は文字線(溝)と地との境界が鋭い角になるが、鋳型にヘラで文字を彫り込む鋳造の場合は、角部に鋭さを欠く場合が多い。それを「ダレ」という。その原因として溶湯(高温で溶けた金属)の流れが十分でない場合と、溶湯の凝固時に体積が減少する現象(湯引け)がおこる場合などが考えられる。

(14) 田中一松・山崎一雄・秋山光和・登石健三・中山秀太郎・久野健・伊藤卓治・中川千咲 一九八四『光学的方法による古美術品の研究 増補版』吉川弘文館

第三章　「流れの文化」が育てた日本上代の「毛彫り」

―法隆寺金堂釈迦三尊・同薬師座像両光背銘の刻銘時期をめぐって―

1　飛鳥奈良時代の毛彫り刻銘技術

〈文字の技術の受容と展開〉

我が国で金銅仏が初めて作られた六世紀末、その光背や台座に文字が刻み込まれた。その刻銘技術は、中国から朝鮮半島を経由して金銅仏の制作技術と共にもたらされたものだ。つまり当初の刻銘は造像銘が中心であった。七世紀後半にはそれも少なくなって墓誌や骨蔵器などへの刻銘技術として定着する。それらの飛鳥奈良時代の刻銘のほとんどは「毛彫り」であった（表1）。

それ以前の我が国では、大刀などに象嵌されたり、鏡に鋳込まれた銘文がいくつか伝わるが、毛彫り刻銘となると「夫火竟」と「火竟」の文字が鏡背に遺された五世紀の鏡が二面知られるのみである(1)。

毛彫り刻銘の技術は、その後盛衰を繰り返しながらも現代まで連綿と伝えられ、それぞれの時代に合わせて様々な美しい文字を遺してきた。その中でも、飛鳥奈良時代の金石文の毛彫り刻銘は技術史上、あるいは美術史上のひときわ高い頂点として君臨する。

技術はいつも社会の要請によって生まれ出で、また時に姿を隠す。技術の盛衰は社会の変化と共にある。文字の技術は、特に文化との関わりが深く、新しい文化が新しい文字の技術を求めるともいえるし、新しい技術が新しい文字文化を生み出すのだともいえる。

異国の文字を受け入れて間もないころの我が国の文字が、一般にいわれるような音声言語と文字言語との関係(2)において成り立っていたのであろうか。文字は、紙に書かれるばかりではなく、それぞれの時代が与えたさまざまな媒体を通して表記され、遺されてきた。文字に記号性と非記号性があり、筆者がその非記号性に関心を寄せるのは、文字を受容したころの我が国において、文字使用の局面が多様であったことと関係がある。ここでは、古代の文字の技術、特に毛彫りと浚い彫りの需要と展開の背景について考えてみたい。

〈金属加工技術と文字の技術〉

我が国古代の文字の技術、すなわち造像銘や墓誌への刻銘は、金属加工技術の中の彫金技術の一部であって、その技術の変化は金属加工技術史上の必然性と無縁ではない。むしろ、彫金技術が当時の最先端技術の一つであったため、金属に関わる基礎技術の進化と強い関係性を持つ。したがって技術史的な観点から古代の文字の技術を捉えることは、当時の文字の文化の受容と展開の実相を知るために有用であろう。

金属加工技術は、塑性加工、切断加工、切削加工の三つの技術に分けることができる。古代の文字の技術もそれと同様であろう。塑性加工は金属を叩いたり、打ち込んだりして変形させるだけで切り屑が出ない。例えば、蹴り彫りたがね（図1）、なめくりたがねなどによる彫りがこれに当たる。切断加工は、素材を断ち切る技術で、透彫りにはこの種のたがねを使う。また、切削加工は、切り屑を出す加工法で、例えば、毛彫りたがね、丸毛彫りたがね、鋤たがね（図2）、甲鋤たがね、片切りたがねなどを使って素材を削り取る。切断加工用たがねと切削加工用たがねを、併せて「刃たがね」ということもある。どちらも金属を切る「刃」を持っているからである。

我が国の彫金技術は、五世紀代に朝鮮半島からもたらされたと考えられ、それから百年くらいの間に金銅製品の流行などもあって飛躍的な進歩を遂げた。その技術の中で、塑性加工、切断加工に分類される彫金技術が精緻な技巧の跡を見せる一方で、切削加工の痕跡は稀にしか見ることができない。ところが、六世紀末から七世紀ころになると、仏像や仏具が盛んに作られ、その一部に毛彫りたがねや丸毛彫りたがねによる切削加工の線彫りが見られるようになる。そして八世紀ころには、銅製品だけでなく、より硬い鉄鋼製品（表1のNo. 25・26・27）にも切削加工の線彫りが施される

表１　飛鳥奈良時代の金属への刻銘一覧

No.	名称	紀年銘	西暦	所在	備考
1	法隆寺甲寅年釈迦像光背銘	甲寅年	594	東博	654年説有り
2	法隆寺丙寅年菩薩半跏像銘	丙寅年	606	東博	666年説有り
	法隆寺金堂薬師座像光背銘	丁卯年	(607)	法隆寺	
	法隆寺金堂釈迦三尊像光背銘	癸未年	(623)	法隆寺	
3	法隆寺戊子年釈迦・脇侍像銘	戊子年	628	法隆寺	
4	法隆寺辛亥年観音菩薩立像銘	辛亥年	651	東博	591年説有り
5	観心寺光背銘	戊午年	658	根津美術館	
6	野中寺弥勒菩薩半跏像銘	丙寅年	666	野中寺	
7	鰐淵寺観音菩薩立像銘	壬辰年	692	島根鰐淵寺	
8	銅板造像記	甲午年	694	法隆寺	
	妙心寺鐘	戊戌年	698	妙心寺	陽鋳
9	長谷寺観音菩薩立像銘		702	大分長谷寺	鋳銅製
10	船王後墓誌	戊辰年	668	東京三井氏	7c末～8cの作
11	小野毛人墓誌	（丁丑年）	677	崇道神社	7c末～8cの作
	長谷寺法華説相図版銘	降婁(戌)漆(七)莵(月)		奈良博出陳	686年他の説
12	山田殿像阿弥陀三尊像銘	7c末～8c		東博	鋳銅製
13	文祢麻呂墓誌	慶雲四年	707	東博	銅鍛造
14	威奈大村骨蔵器銘	慶雲四年	707	四天王寺	鋳銅製
15	下道圀勝圀依母骨蔵器銘	和銅元年	708	圀勝寺	鋳銅製
16	伊福吉部徳足比売骨蔵器銘	和銅三年	710	東博	鋳銅製
	僧道薬墓誌	和銅七年	714	奈良博	銀製、打込み
17	粟原寺伏鉢銘	和銅八年	715	奈良博出陳	鋳銅製
18	太安萬侶墓誌	養老七年	723	橿原考古研	銅鍛造
19	興福寺観禅院鐘銘	神亀四年	727	興福寺	鋳銅製
20	山代真作墓誌	戊辰年	728	奈良博	銅鍛造
21	小治田安萬侶墓誌	神亀六年	729	東博	銅鍛造
22	美努岡萬墓誌	天平二年	730	東博	銅鍛造・片切り
23	薬師寺東塔檫銘		730	薬師寺	鋳銅製
24	行基骨蔵器残欠	天平廿一年	749	奈良博	鋳銅製
25	太刀（武王）	天平勝寶四年	752	正倉院	鋼製
26	太刀（破陣楽甲）	天平勝寶四年	752	正倉院	鋼製
27	太刀（破陣楽乙）	天平勝寶四年	752	正倉院	鋼製
28	正倉院金銅鎮鐸第二号	天平勝宝九歳	757	正倉院	鋳銅製
29	正倉院聖武天皇詔書銅板銘	天平勝宝五年	753	正倉院	銅
30	石川年足墓誌	天平寶字六年	762	大阪田中氏	銅鍛造
	宇治宿弥墓誌	□雲二年	768	東博	銅鍛造
	剣神社鐘	神護景雲四年	770		鋳銅製
	文化庁蔵鐘	宝亀五年	774		鋳銅製
31	興福寺金堂金銅大盤	無紀年	8c	東博	篭字「大」
32	法隆寺献納釣桝	無銘	8c	東博	鋼製、文様

法隆寺のもの以外でNo.のない銘文は、毛彫り、片切り彫り以外の技法による。

図２　鋤たがね
（上：上面、下：下面）

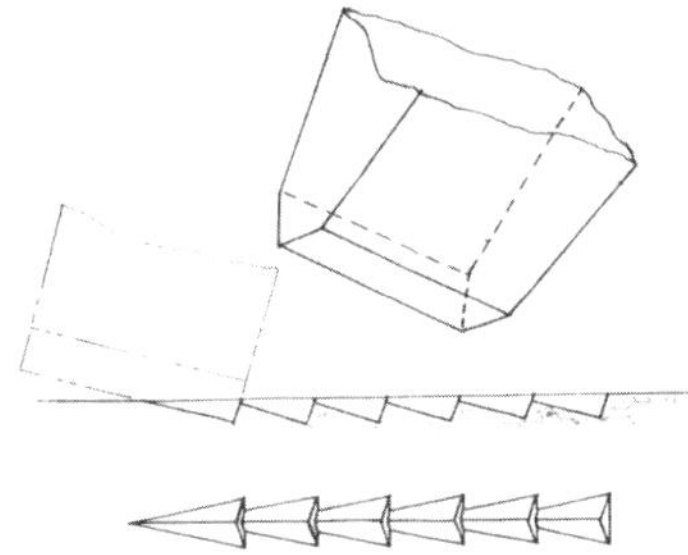

図１　蹴り彫りたがね

ようになる。

〈打ち込みたがねと刃たがね…文字の技術的背景〉

近現代の彫金師らの間で、たがねが「刃たがね」と「打ち込みたがね」に大きく分類されてきたのには、技術的な理由がある。刃たがねの技術的な要点は、刃先が鋭いことである。たがねは金槌でその頭部を叩き、刃先を通して金属に力を伝え変形させるのであるが、刃先が鋭いほど抵抗なく金属の中にたがねが進入する。したがって刃先は鋭いほど良いのだが、鋭い刃先の微小部分には集中的に力がかかり、刃が破損しやすくなる。

力学的なたとえ話であるが、満員電車の中で、ハイヒールに踏まれて死ぬほどの痛い目にあった人は数多くいると思われるが、その痛みの原因は、ハイヒールの主のさほど重くもない体重が、細いハイヒールの先端という一点に集中するためである。それが通常の理解である。力学ではこれを応力集中という。しかし、そのことを技術者の立場で見ると、少し様子が異なってくる。靴の技術者はそれだけの力を受けても、決して曲がらない・折れない、強靱な細いヒールを作らなければならない。限りなく細いヒールを作るところに「技術的な凄さ」があり、「美」あるのだ。

刃たがねに話を戻せば、彫金技術者は削られる金属に突入することが出来る、鋭くて丈夫な刃先を作らなければならない。ちなみに、毛彫りたがねの刃先の先端曲率半径は、〇．〇五㎜以下であり、素材に直接当たる先端部分の表面積は、〇．〇一㎟程度となる。打ち込みたがねの場合は、特別小さなモノでも、先端の曲率半径は一㎜以上はある。途中の細かい計算はここでは省略するが、打ち込みたがねは一㎟あたり一kg程度の力に耐えるはがねで作ることができるが、毛彫りたがねではなんと一㎟あたりに換算すると四〇〇kg以上の力に耐えるはがね（焼き入れ、焼き戻し後）を得なければならないのである。それほど強靭なはがねを得ることは古代においては決して容易なことではない。技術史的に考えれば、それだけのはがねとその熱処理技術を手に入れた時、はじめて毛彫りや丸毛彫りたがねなどの刃たがねを作ることが出来たと理解すべきである。刃たがねを作り使う技術は、当時の最先端技術である鉄鋼技術に支えられたものであった。

金属を切断・切削する技術は、古代から二〇世紀に至るまで、金属時代のすべての技術者が追求してきたテーマであり、その時代の最先端技術であり続けた。刃たがねの制作技術と、それを使いこなす技術は、業種による工具の大小の違いはあれ、その本質に変わることはない「夢の技術」であった[3]。金属を切断・切削する技術は、その発展のスピードに変化や地域差はあっても、金属時代を通して常に発展的進化的であったため、発展・進化の経過が歴史学的な「ものさし」にもなる。中でも、毛彫り刻銘技術は、加工後に研磨などの仕上げ加工が行われないことが多いため、加工痕が鮮明に残りやすい。筆者が毛彫り刻銘技術の変遷を通して古代史の一断面を描こうと考える大きな理由の一つである。

〈毛彫り・丸毛彫りたがねの技術史〉

次に、刻銘に最も多く使われてきた毛彫りたがね（図3）と丸毛彫りたがねの用途と特性について考えてみよう。

毛彫りたがねで彫った溝は断面がV字形になるため、深く彫れば線は太くなり、浅く彫れば細くなる。線の肥瘦を表現することができる工具といえる。また先端の角部とそれに続く逃げ面の稜線の部分が線を彫るための案内の役を果たすので、直線を彫るのに適している（図3参照）。しかし刃先は極めて小さいので応力が集中し、欠け、ツブレが起きやすい。一方、丸毛彫りたがねは、浅く彫っても深く彫っても、線の肥痩の変化が比較的小さいため、安定した太さの線が必要とされる文様の彫刻に適している。また毛彫りたがねに較べて素材と接する領域が広くなるため応力集中が起こりにくく、欠け、ツブレも生じにくい。毛彫りたがねで案内の役を果たしていた逃げ面の稜線が無いため、曲線を彫るには適しているが、直線を彫るのには適さない　奈良東大寺大仏の台座の蓮弁文様は上代の代表的な曲線で構成される線彫り文様であるが、これは丸毛彫りである（図４）。

飛鳥時代以降に現れる仏像の光背裏や台座に施された陰刻銘（以後「造像銘」という）や墓誌や骨蔵器などへの陰刻銘（以後「墓誌等」という）については、文字線の観察から、使用されたたがねの形状等を推定することができる。例えば、なめくり打ちなど塑性加工によって形成された溝の両側には素材の盛り上がりが現れ、素材の表面と溝の境界には若干のダレが生ずる（図５）。一方、切削加工によって形成された溝は、線の周辺の素材の表面には変形は現れにくいが、仕上げ加工が行われなければならない場合は線の両側にカエリが残ることがあるが、ダレは生じにくい（図６）。

飛鳥奈良時代の刻銘は、丸毛彫りが多い。造像銘には工人の僅かな筆意への配慮を感じることができるため、筆で下書きされていた可能性があるが、法隆寺辛亥年観音菩薩立像（六五一年、図７―１）に見られるように刻線の切り上げ部分でたがねが飛び出したり、野中寺彌勒菩薩半跏像銘（六六六年、図７―１）のようにおびただしいカエリが生じているものがある。これらは、刻銘技術が未熟なために、その下書きに忠実に彫ることができずに、たがねで彫りやすい形になってしまったものと考えられる。この時代、刻銘を専門とする工人はまだ存在していなかったのであろう。しかし、七世紀後半になると船王後墓誌（六六八年、図７―２）や威奈大村骨蔵器銘のように、下書きに忠実に倣って彫ろうとし、起筆部や収筆部のかたちをたがねの特殊な使い方によって表現するようになったことがわかる。更に八世紀初頭以降は、全体的にたがねがよく切れており、たがねを自由自在に使い、時には筆で書いた文字以上に線の抑揚を表現する（図７―３）。ここに至って、我が国の毛彫り刻銘技術が極めて高い水準に達したことがわかる。たがねを自由自在に使

図4　東大寺大仏台座の蓮弁の丸毛彫り▲

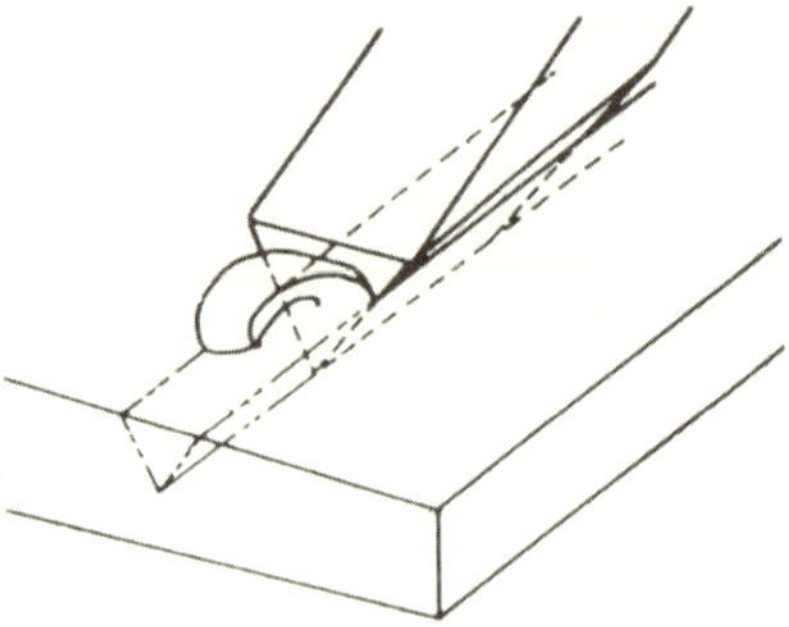

図3　毛彫りの様子（模式図）▲

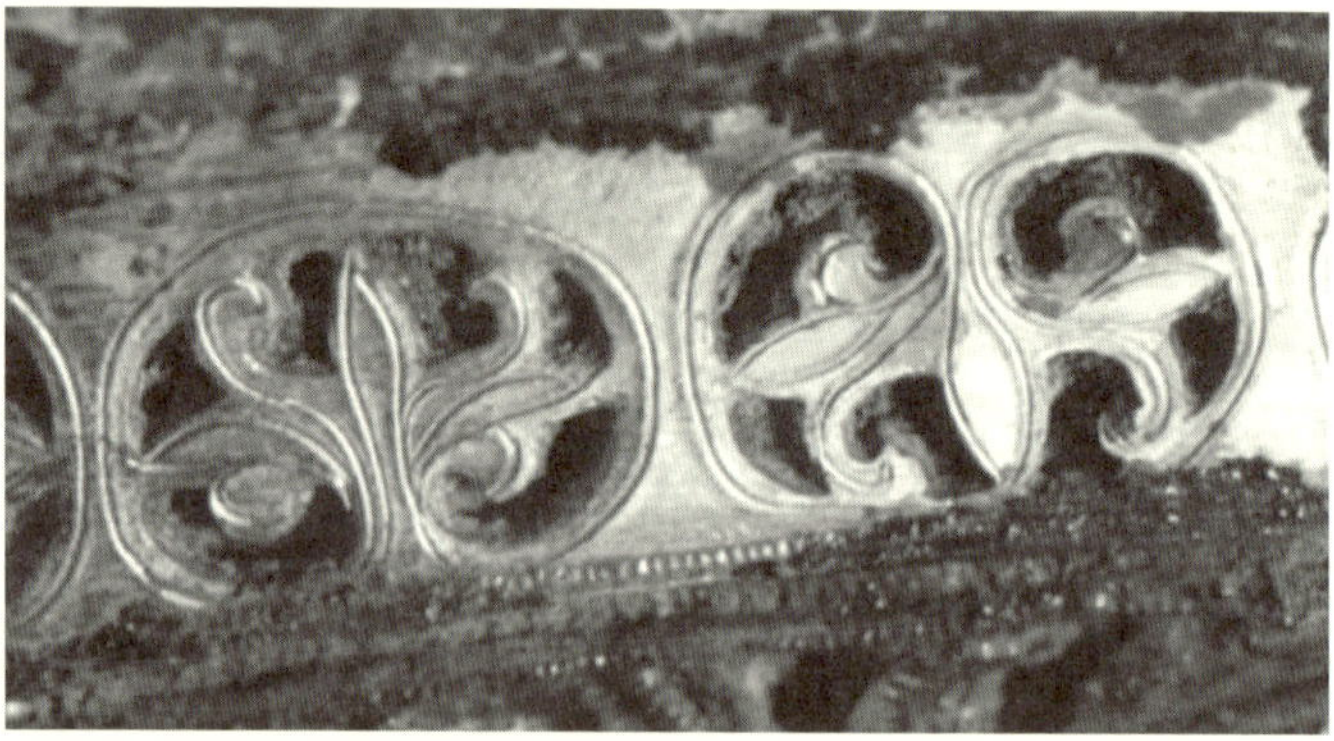

図5　なめくり打ちの特徴（両側に素材の盛り上がりが現れ、素材の表面と溝の境界には若干のダレが生ずる）▲

図6　毛彫りの特徴　素材の膨らみが現れない。線の両側にはカエリが認められるが、ダレは認められない◀

いこなすには、工人個人の努力もさることながら、曲げる、ひねるといったかなり無理な力をたがねの刃先に加えることになり、それに耐えるだけのたがね用素材、つまり精製された高炭素鋼（はがね）を手に入れることができるようになったことを示す。金属加工技術の飛躍的な進歩が文字の技術の進化の背景に浮かび上がってくるのである。

2　毛彫り刻銘技術の進化論

毛彫り刻銘技術は六世紀末から七世紀初頭にかけて、朝鮮半島から渡来した工人が、仏像の制作技術とともに持ち込んだ。当初は肥瘦の無い線を組み合わせていた文字が、次第に筆で書いた文字のように、肥瘦を持つようになり、八世紀に入るころには、抑揚や勢いまでをも表現する文字に変わっていった。このように、百数十年の間の技術的な変遷過程が、著しく発展的進化的であることは、歴史学的に重要である。この変遷過程を明らかにしつつ、いつの時代も中国や朝鮮半島の影響を受けてきた我が国の文化と技術の受容と発展の一端を明らかにしたい。

本項においては刻銘時期が定まっていない法隆寺金堂釈迦三尊像光背銘（以後、釈迦銘という）と法隆寺金堂薬師座像光背銘（以後、薬師銘という）については、ひとまず対象から除外して検討を進め、その後に両光背銘の刻銘時期について言及することにしたい。

筆者は毛彫り刻銘技術の変遷過程を三期に分けて整理した。

第一期（導入期）

〈二次元性文字の時代〉
（六世紀後半―七世紀半ば）
文字は単調な直線が組み合わされている。

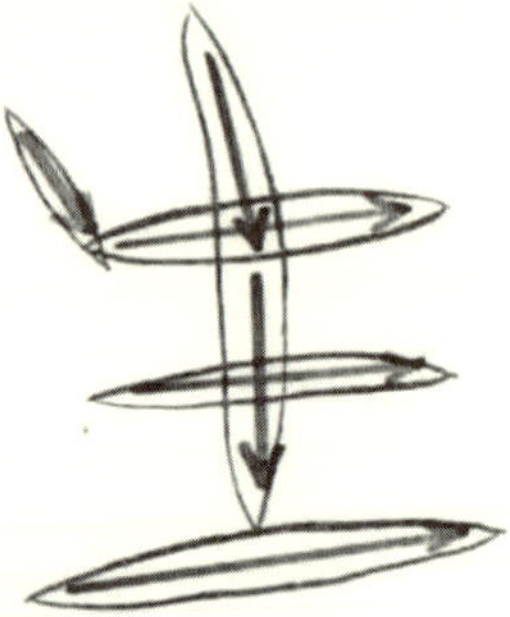

野中寺彌勒菩薩半跏像銘を転写

野中寺彌勒菩薩
半跏像銘（666年）▲

法隆寺辛亥年観音菩薩
立像銘（591, 651年）▲

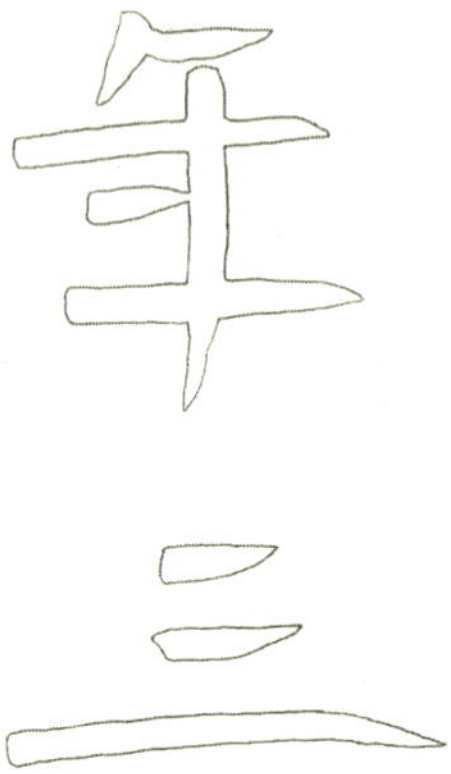

法隆寺甲寅年釈迦像光背銘
（594年）▲
（東京国立博物館所蔵）

図7-1　飛鳥奈良時代の毛彫り刻銘技術の変遷（第一期）

〈第一期（導入期）〉

第一期は導入期である。金銅仏の制作技術と共にもたらされた毛彫り刻銘技術がそのまま使われていた時期、すなわち六世紀末から七世紀中葉までのころである。法隆寺甲寅年釈迦像光背銘、同・辛亥年観音菩薩立像銘、野中寺彌勒菩薩半跏像銘などを挙げることができる（図7―1）。例えば横画の最初のたがねを入れる方向が横画の進行方向とほぼ同じ方向となっている。これは文様の毛彫り技法と同じである。また、同一筆画の中に線の肥瘦の意図的な変化はなく、異なる筆画、例えば縦画と横画によって肥瘦を変えるようなことも行われていない。一部に筆文字の持つ文字線の湾曲を意識したものも見られるが、肥瘦を含めた抑揚まで意識されることはない。二次元性文字の時代である。

第二期（進化期）

〈三次元性文字の時代〉
（七世紀後半―八世紀初頭）
起筆（彫り始め）と収筆（彫り終わり）で、たがねの方向を強引に変えて、墨だまりや筆を抜いた痕跡を表現しようとする。

船王後墓誌を転写

長谷寺観音菩薩立像銘（702年）▲
（大分長谷寺所蔵）

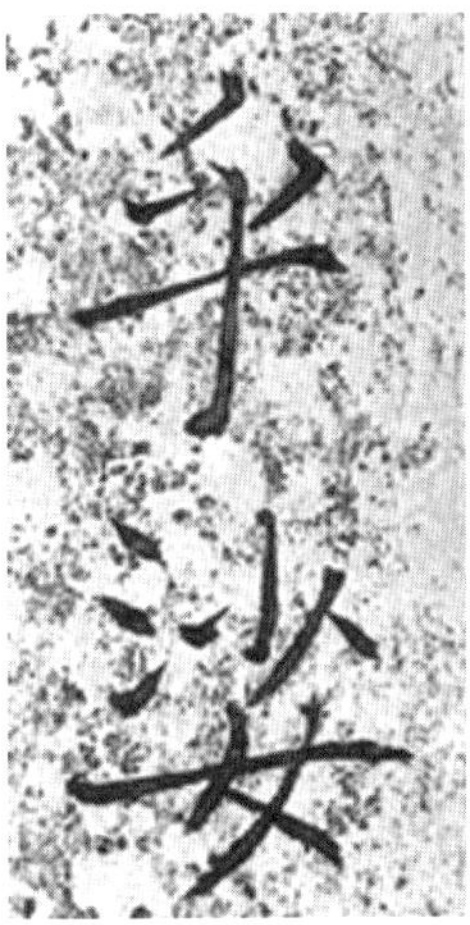

船王後墓誌（668年）▲
（三井文庫所蔵）

小野毛人墓誌（677年）▲
（崇道神社所蔵）

図7-2　飛鳥奈良時代の毛彫り刻銘技術の変遷（第二期）

〈第二期（進化期）〉

第二期は進化期である。七世紀後半から八世紀にかかるころである。このころになると、筆文字でいうところの起・収筆部の墨だまりや筆を抜いた痕跡を表現しようとする工人の意図が見えてくる。小野毛人墓誌、船王後墓誌、長谷寺観音菩薩立像銘などが代表例である（図7―2）。例えば船王後墓誌では横画の起筆部（彫り始め）で、左上約30度から45度くらいの角度でたがねを入れ、その後横方向へ進路を変える。ここでは、たがねの刃先にかなり無理な力がかかるため、硬さと靱性を両方実現できるはがねが必要である。しかし文字線の中間は直線的で抑揚がなく、肥痩も表現しようとしていない。筆文字に似せようという機運が生まれたが、まだ抑揚（つまり時間的変化）や変化を意識しない三次元性文字の時代である。

第三期（完成期）

〈三、四次元性文字の時代〉
（八世紀初頭—八世紀後半）
筆文字の線の肥痩、抑揚、勢い、流れなどをたがねで表現できるようになる。

石川年足墓誌を転写

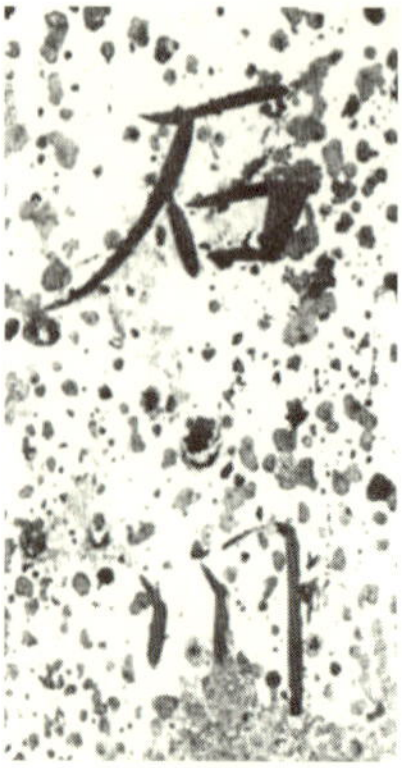

石川年足墓誌（762年）▲（田中紀正氏所蔵）

小治田安萬侶墓誌（729年）▲（東京国立博物館所蔵）

山代真作墓誌（728年）▲（奈良国立博物館所蔵）

興福寺勧禅院鐘銘（727年）▲

図7-3　飛鳥奈良時代の毛彫り刻銘技術の変遷（第三期）

〈第三期（完成期）〉

第三期は完成期である。八世紀に入ってからのこと、特に七二〇年を過ぎる頃から大変優れた毛彫り刻銘が次々と現れる。興福寺勧禅院鐘銘（図7—3）では部分的にはほとんど筆文字に近い形態を刻することに成功し、その上、たがね加工ならではの鋭さをも表現している。山代真作墓誌（図7—3）では筆でも難しい柔らかい線を彫り、一画の中での肥痩の変化、抑揚などを見事に表現している。小治田安萬侶墓誌（図7—3）や石川年足墓誌（図7—3）に至っては神わざに近いほどの技のさえを見せ、筆や刀の、動きや時間的変化を現し、もはや能筆家の手になる筆文字さえも及ばぬほどに書の四次元性を表現していると言える。三、四次元性文字の時代である。

（巻頭図版参照）

これをあらためて整理してみると、次のようになる。
第一期（導入期）…文字線の肥痩を意識しない「二次元性文字の時代」
第二期（進化期）…筆文字に似せて彫るよう努力した「三次元性文字の時代」
第三期（完成期）…筆や刀の動きや時間的変化を表現した「三、四次元性文字の時代」
（各期の間に重なるように過渡期的刻銘が存在する）

3　毛彫り刻銘技術と我が国の「流れの文化」

〈東アジア毛彫り刻銘の技術移転〉

文字（漢字）の毛彫り刻銘の技術は中国で生まれ、朝鮮半島へもたらされ、次いで我が国へと到達した。その時点での技術的差異はほとんど認められないが、その後の我が国の八世紀に至る毛彫り刻銘技術の発展的変遷は、中国や朝鮮半島のそれと著しい違いがある。

中国の小金銅仏は四世紀から長い間制作が続けられ、毛彫り刻銘が施されているものも少なくないが、なぜかその技術は目立った変化・進化を見せなかった。つまり、中国の毛彫り刻銘には、意図的な文字線の肥痩表現や、流麗な動きの表現が生まれなかったのである。朝鮮半島の造像銘の毛彫り刻銘も、二次元的表現から発展進化することのないまま、その後、新たに中国からもたらされた、浚い彫りや籠字陰刻の刻銘に代わられてしまう。それに対して、我が国の毛彫り刻銘は、長い時間をかけて大きな発展的変化を遂げる。そこに何らかの文化的背景の違いが見いだせないであろうか。

我が国の技術と文化は、海外からもたらされる新しい技術と文化の影響を受けることが多いことも歴史的事実である。

そのために、それらの変化の中に我が国の独自性を見いだすことは容易でない。しかし、ある一定の地域と短い期間に限れば、外的な刺激から遮断され、列島内固有のニーズに従って技術や文化が変化してきたことが見える。

我が国の毛彫り刻銘の第一期（導入期）は、文字線の肥痩を意識しない「二次元性文字の時代」であるが、これをもって、「六世紀末から七世紀中葉までの刻銘技術はまだ未熟な段階にあった」と以前筆者は考えていた(4)。しかし、その考えは一面的に過ぎるきらいがある。

毛彫り刻銘の技術は中国から朝鮮半島を経て、六世紀末に金銅仏の制作に携わっていた工人が工具（たがね）と共に持ち込んだものであり、彼らは中国または朝鮮半島でそうしたのと同じように文字線の肥痩を意識していなかった。また、それから半世紀以上の間、造像銘は肥痩を意識しない二次元性文字にとどまっているのであるから、彼らの二世や三世が、先祖の持ち込んだ技術を忠実に継承していたのであろう。つまり、七世紀中葉までの、金銅仏の制作技術と毛彫り刻銘の技術は、渡来工人一族が門外不出の技術として、大切に独占していた状況が推定できるのである(5)。

第二期（進化期）は筆文字に似せて彫るように努めた「三次元性文字の時代」である。こうした毛彫り刻銘は中国にも朝鮮半島にも見られない。この技法の改良は我が国独自の文化が求めたものであろう。ここに至って金銅仏の制作技術と共に毛彫り刻銘の技術が大きく日本化したことが推定できる。技術の日本化、つまり技術移転のかたちとしては、渡来系の技術を在来の工人達が吸収したか、あるいは渡来工人群もすでに、三世四世の時代となり、かれらの価値観と美意識が日本化したか、のどちらかが想定される。

次の第三期（完成期）は筆文字の線の肥痩、抑揚、勢い、流れなどをたがねで表現できるようになる「三、四次元性文字の時代」であるが、ここで人々が求めた文字の機能と美に、我が国の独自性が現れている。例えば、山代真作墓誌（七二八年）では、厳しさや鋭さを見せがちな金属への刻銘でありながら、柔らかな線の抑揚を、工具の開発と技術の錬磨によって実現している。この柔らかな表現は小治田安萬侶墓誌（七二九年）では「完成」といえるほどの技術的高みに上る。さらに石川年足墓誌（七六二年）は、毛筆の繊細な弾力とたわみを表現し、終わりがないかのような文字線の伸びやかさを感じさせる。そして、穂先のたおやかさをも連想させるほどである。そのどれもが、時間の概念を含んだ、「動き」、「変化」、「躍動感」などの豊かな表現であり、我が国の工人たちが、それだけの表現力と技術を獲得したのである。神わざともいうべき水準まで達していたと評価したい。その後現在に至るまで、これほどの生き生きとした文字の技術を見ることができないからである。彼らの技術をそこまで進化させたのは、それを要求する当時の人々の美への希求であり、価値観すなわち文化にほかならない。

〈動きや時間的変化への執着〉

奈良時代の金属への刻銘で毛彫りと片切り彫り以外の陰刻銘が三点だけある（表1）。長谷寺法華説相図版銘（第二章、図24、25）と僧道薬墓誌（七一四年、図8）と宇治宿祢墓誌である。

長谷寺法華説相図版銘は、中国由来の浚い彫りによっている。溝の断面がW字形をしている部分があり、技法が確認できる。その結体が初唐の書の大家である欧陽通の書と近似している点は、古くから指摘されているところであり、朝鮮半島を経由している可能性も含めて、中国系の工人と僧が関わったと考えて間違いはないだろう（本書第二章参照）。この図版銘が、当時の中国文化にもっとも近い優れた文字であることは、当時の人々も現代の人々と同じように認めていたに違いない。浚い彫りは、下書きの筆文字を忠実に表現するには、特に適した技法であることは、これまでに述べたとおりである。長谷寺法華説相図版銘は、その中でも大変高い水準の技術で作られているにも拘わらず、この技法は我が国でまったく継承されていないのである。（長谷寺法華説相図版銘の浚い彫り技法は、必ずしもたがねによる浚い彫りに限定できないところがある。この図版銘の部品の多くが、ろう型鋳造法によって作られた可能性があり、銘文の部分も、いま少し詳細な観察によれば、その痕跡を探し出すことが出来るかもしれないが、現段階では即断できない。）

図９　珠城山三号墳出土杏葉▲
（奈良国立博物館所蔵）

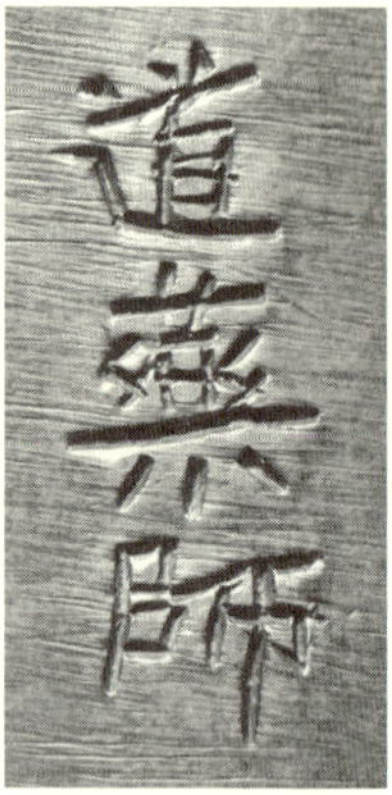

図８
僧道薬墓誌▶
（奈良国立博物館所蔵）

図10　藤ノ木古墳出土鞍金具鳳凰▲
（国（文化庁）保管）

図11　神宮徴古館蔵鳳凰文透彫杏葉◀

浚い彫りは、毛彫りに比べると動きや躍動感という時間的変化を表現するのに向かない技法といえる。この技術が我が国に定着しなかったのはこの点にあるのではないだろうか。先に述べたように、朝鮮半島において毛彫りに代わって浚い彫りが定着していることと比較すれば、当時の我が国の人々が浚い彫り技術の受入を拒否し、毛彫りに固執してその技術を驚くほどの水準まで高めたのは、彼らの美意識や価値観であった、と考えられるのである。彼らは形態を忠実に写し取ることよりも、勢いや流れの時間的変化を含めた四次元的表現を求めたのである。

僧道薬墓誌（七一四年、図8）はたがねの打ち込みによる刻銘で、例えば横画を三回のたがねの打ち込みで表現してしまう。軟らかな銀板に適した技法だともいえる。宇治宿祢墓誌（七六八年）も打ち込みによる刻銘である。どちらも動きや躍動感を表現するには向かない技法である。

〈流れの文化の発現〉

前章で述べたように、中国において文字の彫刻に浚い彫りが用いられてきたことは甲骨文字の時代からの伝統であり、中国中原文化の大きな特徴の一つであるといえよう。一方で、東アジア漢字文化圏の中で唯一毛彫り刻銘技術が進化を遂げた点に我が国の文化の独自性を認めることができるのではないだろうか。我が国の毛彫り刻銘技術が文字の四次元性の表現、つまり動きや勢いという「時間」の流れの表現に強い特性を持つという点に、我が国の文化の姿がはっきりと現れているのである。

時間の流れを表現する我が国の美意識の発現は、六世紀中葉から後半に現れた奈良県珠城山三号墳（六世紀半ば）出土鏡板と杏葉（図9）、藤ノ木古墳出土鞍金具（六世紀後半、図10）、神宮徴古館蔵鳳凰文透彫杏葉（七世紀初頭、図11）などに特徴的に見られる。〇・三〜〇・五㎜程度のピッチで密に施された勢いある毛彫りによって、鳳凰の羽や獅子のたてがみ、或いは龍の体毛（または火炎）の風になびく動きを表現し、同時に大きな広がりをも表現する技法は、広くアジアを見渡しても見られない技術である。この点は、筆者らの藤ノ木古墳出土馬具国産説の根拠の一つとなっているところでもある(6)。時間の流れを表現しようとする我が国独特の美意識を、筆者は「流れの文化」と呼んでいる。後の時代のものであるが、平安時代の流麗な仮名文字、絵筆が描く線を表現するために開発されたとされる江戸時代金工の片切り彫りと、我が国独自の文化の所産といわれるものは、どれも動きや勢い、流れを重視したものであることが、我が国に一貫する「流れの文化」の存在を裏付けてくれる。

遡って「線」を意識した遺物を探せば、古墳時代前期の代表的な国産鏡である鼉龍鏡の流れるような細線で表現され

図12　奈良県新山古墳出土　鼉龍鏡
（宮内庁蔵、直径27.2㎝）の線文様（四世紀）

図14　法隆寺金堂
薬師座像光背銘▲

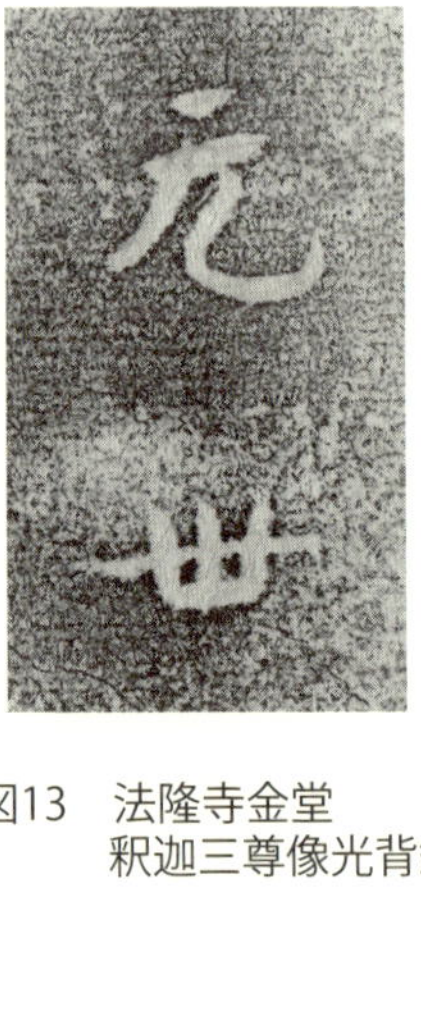

図13　法隆寺金堂
釈迦三尊像光背銘▲

た竜の胴体や体毛（図12）、或いは弥生時代の銅鐸の流水文などは、我が国の「流れの文化」の源流の一つであろう。

4　法隆寺金堂釈迦三尊・同薬師座像両光背銘の刻銘時期

釈迦銘（図13）と薬師銘（図14）の刻銘時期については諸説あって、上代の歴史学研究にとって、その刻銘時期の研究は重要な課題となっている。仏像や器物（胎）の制作時期とその銘文の刻銘時期は必ずしも一致しない。後刻されたり、追銘された例が数多く報告されているが、その判断は容易ではない。両者の時間的関係を解き明かすのには、像や光背と刻銘の技術的研究が大変有効である。しかしながら、釈迦銘ならびに薬師銘については、なかなか近接距離での調査の許可が下りず、技術的研究が進みにくいという歯がゆさがある。筆者は、釈迦銘については限られた観察機会の中であるが、毛彫りによる刻銘と「蜜ろう」を使った鋳造の二つの可能性を視野に入れている。一方、薬師銘は毛彫りで間違いなかろう。本項では、両光背銘の刻銘時期について、我が国における毛彫り刻銘の変遷過程の研究を基にして検討する。

〈刻銘技術…見過ごせない進化の不連続性〉

ここでは、釈迦銘が毛彫りによる刻銘であるとして考えてみる。薬師銘には、薬師像が丙午年（五八六）に発願され丁卯年（六〇七）造像されたと、釈迦銘には、癸未年（六二三）に釈迦像が製作されたと記されている。両銘の刻銘時期については、明治から昭和にかけて盛んに行われた法隆寺再建非再建論争の中で取り扱われてきた。今、釈迦銘と薬師銘を、その銘文に記された紀年の時に刻銘されたと仮定して、筆者の作成した表1（68頁）の中に収めると、大きな違和感が生じる。つまり本章第2項で述べた毛彫り刻銘技術の発展的進化的な変遷過程において、この二銘が、七世紀中葉以前の第一期（導入期）の刻銘の中で異質な存在となり、毛彫り刻銘技術の進化が不連続なものとなってしまうのである。我が国にとどまらず、同時期の中国、朝鮮半島を見渡しても、これだけの水準の毛彫り刻銘技術が見られない点も、重要である。この二銘を除く、我が国の七世紀中葉までの造像銘は、中国と朝鮮半島の金銅仏への毛彫り刻銘技術を色濃く受け継ぐもので、肥瘦がほとんど表現されない文字線を組み合わせた二次元的表現に留まっている刻銘技術である。一方、釈迦銘と薬師銘は、いずれも筆で書かれた文字のように、肥瘦や墨だまりが表現された三次元的あるいは四次元的表現の刻銘技術である。

技術とそれを求める文化の変化は一概に予測通りに進化するとは限らないが、この両光背銘を除いて我が国の六世紀から八世紀にわたる刻銘技術を眺めてみると、列島内という限定された地域の中で毛彫り刻銘技術が二次元的表現から三次元的表現、そして四次元的表現へと発展的進化的に変化していることは明らかである。釈迦銘と薬師銘を紀年通りに表に収めると、七世紀前半の我が国に、三次元性文字と四次元性文字が突然現れることになってしまうのである。こうした技術と文化の不連続性を見過ごすことはできそうにない。このことは単に技術の問題にとどまらない。技術の進化は、社会のニーズと深い関係がある。つまり文字の技術の進化はその社会の文字文化の発展を意味するからである。

〈薬師銘は第二期（進化期）の文字〉

薬師銘は、文字線（筆画）の起筆と収筆の部分に執着をしている一方で、文字線の抑揚や肥瘦については十分な配慮がない。薬師銘は三次元性文字であり、我が国の毛彫り刻銘の変遷過程の第二期（進化期）に相当する毛彫り刻銘である。

その刻銘時期をさらに限定すれば、その近似例として船王後墓誌をまず挙げることになろう。加えて技術移転の限界と可能性を考慮して、船王後墓誌（図7―2）の刻銘時期である六六八年±一世代（二〇年程度）を薬師銘の刻銘時期とするのが妥当であろう。

〈釈迦銘は第三期（完成期）の文字〉

釈迦銘の場合は、起筆部のたがねを入れる角度や収筆部のたがねを抜く角度を、薬師銘や船王後墓誌などのように大きな角度としていない。しかしながら筆画の肥瘦や抑揚に最大限の注意を払っていて、あたかも筆で書かれたかのように柔らかな線を表現している。これは、運筆の速度、筆の抑揚に現れる筆者や心情の遷り変わりまでをも、工人が表現しようとしたものと感じられる。釈迦銘は特に高度な四次元性文字である。こうした四次元性文字の出現の兆候が現れるのは、どう早く考えても第二期から第三期への過渡期の時期である。刻銘時期をさらに限定すれば、同じ水準の芸術的ともいうべき四次元的表現をしている小治田安萬侶墓誌（七二九年、図7―3）を挙げたい。横画の起筆部のたがねの入る角度、横画の抑揚、縦画の抑揚と曲直、どれもが釈迦銘とほぼ同じ表現法を採っていることも見逃せない。また、これと同様のたがねの使い方をするのが山代真作墓誌（七二八年、図7―3）と行基骨蔵器銘（七四九年）である。どちらも筆文字の持つ柔らかさを、たがねという硬質な工具で同じく硬質な銅合金の板に表現しているのだが、ここまで高水準な毛彫り刻銘技術は、華やかに金工技術が展開する中世や近世にも現れることはない。我が国の刻銘技術の歴史上、この時期にしかない技術と水準と美しさを誇っている。釈迦銘もこれらの第三期（完成期）の毛彫り刻銘の数々に、優ることはあっても劣ることはない。したがって、七〇〇年代を遡る時代に釈迦銘をあてはめることは難しい。釈迦銘の刻銘時期を技術継承の限界を考えて小治田安萬侶墓誌（七二九年）を基点として±一世代以内に入るものとしたい。

表4　飛鳥奈良時代の鉄への毛彫り　一覧

	名称	紀年銘	西暦	所在	素材	銘文など
1	太刀（武王）	天平勝寶四年	752	正倉院	鋼製	東大寺/天平勝寶四年四月九日/武王
2	太刀（破陣楽甲）	天平勝寶四年	752	正倉院	鋼製	東大寺/天平勝寶四年四月九日/破陣楽
3	太刀（破陣楽乙）	天平勝寶四年	752	正倉院	鋼製	東大寺/天平勝寶四年四月九日/破陣楽
4	法隆寺献納釣桝		8c	東博	鋼製	文様（無銘）

〈釈迦銘と薬師銘の技術的背景〉

毛彫りたがねは、刃先が極端に細くなっている。そのため、横方向の力に特に弱く、金属を削っている途中、つまりたがねの先が金属中に埋没している時に、捻るような横方向の力が加わると、その先端には欠け・ツブレが生じやすくなる。しかし、筆文字の起筆や収筆の形を表現するにはどうしても捻る力を加える必要がある。そうした使い方は東大寺大仏の蓮弁や法隆寺献納金銅灌頂幡などの文様の毛彫り（丸毛彫り）には見ることができないので、刻銘技術特有の使い方と言える。したがって毛彫りで筆文字に似せて彫るようになった第二期以降の刻銘には、強靱なたがねの制作技術の獲得が必要であった。

かつて筆者は、たがねの耐衝撃性とその素材である鋼の炭素含有量の関係について報告した[7]。その実験成果において、①銅合金（青銅を含む）に毛彫りを施すには概ね〇・五%の炭素を含む鋼を使用すれば、熱処理（焼き入れなど）をせずとも使用可能であること、②鉄鋼への毛彫りでは概ね〇・八%を越える炭素を含む鋼を用いてたがねを作り、なおかつ適正に熱処理される必要があること、などを明らかにした。金属の王たる鉄鋼への毛彫りなど切削加工ができるようになることは、金属の自在な加工技術を手に入れることであり、それはすなわち技術者が金属時代を制覇することに繋がる重大な技術の到達点の一つである。表4に示すように、鉄への切削加工である毛彫りや丸毛彫りが八世紀中葉になってようやく現れることは、その時期に我が国の金属加工に飛躍的な進化があったことを示している。

筆文字に似せて刻銘するには、たがねを捻るようにするので、たとえ銅合金への毛彫りといえども、たがねにかかる負荷は極めて大きく、鉄鋼への毛彫りで必要とされるのに匹敵する強靱さがたがねに求められる。我が国における鉄鋼への毛彫りが八世紀に入って現われることは、そのころの我が国において、銅合金に自在に毛彫り刻銘を施せるようになったことを技術史的に裏付けることになる。

鉄鋼に毛彫りが出来ないような技術水準にある七世紀前半の列島内において、たとえ金銅製品とはいえ、たがねの先端に大きな負担をかける釈迦銘と薬師銘が生まれ出ることには技術的矛盾があるといえる。

5　法隆寺金堂釈迦三尊像光背銘と「ろう製原型埋け込み法」について

〈釈迦銘の周囲に凹凸〉

一九九七年八月一二日、橿原考古学研究所の橋渡しによって、筆者は釈迦銘と薬師銘の調査の許可を得ることができた。しかしながらその日の朝、法隆寺側の事情によって、至近距離からの観察ができないことになった。金堂の床から観察して欲しいとのことであった。私たちは大変落胆したが、せっかくの調査機会を無駄にしてはならないと考え、気を取り直して両光背銘を遙かに仰ぐように見た。薬師銘は遠くてまったく見えなかった。釈迦銘については細部の観察・調査は難しかったが、たまたま持っていた単眼望遠鏡を駆使して、あるいは肉眼で精一杯光背の裏面を睨み、観察を続けた(8)。

釈迦銘は、概ね縦横三三cmの領域に、一四字一四行の文字が彫られているのであるが、金堂の床に立って見上げているると、その銘文の領域の天地左右一〇cmくらい外側のところを境に、表面の状態が異なっているように見えた。銘文を含んだ約五〇数cm四方の外側は、粗い鋳肌のままに見えるのであるが、その内側は平滑に仕上げられているように見えたのである。また、鋳肌のように見える外側部分と、平滑に見える内側部分との境界にあたる、幅数cmの部分の表面には、著しい凹凸があるように見えた。一緒に観察していた彫金師松林正徳氏にもその確認をお願いした。氏もその凹凸が確かにあると判断された。

しかし、その日はそれ以上の観察を続けることができなかった。様々な可能性があることを記憶に留めると共に、担当の僧侶に観察結果の報告を行ない、再調査のお願いを改めてしたいと伝えて法隆寺を辞した。この観察結果を一体どう解釈するか、大きな問題が出てくる可能性があるように感じられた。

〈なぜ、凹凸が生じるのか?〉

詳しく観察していないので、技術的判断が難しいところであるが、釈迦銘の周囲に凹凸が生じた原因として次の三つを考えてみた。

①拓本採りを繰り返したために銘文の部分とその周囲だけが平滑になり黒光りしてしまった
②銘文を陰刻するために、あるいは陰刻した後、銘文の領域とその周囲を研磨した
③鋳造工程の必然から凹凸が生じた

①について考えてみる。世に出回っている釈迦銘の拓本は、なぜか五〇cm四方以内のものが多い。それだけ手拓が繰り返されたのであろうが、それとても、同じ領域だけ手拓されたために摩滅して黒光りしたか、その部分だけが平滑であるために手拓する人が偶然その領域を選んだか、どちらかであろう。遠目ではあるが筆者の目では後者のように思われる。いずれにしても拓本によって周囲の凹凸が発生することはない。

②についてては、彫金技術上の必然から十分考えられることである。釈迦銘の文字の精緻さは改めて指摘するまでもな

いが、たがねを使って緻密な毛筆の筆致を十二分なまでに表現しているのである。そうした筆の先の動きまで再現するのは、鋳肌のような荒れた表面では不可能である。精緻な文字を彫るには、素材の表面は平滑に仕上げられていなければならない。したがって、刻銘の前に、ヤスリや砥石で仕上げ加工した可能性がある。さらに刻銘後研磨される可能性もある。しかしいずれも周囲に凹凸が発生することはない。

③については、筆者はかつて、栄山寺鐘銘の復元研究に際して神護寺鐘銘（八七五年）、興福寺銅燈台銘（八一六年）、西光寺鐘銘（八三九年）、栄山寺鐘銘（九一七年）などの上代の文字型陽鋳銘のどれもが、蜜ろうを使って文字の原型を作る埋《い》け込み型の技法（「ろう製原型埋け込み法」という）で作られたことを指摘した(9)。この技法は、ろうを切り抜いて作った文字原型に粘土をかぶせ、焼成した文字鋳型を、主製品の鋳型に「埋け込む」（埋め込む）。この技法による鋳造後の製品表面に現れる現象として、文字の周囲に地肌の乱れが生じることがある。文字鋳型はあらかじめ主製品の鋳型と同じ曲面になるように作るのであるが、焼成の段階で歪みが避けられないため、焼成前に作った曲面は必ず変化する。主製品の鋳型の曲面と焼成後の文字型の曲面を全く同じにすることはできないので、埋け込み後、その曲面の食い違いを修正することになる。修正は手指や刷毛などで行うため、鋳造後の文字の周囲に修正の痕跡が残ることは避けられない。釈迦銘の銘文部分の周囲に、肌の大きな乱れがあれば、それは埋け込んだ文字鋳型と光背本体の鋳型との境界に当たる部分であることが一つの可能性として考えられる(10)。

〈ろう製原型埋け込み法か？〉

釈迦銘を下から仰ぎ見た観察では、周囲の凹凸の詳しい様子は分からなかったが、写真によって銘文の周囲の肌に大きな乱れがあり、銘文の部分よりも盛り上がっていることが確認できる（図15、16）。このように見てくると、やはり③の「ろう製原型埋け込み法」を使った可能性があると考えられる。その場合は次の工程が想定される。

図15　釈迦三尊像光背裏面(11)

①蜜ろうと松ヤニを混練して（近現代で使われているろう型の材料）厚さ数㎜の板を作る。
②その板に下書きをして文字を彫る（ヘラなどを使って陰刻する）。
③文字を彫ったろう製の板を粘土で包み、乾燥させてから焼成する。ろうは流れ出し、裏文字で凸になっている「四角形の文字鋳型」ができあがる。
④あらかじめ作った光背本体の鋳型の一部を削り取り、そこに「四角形の文字鋳型」を埋める（これを「埋け込み」という）。
⑤「四角形の文字鋳型」と光背本体の鋳型の境界をへらや指で均す。
⑥鋳型を組み上げ、溶けた青銅を

図16　釈迦三尊像光背裏面（斜め上から）[12]

流し込むと、陰の文字（款）ができあがる。

安易な判断は慎まなければならないので、ここでは、可能性を指摘するに留めることとしたい。

陰文（款）がどのような技術によって作られたかを、正しく判定するのは技術史の学史を繙くととても難しいことがわかる。[13]例えば殷周青銅器の銘文（款）の制作技法について長い期間の論争があり、鋳造の専門家がその論争に加わって再現実験を行っているが、今でも決着はついていない。それほどこの問題は難しい。同じように釈迦銘が「ろう製原型埋け込み法」で作られたか否かという問題を解決するのも容易ではないであろう。観察の機会を得た方々による、詳細な観察結果報告が望まれる。[14]それには紙面上で検証できるだけの水準の写真なり、実験結果なりを示すことが求められる。

〈観察・推定法の危うさ〉

歴史研究の分野において、制作技術の推定が行われることがある。しかし、そのほとんどが「対象物を観察してその制作技法を推定する」手法が採られている。これを筆者は「観察・推定法」と呼ぶ。

制作技法の推定は、歴史研究に限らず、あらゆる分野で、あらゆる生活の場面で、誰もが日常的に行っていることである。現代の生産現場では、ライバル社で優れた製品が発売されればすぐにそれを手に入れて、ライバル社の制作技術の研究をする。そこでも観察し、推定するという一連の作業が行われるが、それで終わるということはない。推定に続いてそれを検証する行為が続くのである。また、私たちの日常生活でも、美味しいものに出会えば、よほど分かり切ったものでないかぎり、家庭で作ってみる。うまく出来なければもう一度食べに行き、家庭に戻って再び作ってみる。つまり、私たちは、次のような作業工程を日常的に行っている。

観察→推定→実験→検証（観察）→推定→再実験→…

これを筆者は「検証ループ法」と呼んでいる[15]。

「観察・推定法」だけでものづくり工程の復元を済ませているのは、歴史研究分野だけかもしれない。いずれにしろ、観察・推定法では、その推定が、本人の見聞や経験の範囲の制約を受けることになる。結局観察する人によって違った推定が行われ、できるできないの水掛け論に終始する。

釈迦銘がいかなる技法によったものかということは、大変重大な歴史学的問題であるだけに、観察・推定法という安易な手法を採るべきではない。混乱を避ける為にも、釈迦銘の精密調査と客観的な調査データの公開を訴えたいと思う。

このような提案をさせていただくのは、近年発表された意見[16]が、その着想の経緯に矛盾をはらみながらも定説化されてしまう怖れを感じたからである。釈迦銘については、精密調査が行われにくいという状況にあって、検証する機会を得ることがとても難しい。それゆえに反論が出にくい。そうして時間だけが経過して定説化してしまった歴史学的事例は決して少なくない。関係者の慎重な対応が望まれる。

〈たがね彫りの可能性〉

釈迦銘は、拡大写真で見るかぎりでは、たがねで陰刻した場合のような、勢いや動きのある線の特徴が強く現れている。また、硬質な金属に鋭利な刃物をもって削り取った時に現れる切れ味の鋭さのようなもの見えている。そうしたことから「たがね彫り」である可能性も認めなければならない(17)。一方であまりにも流麗な筆文字の筆致を表現しているためたがね彫りの一つである浚い彫り(18)で刻銘された可能性も捨てきれない。また、「ろう製原型埋け込み法」が使われたとすれば、鋳造後の仕上げ加工で浚い彫りすることがあるのでその時に切れ味の鋭さなどが現れる場合が考えられる。精密調査が行われていない現段階(19)では「ろう製原型埋け込み法」と「たがね彫り」と「両者の複合技法」の三つの可能性を考えておくしかない。

6　釈迦銘がろう製原型埋け込み法で作られたとすれば

仮に、釈迦銘がろう製原型埋け込み法で作られたとすれば、銘文は光背の制作時に施されたということになる。とはいえ、釈迦銘の精密調査が行われない状況下での、「とすれば」論はあまり、意味をなさない。しかし、確かな論拠も無しに「ろう型」説が発表され、続いて光背と釈迦銘が「癸未年（六二三）」に造立されたとの推論も発表されてしまったことは大変残念なことである。

前項で示した釈迦三尊像光背裏面の写真で、光背の銘文周辺の表面の荒さの違いが、ほぼ確認できる（図15）。また、銘文の周囲の地が盛り上がっていることも見える（図16）。釈迦銘がろう製原型埋け込み法で作られた可能性が高まる。地の高まりは、この技法以外に、その発生の理由が見あたらないのだが。

〈光背の制作年代〉

光背の制作年代については、まだ議論が尽くされているとはいい難い。技術史の観点から考えてみよう。

前項で述べたように、我が国上代における刻銘技術は、日本列島という限られた地域内において、六世紀末から八世紀半ばにいたる一五〇年余に亘って発展的に進化的に変遷する。そうした認識の下では、二次元的な表現の刻銘技術しかなかった七世紀初頭にあって、釈迦銘のような四次元的な表現力を持った銘文が生まれ出ることは考えにくい。文字の表現力を含む結体の変化は時代の遷り変わりを忠実に再現するもので、これは考古学における土器の形態の遷り変わりに勝るとも劣らない信頼性の高い歴史的ものさしとなりうる。前漢代に前漢代の文字があり、後漢代には後漢代の文字がある。初唐には初唐の文字が生まれ、盛唐、晩唐にはそれぞれの時代の特徴を持った文字が生まれ出る。我が国においても、時代の遷り変わりと文字の結体の関係は密接である。したがって、釈迦銘がいずれの技法によるとしてもその誕生の時空について「七世紀後半から八世紀前半までの列島内」という時空をはずすことは難しい。そして、釈迦銘が「ろう製原型埋け込み法」で作られたとすれば、光背そのものの制作年代もそれと同時期ということになる。

〈長谷寺法華説相図版銘との関係〉

釈迦銘が「ろう製原型埋け込み法」で作られたとすれば、文字の技術史の立場からすぐに想起されるのが、長谷寺法華説相図版銘である。本書第二章（52頁）において、法華説相図版銘もろう型鋳造法で作られた可能性を指摘したが、釈迦銘で想定される「ろう製原型埋け込み法」は、法華説相図版銘で想定される技法と原理的には同じである。法華説相図版銘が渡来系工人と文人による制作が想定できることからすれば、釈迦銘の制作も同様の背景が想定される。この場合釈迦銘は、法華説相図版銘が作られた七世紀後半以降の制作と想定される。このことは、前項で述べた釈迦銘の刻銘時期を七世紀後半以降のこととした筆者の説に合致する。

〈東野氏が依拠する西川杏太郎氏の制作年代論を検証する〉

法隆寺釈迦三尊像光背の制作年代論に関して、東野氏は次のように述べる。[20]

もっとも、その内の光背や光背と三尊の双方を後代の作と考えることについては、一九八九年に行われた移動調査によって、その可能性が否定されたと思う。即ちこの三尊と、丁卯年の光背銘を有する金堂東の間の薬師如来像を比べると、鋳造技法の点で明らかに釈迦三尊が先行すると判断され、光背への三尊の取付け方や、台座に対する光背の収まり具合などからみて、出来あがった本尊、脇侍、光背を苦心しつつ現場で組み上げていった状況が推定できるという。こうした推定には確証がないとの批判もありえようが、永年このような彫刻の実物調査に携わってこられた研究者が導き出された結論であってみれば、単に机上で想定された可能性とは異なり、軽々に疑うべきではなかろう。（傍点は筆者による）

東野氏の叙述には二つの問題がある。一つは、西川杏太郎氏の報告[21]に依拠したことである。光背に対する自身の見解を述べるべきである。

二つめは、西川氏の説に対して「永年このような彫刻の実物調査に携わってこられた研究者が導き出された結論であってみれば〈中略〉軽々に疑うべきではなかろう」としている点である。これは「実績ある人がいっているのであるから、信用しなければならない」ということである。

そこで筆者は、東野氏が「疑うべきではなかろう」とした西川杏太郎氏の報告を検証してみる。西川氏の報告は注目され、引用する研究者も少なくないので、それだけ慎重な検証が必要である。

西川氏は次のように述べる。

> 鋳造技法の面から見ると全高（頭頂から裳裾端まで）が釈迦像一三四・四cm、薬師像九八・五cm。裳裾張は釈迦像一一四・三cm、薬師像七二・六cmと、かなり大きさの差があり、小柄な薬師像の方が、当然、鋳造しやすい。従って単純に比較は出来ないが、中型の鋳肌は釈迦像の方が荒く、鋳造時の湯廻りが悪かったため鋳かけが釈迦像では前述の通り三ヶ所認められるのに対して薬師像では、こうした鋳かけは一切行われていない。また型持ちを抜いた後の処理も釈迦像では鋳かけによる埋めと塡金による処理を混用しているが、薬師像ではすべて塡金によってすっきりと統一されている。
>
> こうした諸点を総合してみると、薬師像の方が技術的に手慣れているとみられ、制作も薬師像より釈迦像の方が古いとみることが出来るであろう。

この記述は、主に「薬師像の方が技術的に手慣れているとみられ、制作も薬師像より釈迦像の方が古いとみることが出来るであろう。」という部分だけが多く引用される。しかし、この記述はその前に述べられた記述と分離してはならない。それは「小柄な薬師像の方が、当然、鋳造しやすい。従って単純に比較はできないが、」である。西川氏は「技術的に手慣れている」点を以て、技術の新旧を決定しているのであるが、技術移転論[22]の観点から見て問題がある。こうした判断が通用するのは、同一工人による鋳造であることが明らかである場合のみ、つまり、ある一人の工人が技術的に成長することを前提としてはじめて、手慣れた技術がその工人が成長した後のことであると推定できるのである。「手慣れている」とか、「上手に出来ている」などという技術評価は、社会的水準の評価であり、歴史的水準の評価ではない。歴史的水準とは、いつから当該の技術が可能になったかという「進んだ技術」あるいは「変化した技術」などの概念で表される。一方、「社会的水準」は、「丁寧な技術」、「きちんとした技術」、「手慣れた技術」などの概念で表される。さらに、「丁寧な技術」は「①丁寧な技術」と「②丁寧でない技術」に分けられ、「手慣れた技術」は、「①手慣れた技術」と「②手慣れていない技術」などに分けられるのであるが、いずれの場合も①と②は同時代・同時期に併存するものである。したがって、社会的水準の技術評価の違いでは、技術の時間差を規定することができないのである。西川氏は技術評価にまつわる歴史的水準と社会的水準を分析されていないようであるが、直感的にはその問題点にご自身で気が付いておられるのであろう。そのために「小柄な薬師像の方が、当然鋳造しやすい。従って単純に比較できないが、」と、付帯条件として述べているのである。西川氏は「明らかに……先行する」などとは言っていない。それを読んだ東野氏が「明らかに……」と理解したにすぎないのだ。西川氏の説を引用する人は、前段の「付帯条件」を省略してしまうことが多い。記述する側も、引用する側も十分な注意が必要である。

（注）

（1）森下章二　一九九三「火竟銘仿製鏡の年代と初期の文字資料」『京都考古』第七三号

（2）本書第一章第1項一四頁に引用した河野太郎氏の説を参照されたい。

（3）鈴木勉　二〇〇六「象嵌技術から見える古代の鉄技術」『復元七支刀―古代東アジアの鉄・象嵌・文字―』雄山閣

（4）鈴木勉　二〇〇四「上代金石文の刻銘技法に関する二三の問題」『風土と文化』第五号、日本歴史文化学会

（5）鈴木勉　二〇〇四『ものづくりと日本文化』橿原考古学研究所附属博物館

（6）勝部明生・鈴木勉　二〇〇三「藤ノ木古墳出土馬具の源流を辿る」『橿原考古学研究所論集』一五

（7）鈴木勉　一九八五「古代日本の金属彫刻用たがねと熱処理」『熱処理』二五巻五号

（8）一九九七年法隆寺における調査の概要と「ろう製原型埋け込み」法の可能性に関して、筆者はこれまで次の論考で発表している。（①鈴木勉・福井卓造　二〇〇二「江田船山古墳出土大刀銀象嵌銘「三寸」と古墳時代中期の鉄の加工技術〈付説：法隆寺金堂釈迦三尊像光背銘の「尺寸」と「ろう製原型鋳造法」について〉」『橿原考古学研究所紀要　考古学論攷』第二四冊、②鈴木勉　二〇〇四「上代金石文の刻銘技法に関する二三の問題」『風土と文化』第五号、日本歴史文化学会、③鈴木勉　二〇〇六「上代金石文の毛彫り刻銘技法から見る我が国の「流れの文化」―法隆寺金堂釈迦三尊・薬師座像両光背銘の刻銘時期をめぐって―」『書論』第35号、書論研究会）。

（9）鈴木勉　一九九八「栄山寺鐘銘「ろう製文字型陽鋳銘」とその撰・書者について」『橿原考古学研究所紀要　考古学論攷』第二二冊（本書第四章に収録）。

（10）東野治之氏は、著書の中で、筆者の「ろう製原型埋け込み法」説（注（8）の参考論文三編を参照）に対する批判を次のように行っている（東野治之　二〇〇四『日本古代金石文の研究』岩波書店　一一六頁）。氏は筆者の論文名を挙げていないが、この説を公にしているのは筆者だけであるので、氏の説は拙論を見てのことと推察する。

後世の梵鐘銘のように、あらかじめ用意した銘文用の正方形の板（蝋型）を、光背原型の中央に嵌め込む、鋳嵌め法がとられた可能性もなしとはしない。しかしそれならば、平滑面は表面がもっと整一であってもよいであろうし、嵌め込んだ蝋原型の輪郭が、この種の製品ではよくあるように、それと判る形で凸線として現れておかしくなかろう。そうした特徴が見られないのは、鋳嵌めが行われなかったことを示すと思われる。

「平滑面は表面がもっと整一であってもよいであろう」とする点は、東野氏が主張する「ろう型」であっても筆者の提案する「ろう製原型埋け込み法（東野氏は鋳嵌め法という）」でも、銘文周辺部分の整一さは変わらない。どちらの技法も蜜ろうで作った原型を鋳物砂に転写するので、得られる整一さは担当工人の技術水準や工人としてのこだわりに規定されるものであって、技法に規定されるものではない。

さらに、「嵌め込んだ蝋原型の輪郭が、この種の製品ではよくあるように、それと判る形で凸線として現れておかしくなかろう。」と述べる点であるが、東野氏が言う「蝋原型の輪郭」というのは認識に問題があって、「ろう製原型埋け込み型の輪郭」あるいは「埋け込み型の輪郭」「文字鋳型の輪郭」などと認識し記述されるべきである。それはさておき、ろう製原型埋け込み法で作られた銘文には、「埋け込み型の輪郭」が現れるものもあるが、現れないものもある。つまり、これも工人の技術水準や工人としてのこだわりに規定されるものである。加工痕跡をできるだけ隠そうとするのは、古代から現代に至る工人・技術者の一貫した志向である（詳しくは鈴木勉『ものづくりと日本文化』（橿原考古学研究所二〇〇四年を参照されたい）。加工痕跡を探し出せるかどうかは、技術史上の最重要課題であるのだが、それとても痕跡を隠そうとする古代の工人と、見つけだそうとする現代の研究者の知恵比べともいうべき難しい課題であるのだ。殷周青銅器に始まる様々な鋳造技術史研究の場面で数多の研究者が額を寄せて細部を検討し、激しい議論をしてきた経緯を知ることがあれば、「それと判る形で現れておかしくなかろう」という見解が出ることはない。法隆寺金堂釈迦三尊像光背にはろう製原型埋け込み型の輪郭の可能性がある凹凸が見られる。それ故に筆者はその製作法に気付いたのである。したがって、東野氏の批判は当たらない。

（11）朝日新聞社『週間朝日百科・日本の国宝』〇〇一号掲載の写真を転載
（12）『伊珂留我　法隆寺昭和資材帳調査概報』⑫（小学館　一九九〇年）に掲載の写真を転載
（13）陰文がどのような技術で施されたかを推定するのは非常に難しい。東野氏は、自説の釈迦銘が蝋原型に彫られたとする説の傍証資料として丙寅年銘菩薩半跏像を挙げ、次のように述べる（東野治之　二〇〇四『日本古代金石文の研究』岩波書店　一一六頁）。

銘が原型の段階で入れられたと目される実例が、法隆寺献納宝物の金銅仏中に存在する。それは有名な丙寅年銘菩薩半跏像である。この像は、台座框に三十四字の刻銘をもつが、かつて東京国立博物館の研究員諸氏と共に調査し、次のような事実を確認した。即ちその第二十六字「古」は、もとあった字を修正した上に入れられている。もとの字が何であったかは判然としないが、このような修正が可能なのは、いうまでもなく原型の蝋型段階であって、鋳造後ではありえない。軟らかにした蝋を押しつぶす形で、字の訂正が行われたと見られよう。それと関連して、この像の銘が極めて大味な、一種の鈍さを有することも注意されてよい。これは文字の大体が、既に原型に彫られていたためと解すると判りやすい。この像を共に調査させていただいた研究者諸氏は、銘文ばかりでなく、頭髪、腕釧、臂釧、蓮弁などを表す刻線も、その鈍く軟らかい調子から原型にあった可能性が高いと判断された。

ここで指摘されている第二十六字は、従来は「奇」と釈文されていた文字で、人名として「阿麻奇」と訓まれていた。東野氏は、「奇」を「古」と読み替え人名「阿麻古」としたのである。その経緯について報告書（東京国立博物館一九九九『法隆寺献納宝物銘文集成』吉川弘文館　八八頁）では次のように記される。

刻銘内に鍍金が認められる。この刻銘はタガネによる刻入とみるのが通説であるが、一旦刻入した字の上に刻入し直した「古」の字を観察すると、軟らかな素材に彫られたもとの字画を押しつぶして埋め、それが完全に行われないまま、上から新たに「古」字を彫り入れたような跡が看取される。銘文の筆画が総体に鈍い感覚をもつことと合わせ考えれば、この銘は像の原型（おそらく鑞型）に直接彫り込まれたものと推定される。金銅仏の細部には、原型の段階で表出されているものも少なくなく、銘文について、このような技法がとられても不思議はないであろう。〈後略〉

この調査には東野氏も加わっており、説明文も東野氏の執筆かとも思われる。報告書は「上から新たに「古」字を彫りなおした跡が看取される」とするが、しかし、その「彫りなおした跡」とはどの部分のいかなる痕跡を指しているのか、指摘されていないので、読者には判らない。拡大写真を見ると、仮に第二十六字を「古」字とすれば、「奇」字と釈文していたときの「大」字の第三画の右払いと、「可」字の最終画である縦画と認識された線を、東野氏は「押しつぶし損なった字画」だといっていることになるのだが、そのように見るのは難しい。

さらに金石文の釈文と訓読の研究過程で、「文章の構成上、そうとしか訓めない」としてある文字を充てることがある。しかし、この場合は、人名の一部と考えられるところであり、文章上の理由から文字を特定することが全く出来ない。したがって実物の観察結果と技術的な考察から釈文をする以外にないのであるから、一層、誰でも分かる方法で「彫りなおした跡」が指摘されることを望みたい。（少なくとも「古」字である可能性は極めて低い）

したがって、この事例は釈迦銘が蝋原型に彫られたとする東野説の傍証資料となりえない。

(14) 近年釈迦銘を観察した東野氏は、観察結果を示す前に、前提として、「金銅仏は完成した段階で鍍金されるので、字画内に鍍金があれば、銘は像の制作段階で入れられたことが判る」（A）と述べ、続いて自身の所見を次のようにまとめた（東野治之　二〇〇四『日本古代金石文の研究』岩波書店　一一二～一一四頁）。

(一) 光背裏面には、ほぼ前面にわたって点々と鍍金があり、それは刻銘のある部分にも及んでいる。この事実は既発表の銘文写真にも現れている。

(二)光背裏面には、不規則な緩い凹凸が随所にあるが、刻銘のある部分（方約三四センチメートル）と、その周囲の一回り広い範囲については、明らかにそれ以外とは異なった平滑さが認められる。

(三)右の平滑面は、同じ堂内に安置された東の間の薬師如来や西の間の阿弥陀如来像の光背銘については認められず、光背制作の過程で意図的に作られたものと判断できる。念のため付け加えると、この平滑面は、同じ条件下にあったとみられる薬師像、阿弥陀像の光背との比較から、拓本の採取などによって生じたものではないと確言できる。

(四)平滑面と銘字との先後関係は、文字があとと考えられる。光背に文字を入れ、そののちに平滑になるよう仕上げたとすれば、文字の字画に凹凸に応じて深浅が生じるはずであるが、文字の深さは全一九六字を通じて完全に均一である。

そして、以上の観察結果から、「これらの事実から、重要なことが確かめられる。銘文の刻まれている平滑面が、光背に鍍金が施される前から用意されていたという点である。」と述べている。

東野氏は、光背と銘文が同時に作られたことを証明しようとして以上のように述べているのであるが、まずその前提である（A）に根本的な問題があることを指摘しなければならない。それは、「金銅仏は完成した段階で鍍金される」と氏が信じている点である。仮に表面を削り取って追刻が行われたとしても、そこに鍍金し直すことは可能である。アマルガム鍍金では、加熱することができれば水銀は蒸発する。したがって、「字画内に鍍金があれば、銘は像の制作段階で入れられたことが判る。」ということにはならない。

また、氏の上記の（二）と（三）の指摘は、筆者がかつて発表した論考（注8の①と②）の中で指摘したことと全く同じことを記しているが、周囲と平滑さが異なることと、平滑面が拓本の採取によるものではないことは、氏が主張する「光背と銘文の同時性」を証明するものとはならない。後で平滑に処理し、追刻して鍍金し直せば周囲と異なった平滑さを持った平面を得ることが出来るからである。先の前提（A）があるためにこの記述が有効だと氏は考えたのであろう。たとえいかなる技術・技法によって銘文が施されるにしても、精細な文字を彫刻するためにはその前工程において、表面を平滑に仕上げる必要がある。筆文字に見られるような繊細な毛の動きや肥瘦は荒れた凸凹な面では表現不可能であるからだ。このことからも（二）と（三）の指摘が「光背と銘文の同時性」を証明するものではないことがわかる。後刻の可能性も検討しなければならない。

彫る前に面を平滑にすることは刻銘技術の基本知識であるが、続いて氏が掲げる（四）の指摘には大きな問題がある。「光背に文字を入れ、そののちに平滑になるように仕上げたとすれば、文字の字画の凹凸に応じて深浅が生じるはずであるが」とする氏は、メクレの周辺だけを削ることを想定しているのであろう。ものづくりの場面ではそれは想定できない。それをすると遠目にはかなり凹凸が目立ってしまうからである。「深浅が生じる」という東野氏の想定は「手抜き工事」の部類に入るが、貴重な仏像の、かつ銘文が施される光背であれば、部分的な加工を施すなどという手抜き加工を想定することは妥当ではない。工人らは、全体をにらみながら平滑に仕上げていった可能性が著しく高いのである。したがって「文字の字画の凹凸に応じて深浅」が生じる心配はない。

さらに、氏は「文字の深さは全一九六文字を通じて完全に均一である」としているが、何をもって「完全」といい、何をもって「均一」というのであろうか。刻銘の彫りの深さは〇・二㎜～〇・五㎜程度のことであり、精密計測によって検証しなければならない対象である。

（15）鈴木勉　二〇〇四「三角縁神獣鏡復元研究―検証ループ法の実施―」『文化財と技術』第三号、工芸文化研究所

（16）東野治之　二〇〇〇「ほんとうの聖徳太子」『文書と記録』上　岩波書店、東野治之　二〇〇四『日本古代金石文の研究』岩波書店

（17）東野氏の次の記述（東野治之　二〇〇四『日本古代金石文の研究』岩波書店）は、批判の対象を明記しないが、筆者

らが二〇〇二年に発表した釈迦銘の「たがね彫りの可能性」に対しての反論と推測される。管見ではこうした記述は筆者以外に行われていないからである。

一方メクレについては、従来一部の文字にそれらしいものが残るとされる。第一四字「鬼」、第一一一字「王」、第一六七字「遂」、第一六八字「共」などがそれであろう。しかしこれらは、今日他の金石文にみられる明瞭なメクレとは明らかに異なっている。これらを以て、銘文が追刻である可能性を議論することは留保すべきであろう。（同書一一三頁）

光背の表面はさておき、裏面や銘文の彫りにタガネによる整形を思わせるような鋭さが観取しにくい点である。裏面の起伏や字画には、一種の柔らかさが見られるのではあるまいか。（同掲書一一五〜一一六頁）

銘文の文字の流麗さは既に定評のあるところであるが、それもタガネ彫りでなされたと考えるより、軟らかい蝋原型という素材が生かされているとみる方が理解しやすい。そう考える上に有利なのは、最初に言及した字画のメクレである。この銘文の場合、既述の通り顕著なメクレは認められないが、いくつかの字には、ややそれらしいものがある。しかしもしこれが通常のようにタガネによって生じたものならば、部分的に残存するのはかえって不可解である。これはむしろ蝋原型に直接文字を入れた時の蝋の僅かな盛り上がりが残ったと解すべきではなかろうか。（同掲書一一七頁）

東野氏の言う「メクレ」は工学の分野では「カエリ」といい「盛り上がり」という。「カエリ」や「盛り上がり」の形状から加工法を判断するのは、加工技術を専門とする研究者・技術者の間でも非常に難しいとされる。というのは、「カエリ」や「盛り上がり」の現象は、削られる素材（この場合は銅合金か蜜ろう）と、それを削る刃物（この場合はたがねかヘラ）の切れ味の相互の関係によって規定されるためである。東野氏は蜜ろうを軟らかいと思いこんでいるようであるが、加工の場面では刃物の切れ味と温度などの環境との関係において「軟らかさ」という相対的物差しが設定されるのであって、絶対的に密ろうが軟らかいのではない。また、鋳造に使う蜜蝋は、蜂の巣から採った蜜ろうに通常松ヤニなどを50％前後加えて作るので、常温ではとても硬い。そのため、いかにも硬そうな「カエリ」が現われることもある。切れ味の悪いタガネで銅合金を削ると軟らかそうな「カエリ」が出ることもある。こうしたことは一例に過ぎず、「カエリ」や「盛り上がり」は様々な形態で現れるので、その観察だけで加工法を推定することは避けたいところである。

東野氏は「蝋原型に直接文字を入れた時の蝋の僅かな盛り上がりが残ったと解す」と述べるが、これを証明するにはその「メクレ」が映し出された写真を示すことが有効である。できれば検証実験で得た「メクレ」が比較資料として示されるとなお良い。遺物に残る加工痕跡や表面の状態を観察することから技術について論じようとする場合は、その根拠を写真などによって示す必要がある。それがなければ「メクレ」も「表面の不整一さ」も「鋳嵌めの痕跡」も、それが果たしてどのような状態であるのか、読者には全く判らず、検証が出来ないからである。特別に観察調査が許されている立場にある人間は、その客観性の確保について特段の注意が求められよう。

(18) 毛彫りと浚い彫り

毛彫り刻銘技法は一回のたがねの動きで一本の線を彫る技法で、原則的には彫り直しは行われない。使われるたがねは毛彫りたがねと丸毛彫りたがねに分けられるが、刃の先端が尖っているか、少し丸みを帯びているかの違いである。毛彫りでは文字線の断面形はV字形となり、丸毛彫りではU字形か先端が丸みを帯びたV字形になる。太い線を彫る時はたがねを深く打ち込み、細い線を彫るときは浅くする。毛彫りも丸毛彫りも、下書きの線の肥痩（太い細い）を忠実に倣って彫ることは原理的に不得手である。或る程度はトレース出来るとしても自ずと限界がある。一方、線の動きや勢いを表現することに適している。

浚い彫りは下書きの文字線の輪郭に沿って細い毛彫りを施し、次にその内側の素材を浚い取る。下書きの文字線の形を忠実に倣うことを第一義とした技法である。したがってたがねの動きや勢いや表現することは不得手である。使われる工具は毛彫りたがね、鋤たがね、きさげなどである。また、ろう製原型を使っても、鋳造では文字の輪郭が不鮮明になることが多い。そのため、たがねやきさげで仕上げ加工することがある（本書第四章第2項収録の「西本願寺鐘銘の陽文―失われた技術の復権」を参照）。

(19) 二〇〇四年に提出した筆者の調査願いに対して法隆寺から、釈迦三尊像は、聖徳太子御等身の尊像であり、金堂のご本尊であるので、信仰上、修理のためなどやむを得ない場合のほかは、特別な理由がない限り、なかなか調査の対象とはしがたい、という趣旨のご返事をいただいた。その後も、様々な方法で許可をいただくよう努力を重ねている。釈迦銘がどのような技法によるかという問題は、重大な歴史学的課題である。釈迦銘の精密調査の実施を、学界を挙げて進めるべきであろうし、是非、法隆寺の協力を得たいものである。観察結果についても客観性を確保し、公正で活発な議論が展開される日がいつか来ることを期待したい。

(20) 東野治之　二〇〇四『日本古代金石文の研究』岩波書店　一〇九頁

(21) 西川杏太郎　一九九〇「法隆寺金堂調査概報　法隆寺金堂本尊像移動調査の概要」『伊珂留我　法隆寺昭和資材帳調査概報』⑫

(22) ①鈴木勉　一九九八「日本古代における技術移転試論Ⅰ―技術評価のための基礎概念と技術移転形態の分類―（金工技術を中心として）」『橿原考古学研究所論集』一三、②鈴木勉　二〇〇八「古代史における技術移転試論Ⅱ―文化と技術の時空図で捉える四次元的技術移転の実相―」『橿原考古学研究所論集』一五

第四章　日本の梵鐘銘…美しい文字を求めて

1　栄山寺鐘銘の技術とその撰・書者について[1]

（1）栄山寺鐘銘の美しさを考える

京都深草に建立されたと伝えられる道澄寺の鐘は、延喜一七年（九一七）の紀年銘を持ち、現在は奈良県五條市小島町栄山寺の鐘楼に懸かる（図1、2、3）。この鐘はこれまで金石文学や美術史学、書道史学などで取り上げられ、その姿や文字や文章の美しさなど、様々な観点から論評され高い評価を得てきた。そこでまずは、それら先賢の著述を紹介して、この鐘の美しさの意味を考えてみたい。

『集古十種』[2]

「凡鐘銘道澄寺神護寺鐘銘及南圓堂銅燈台銘尤為殊今皆以数本校合之」

『古京遺文』[3]

「小島静斎知足曰道澄二公並預撰延喜式見忠平公序世知二公頼此鐘銘耳竟不知其文學為當時之噐也是言誠然故余為表出之」

［相澤春洋[4]］

「…（前略）…銘文の選者は（橘）澄清であろうとの説がある。藤原敏行筆として有名なる神護寺鐘銘と古来双絶の名がある。化政時代（一八一四～一八三〇）中井甃庵と市河寛斎が道風の筆であると是認し、甃庵が宮宅春楼と共に手拓したものを模刻して世に出したので、それより書名が喧伝さるるに至ったのである。…〈中略〉…堂々たる風格に稍肥重の感もあるが、日本風の楷書として宇治橋断碑や神護寺鐘銘の唐風と違った面白さを持っている…〈後略〉…」

図１　栄山寺鐘

図２
栄山寺鐘銘
池の間第一区

［田中塊堂[5]］

「…〈前略〉…文とともにその書は雄勁、豊潤、神護寺のとともに、正に平安時代の雙璧というべきである。古来その書者を小野道風と傳えているが、およそ扁平な結体で、畫図讃文などに相通ずるものがある。…〈中略〉…けっきょく弘法大師以来の新書風に染まらぬ写経体をよくしたものの手になったものといってよいであろう」

［中田勇次郎[6]］

「（南圓堂銅燈台銘は）道澄寺鐘銘、神護寺鐘銘とともに、ひとり平安時代

図３　栄山寺鐘銘（917年）部分拡大

のみならずわが國の金石文の中のもっとももすぐれたものであるといってよいであろう」

［坪井良平(7)］

「…〈前略〉…神護寺鐘と双璧をなすものとして古来著名なものは、現在奈良県栄山寺の鐘楼に懸かる、もと山城深草道澄寺鐘である。…〈中略〉…その書体と銘文の堂々たることは、神護寺鐘に勝るとも劣るところのないもので、梵鐘を云々する人の必ず一覧すべきものである。…〈中略〉…ところが、この鐘の見事なのは銘文だけではない。通高一五七・四㎝、口径八九㎝強という大きさはまことに完好の比例であって、ことにその龍頭の製作の精巧なことは、天下第一と称しても過褒ではない。…〈中略〉…蓮華座も宝珠も丸彫りであって、火焔が四方にある結果、龍頭の正面から宝珠をみても、側面から見たと同じく立派な宝珠と火焔とが見えることは、爾余の梵鐘に絶えてみない。この鐘のみに見る丁寧な手法である。…〈後略〉…」

『原色版国宝4　平安Ⅱ(8)』

「神護寺の三絶の鐘とならんで、銘文によって世に名高い鐘に、いま大和の栄山寺に伝わる、もと山城深草の道澄寺の鐘がある。神護寺にまさるとも劣らぬとされるその雄勁な銘文は鐘身をめぐって池の間四区に堂々と陽鋳されている。…〈中略〉…この鐘は銘文もそうであるが、その形はまことにすぐれたものを持っていて、単に梵鐘の中のみでなく、平安時代の工芸品のなかで傑作の1つとされている。ことに竜頭の出来はすばらしく、竜頭中の圧巻というべきもの。…〈中略〉…この時代（平安時代）の鐘の特色は…〈中略〉…最も注目すべきは、有銘鐘が増加して、銘文の位置ははじめて池の間に一定し、しかも遺存するもののすべてが陽鋳で、前後に例をみぬ典型的な鐘銘があらわれたことである」

『文化庁監修「国宝」6　工芸品Ⅰ(9)』

「平安時代の梵鐘は初期は奈良時代の延長として大形の鐘が造られ…〈中略〉…陽鋳の銘文も西光寺鐘・神護寺

表１　1192年以前に作られ、現存する紀年銘を持つ梵鐘などの一覧

梵鐘の名称	所　在	技術の種類	紀　年	西暦
妙心寺鐘	京都市右京区花園妙心寺町	ヘラ押し陽鋳銘	戊戌年	698
興福寺観禅院鐘	奈良市登大路町興福寺宝物館	陰刻(毛彫り)銘	神亀4年	727
剣神社鐘	福井県丹生郡織田町	ヘラ押し陽鋳銘	神護景雲4年	770
文化庁蔵鐘	東博・昭和46年成田市出土	ヘラ押し陽鋳銘	宝亀5年	774
興福寺南円堂銅燈台銘	奈良市登大路町興福寺宝物館	文字型陽鋳銘	弘仁7年	816
西光寺鐘	福岡市早良区	文字型陽鋳銘	承和6年	839
大雲寺鐘	京都府相国寺内承天閣美術館	ヘラ押し陽鋳銘	天安2年	858
神護寺鐘	京都市右京区梅ヶ畑高尾町	文字型陽鋳銘	貞観17年	875
延光寺鐘	高知県宿毛市寺山	ヘラ押し陽鋳銘	延喜11年	911
栄山寺鐘	奈良県五条市小島	文字型陽鋳銘	延喜17年	917
金峰山寺鐘	奈良県吉野郡天川村	ヘラ押し陽鋳銘	天慶７年	944
井上ふみ蔵鐘	東京都世田谷区世田谷２丁目	ヘラ押し陽鋳銘	貞元２年	977
廃世尊寺鐘	奈良県吉野郡吉野町	ヘラ押し陽鋳銘と陰刻(毛彫り)銘	永暦元年	1160
袋井市出土鐘	静岡県袋井市教育委員会所管	ヘラ押し陽鋳銘	平治2年	1160
玉置神社鐘	奈良県吉野郡十津川村	ヘラ押し陽鋳銘	応保3年	1163
徳勝寺鐘	神戸市生田区中山手通8丁目	文字型陽鋳銘	長寛2年	1164
西本願寺鐘	京都市下京区堀川通	文字型陽鋳銘と篦字陰刻(毛彫り)銘	(永万元年)	1165
泉福寺鐘	和歌山県海草郡美里町	ヘラ押し陽鋳銘	安元2年	1176
大聖院鐘	広島県佐伯郡宮島町	陰刻(丸毛彫り)銘	治承元年	1177
鰐淵寺鐘	島根県平田市別所	ヘラ押し陽鋳銘	寿永2年	1183
長宝寺鐘	大阪市住吉区平野新町	ヘラ押し陽鋳銘	建久3年	1192

鐘・栄山寺鐘など名筆になる優れた鋳出銘は本邦梵鐘制作史上でも最も充実した時期といえよう」

どの著述も栄山寺鐘の銘文の雄勁さと堂々とした容姿を高く評価している。現代でも栄山寺鐘の前に立った人のほとんどは同じように感じ、評価について一様に首肯するところであろう。

しかし、文字の歴史、技術の歴史を考える立場からすると、なぜ栄山寺鐘銘や神護寺鐘銘が立派に見えるのか、当時の社会がなぜ堂々とした文字を必要としたのか、あるいは、いかにしてその要求に応えるために新しい文字の技術を導入したのかなど、いくつもの疑問がわいてくる。

私は、一九九四年、栄山寺辻本良尊氏と五條市立五條文化博物館の協力を得て、金工史の立場から栄山寺鐘銘の美しさの謎に迫る機会を与えられた。二年間にわたる研究の過程で、栄山寺鐘の詳細な観察を行い、その鋳型や陽鋳銘の一部を再現実験により制作した。その結果から、栄山寺鐘銘についていくつかの新しい知見が得られた。

（2）堂々たる文字型陽鋳銘

〈奈良・平安時代鐘銘の文字の技術〉

奈良・平安時代に作られたとされ、現存する紀年銘を持つ梵鐘は表1の通りであるが、そこで用いられている文字の技術は、大きく三つに分けることができる。

①ヘラ押し陽鋳銘

鐘銘における初見…京都府妙心寺鐘銘、戊戌年（六九八）銘（図4）

鋳型が生乾きの段階で、金属や竹や木で作られたヘラを押し込み、鋳型に文字線を凹に形成する方法である。鋳造後、文字は凸に出来上がる。古墳時代の銅鏡の銘文は、この技術で鋳出されており、我が国では四～五世紀から用いられるようになったと考えて良いであろう。奈良・平安時代には、多くの鐘銘がこの技術で作られている（表1）。栄山寺鐘が作られた一〇世紀のころは、すでに「伝統的」な文字の技法として確立していた。

②陰刻（毛彫り）銘

鐘銘における初見…奈良県興福寺勧禅院鐘銘、神亀四年（七二七）銘（巻頭図版6）

金属製品の表面に直接、文字を彫り込む技術であるが、我が国では六世紀末から仏像の光背や台座の銘に、七世紀中頃からは墓誌などにも見られるようになる。この技術は七世紀後半から八世紀にかかるころには大変高い水準に達す

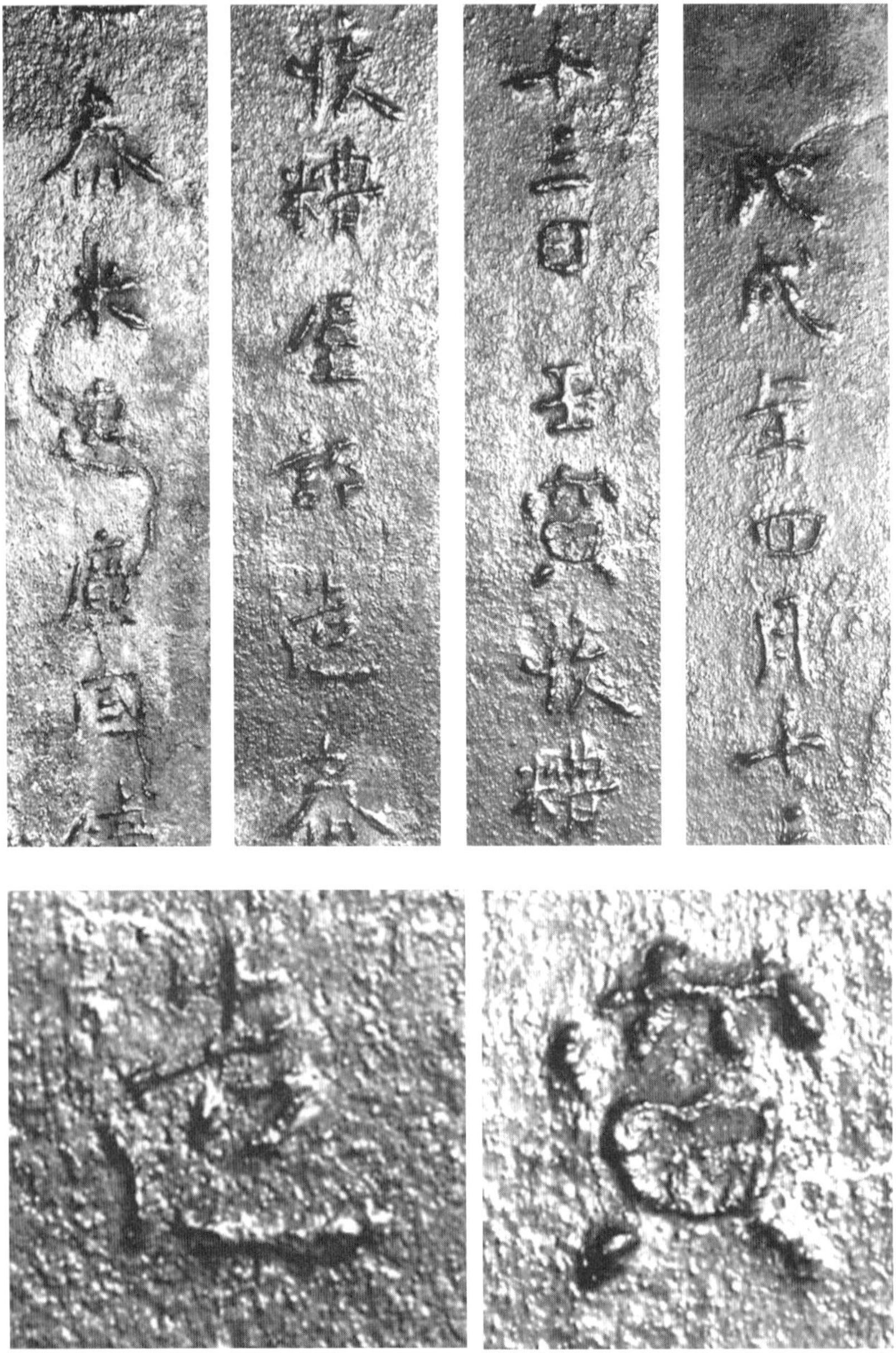

図４　京都府妙心寺鐘銘（698年）…ヘラ押し陽鋳銘

図５　福岡県西光寺鐘銘（839年）…文字型陽鋳銘
（白矢印部がオーバーハングしている）

図6　奈良県興福寺南円堂銅燈台銘（816年）…文字型陽鋳銘

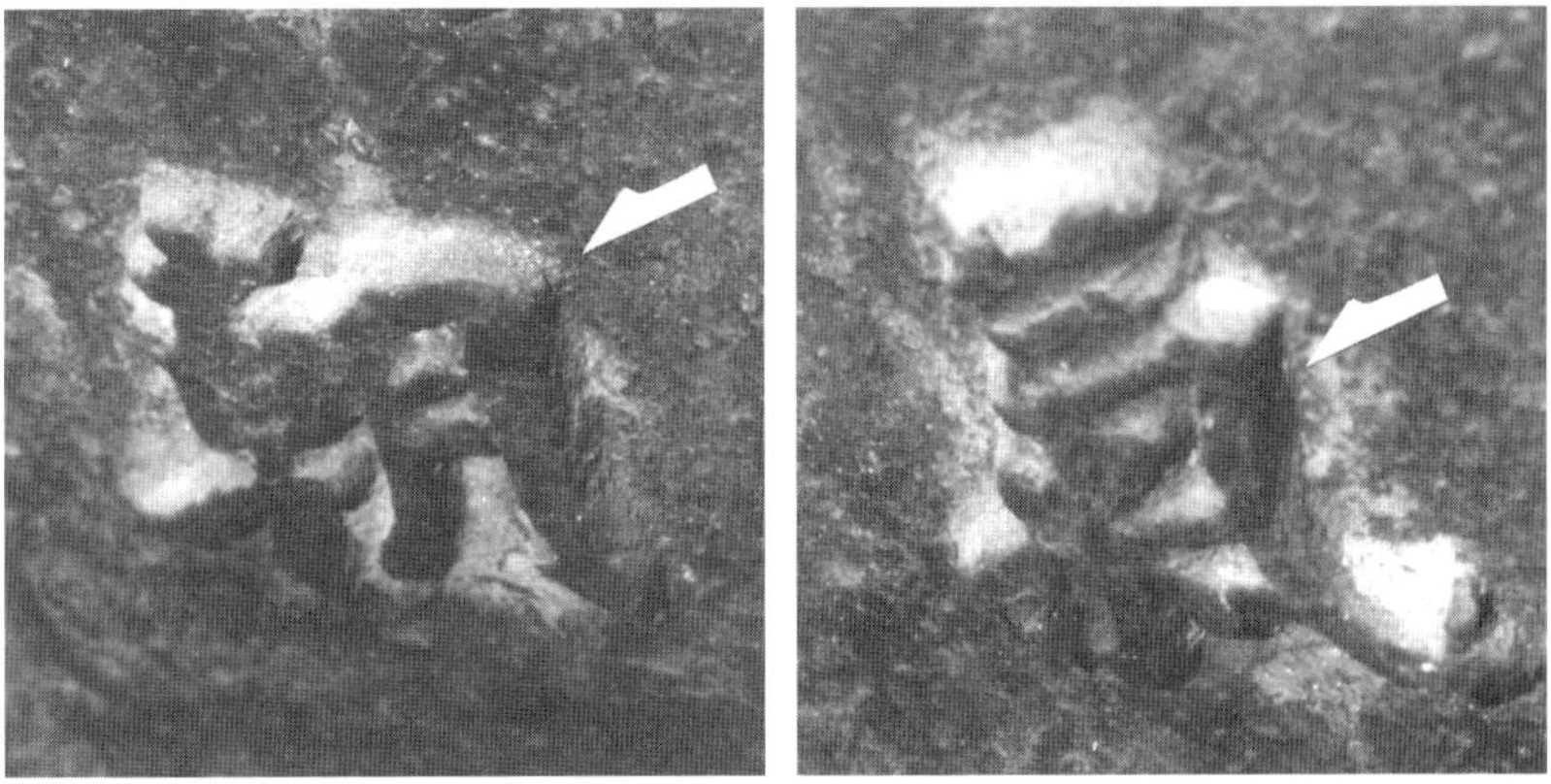

図７　京都府神護寺鐘銘（875年）

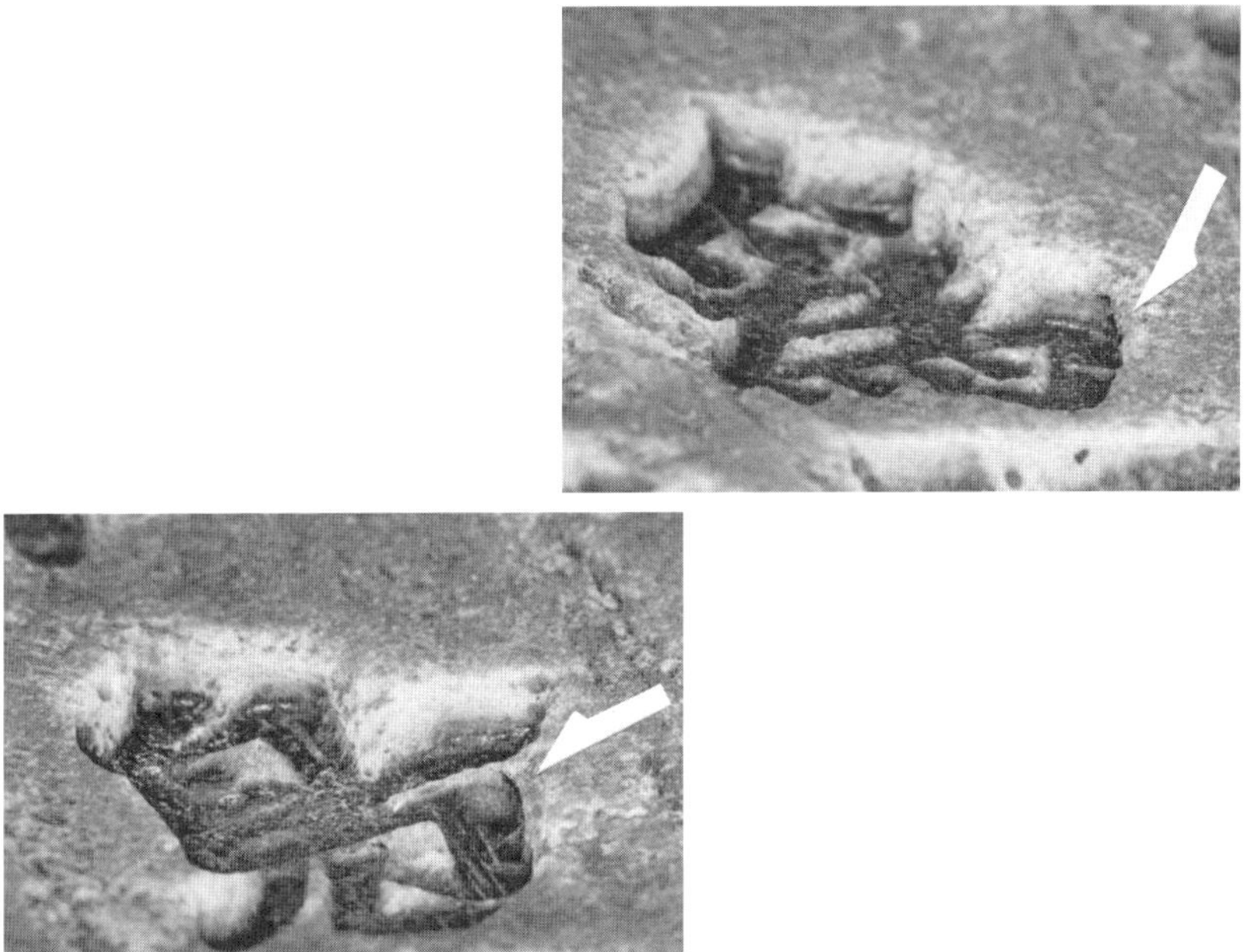

図８　兵庫県浄橋寺鐘銘（1244年）…文字型陽鋳銘
（白矢印部がオーバーハングしている）

る。[10]

鐘銘には鎌倉時代以降、盛んに用いられるようになり、現代に至るまで最も多く用いられた文字の技術である。

③文字型陽鋳銘（木製文字型法、ろう製原型埋《い》け込み法を含む。詳しくは第五章を参照）

鐘銘における初見…福岡県西光寺鐘銘、承和六年（八三九）銘（図5）

鐘銘への採用に先立って興福寺南円堂銅燈台銘（図6）に用いられている。それまでわが国で行われていた「陰刻（毛彫り）銘」や「ヘラ押し陽鋳銘」に代わって現れた文字の技術である。栄山寺鐘銘は、文字型陽鋳銘の鐘銘としては、我が国三番目、梵鐘以外の金工品を加えても、四番目のものである。文字型陽鋳銘の技術は、鎌倉時代にも引き継がれ（図8）、我が国の代表的な文字の技術となり、近現代に至るまで筆書き文字の美しさを金属鋳物製品の上に表現するのに最も適した技術として用いられてきた。[11]

〈三つの文字の技術を復元する〉

興福寺南円堂銅燈台銘、西光寺鐘銘、神護寺鐘銘（図7）、栄山寺鐘銘を優れたものとする評価と、それらが文字型陽鋳銘の技術で作られたこととは、決して無関係ではないだろう。文字型陽鋳銘の技術は、他の文字の技術に比べてどのような長所を持っているのであろうか。あるいは、当時の人々はどういう目的のために文字型陽鋳銘という新しい技術を作り出したのだろうか。

ここでは同じ下書き用の文字を使ってヘラ押し陽鋳銘、陰刻銘、文字型陽鋳銘の三つの文字の技術で銘を復元し、それらを比較することによって、それぞれの文字の技術の特徴を考えてみたい。視覚的効果の違いを確かめるために、下書きの文字は栄山寺鐘銘の拓本を複写して用いた（図9）。文字型陽鋳銘については「ろう製原型埋け込み法」を用いた。

図10～12は三つの文字の技術で復元した銘である。[12]

ヘラ押し陽鋳銘では、文字の下書き（拓本の複製）を生乾きの鋳型に貼り付け、その上から文字線に沿ってヘラを押しつけ、文字線となる部分の鋳型を凹ませた。乾燥、焼成後、溶湯を注入した。

陰刻銘では、あらかじめ鋳造して用意した平らな銅板の上に、カーボン紙、文字の下書きの順で乗せ、文字線の輪郭を銅板の表面に写し取る。その後、カーボン紙と下書きを取り除いて、たがねで彫った。たがねは大きめの毛彫りたがねを使用した。

文字型陽鋳銘についての実験では、「ろう製原型埋《い》け込み法」を用いた。蜜ろうと松ヤニを混練して「ヤニ」をつくり、それを一旦溶かして薄く流して、厚さ二・三ミリのヤニ板を作る。ヤニ板の上に文字の下書き（あらかじめ二枚作っておく）を貼り付け、その上から、文字線の輪郭に沿って針などで転写し、刀子で切り抜き、「ろう製原型」を作る。バラバラに切り抜かれた「ろう製原型」を、もう一枚用意した下書きの上に、文字の配置を調整して並べながら修正する。そこに粘土を被せ、乾燥させる。乾燥後、焼成して「埋《い》け込み型」が出来上がる。埋け込み型を鋳型に埋け込み、乾燥後溶湯を注入した。

ちなみに、手間のかけ方の違いを表すために、原本（能書家が書いた文字）から銘文になるまでに、転写の回数を、それぞれの文字の技術ごとに数えてみた。ヘラ押し陽鋳銘では、①原本からのコピー、②紙から鋳型へのヘラ押し、の二回である。陰刻銘では、①原本からのコピー、②コピーから銅板の上への転写、③たがねで彫る、の三回である。文字型陽鋳銘では、①②原本からのコピーを二回、③針などで転写し、④刀子で切り抜く、⑤並べ替えながら修正する、と四、五回である。転写ということを考えただけでも、文字型陽鋳銘が、特に多くの手間がかかっていることがわかる。文字型陽鋳銘はそれ以外にも、原型制作、乾燥、焼成の工程があり、驚くほどの手がかかっているのである。

図10～12で明らかなように、ヘラ押し陽鋳銘は下書きの文字線よりも細く見えてしまうことが多く、陰刻銘では同じ幅に見えるが、立体的な表情は出ない。一方文字型陽鋳銘では、下書きの文字線より太く見えるばかりでなく、照射する光の角度次第で、文字が梵鐘表面に浮き上がって見え、立体的な効果が大きい。

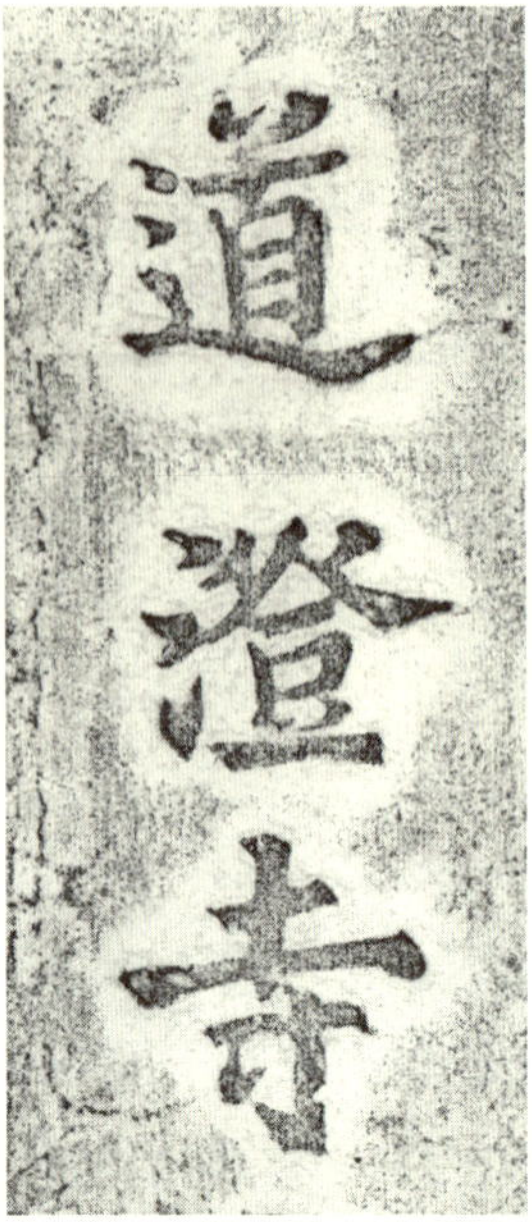

図9
栄山寺鐘銘の拓本を
下書きに用いた

図10
復元した
ヘラ押し陽鋳銘
（左：正面、
右：斜めから）

図11
復元した陰刻銘
（左：左斜めから、
右：正面）

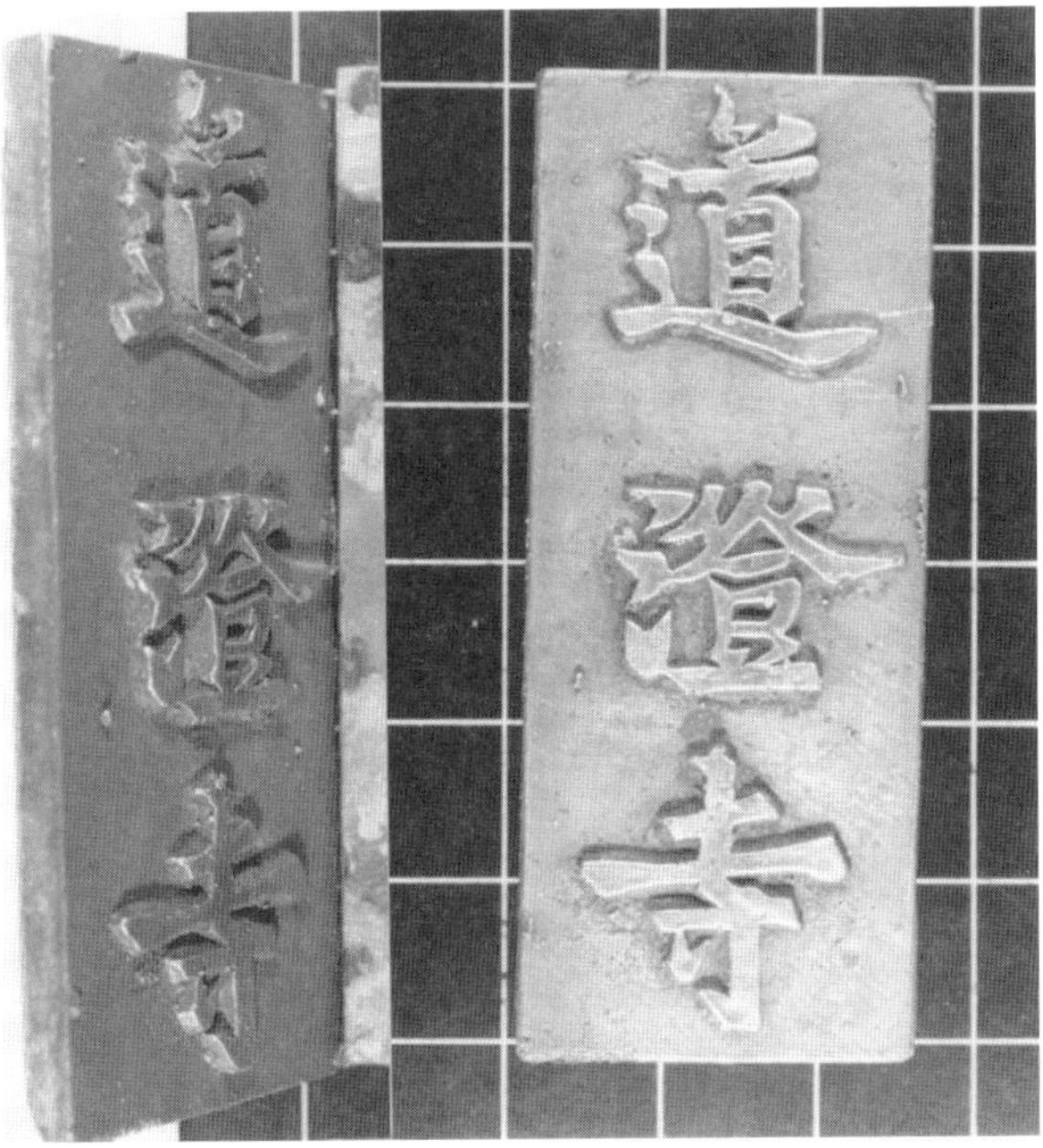

図12
復元した文字型
陽鋳銘
（左：左斜めから、
右：正面）

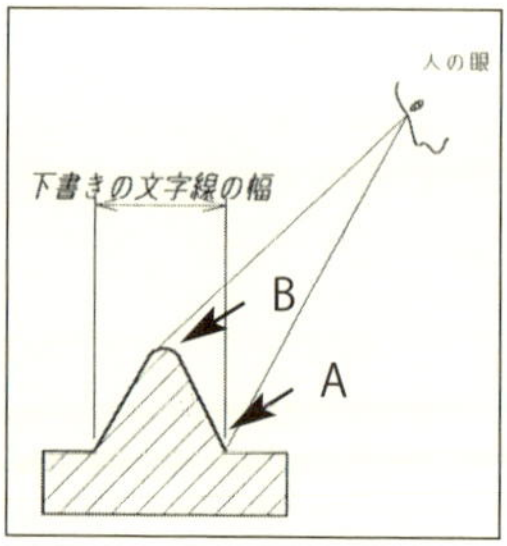

図13　ヘラ押し陽鋳銘の模式断面図▲

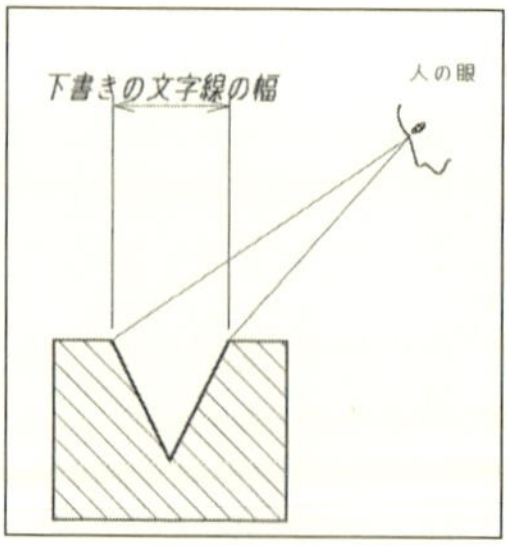

図14　陰刻銘の模式断面図▲

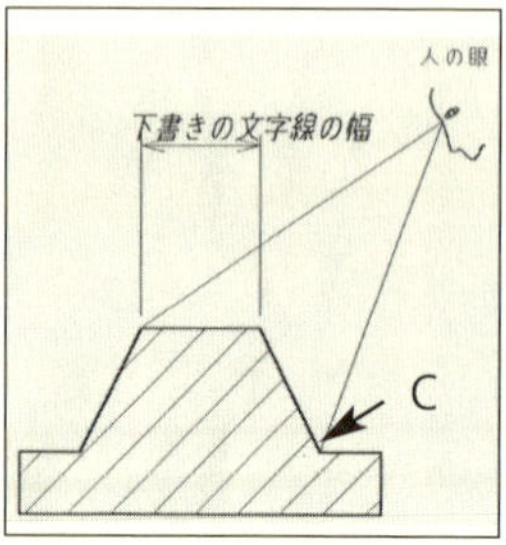

図15　文字型陽鋳銘の模式断面図▲

ここでそれぞれの銘について、「下書きの文字線の幅」と「目に見える文字線の幅」を図にしてみた（図13〜15）。

文字を力強く表現するという点で考えてみる。

ヘラ押し陽鋳銘では、文字線が細く見えてしまうのであるが、それは、文字線と地との境界の部分（図13のA）が、ダレて明瞭に表現されず、人間の目には、山の頂点（図13のBの部分）だけが目に飛び込んでくる。山の頂点の部分は、鋳造後の研磨や拓本採取なども含めて人間の手に触れることが多く、そこだけ光沢を持つことが多いので、一層そこが強調されることになる。したがって、時には下書きの太さより細く感じられてしまう。ヘラ押しは、丁寧に下書きの文字を倣って行うので、ヘラ押しした段階の裏文字では、細く見えるわけではないが、鋳造後はAの部分が影になってしまい、細く感じられる。文字の「強さ」が表現されにくい技法と言える。

陰刻銘では、下書きの文字線の幅と、目に見える文字線の幅はほぼ同じに見える。しかし毛彫りでは、下書きとおりに彫ることが出来ない（転写率が低い）ので、下書きの文字とは異なる表情になる。

文字型陽鋳銘では、ヘラ押し陽鋳銘よりも、図3のCの部分までも文字線であるかのように目に入ってくる。そのため、見る人の目には、下書きの文字線の何倍もの太さを感じてしまう。

一般的に、「目に見える文字線の幅」の太い方が「雄勁」・「堂々」として見えるので、その点では文字型陽鋳銘が最も有利であることがわかる。また、下書きの文字を忠実に再現するという点では、ヘラ押し陽鋳銘では粗い肌の鋳型に、ヘラで押し込むことになり、大変不利といえる。鐘は本来鐘楼にかかり、鐘銘は朝夕の太陽の光を受けて陰影を作り出し、それによって様々な表情を見せる。そのために、同一の下書き文字を用いても文字の技術が異なると、銘文はその表情を大きく変えてしまうことになる。

〈栄山寺鐘銘が文字型陽鋳銘の技術で作られた意味〉

文字型陽鋳銘の技術には次のような特徴がある。

①平板である「書」に質量感を付与することができ、下書きの「書」よりも重厚に作り上げることができる。そのため、高い鐘楼に懸かると小さく見えがちな書が存在感をもって表現される。

②下書きの「書」を忠実に再現することができる。

③ヘラ押し陽鋳銘や陰刻銘に較べて工程が複雑になり、手間がかかる。

こうした特徴を持つ新技術を使って、雄勁かつ堂々とした文字を表現しようとした栄山寺鐘の寄進者や制作者の目的は、何だったのだろうか。新技術には必ず失敗のリスクがあるので、その使用・導入には、リスクを犯してまでそうしなければならない何らかの理由があった、ということになる。一体それは何だったのか?

まず第一に考えられることは、この時代、後に三筆、三蹟などと称される書芸に秀でた知識人が数多く出現するように、書の文化に対する社会的評価が著しく高まったことである。そのため、鐘銘などを作る場合も秀れた書き手になる文字のかたちをそのまま写し取ろうとする機運が高まっていた。

第二に、梵鐘が音を伝える機能ばかりでなく、寺院の象徴的な什器として、なくてはならぬ存在となり、鐘楼や梵鐘の姿かたちも重視されるようになったことが考えられる。「陽鋳銘」は姿かたちを立派に見せるのに大変有効な技術であった。

第三に、梵鐘鋳造の技術水準が上がり、ただ梵鐘を作るだけでは、一定の社会的評価や技術者としての精神的満足を得ることができなくなったのではないだろうか。そのため、工人は、梵鐘の姿、銘文など、音以外の部分でその付加価値を高めることが求められたのであろう。

以上のように、寄進者や制作者はいろいろな思いを抱いて制作に当たったと推測される。そのため鐘を作る際にはデザインから文章、書に至るまで、できうる限りの準備と当時の最新技術を駆使して制作したものと考えられる。

栄山寺鐘銘の素晴らしさは、下書きの文字が優れていることだけではない。この鐘銘は寄進者、書丹した能書家、梵鐘設計者、文字型制作者、鋳造技術者がそれぞれの情熱を傾け、当時の最高の技術を寄せ合うことでようやく、かたちにすることができたものである。中でも、雄勁かつ堂々たる文字の姿を表現するために、文字型陽鋳銘の技術の果たした役割は大きかったと考えられる。

栄山寺鐘銘は時に優れた「書」として評価されることがあるが、それに加えて、「文字型陽鋳銘」の技術に対して高い評価を与えたいと思う。

（3）ろう製原型埋け込み法とは

〈栄山寺鐘の文字型陽鋳銘の技術〉

陽鋳銘の技術は、生乾きの鋳型にヘラで文字線を押し込む「ヘラ押し陽鋳銘」と、あらかじめ凸に作った文字型（近世以後は木製が多い）を使う「文字型陽鋳銘」に大別される。栄山寺鐘銘は後者である。文字型陽鋳銘の技法にはいくつかあって、例えば、近世から近代の梵鐘工場では、木に彫って文字の型を作り、それを生乾きの鋳型に押し込む方法が多く用いられてきたが[13]、現代では木の代わりにベニヤ板や厚紙を切り抜いて文字型を作ることも行われている。こ

図16、17　栄山寺鐘銘の文字の裾部に鋳物砂が食い込んだ形跡（「橘」「播」）

こではこれらの技法を総称して便宜上「木製原型押し込み法」とする。平安時代から中世に至る文字型陽鋳銘の梵鐘銘についても、従来は近現代の技術から類推して、木製原型押し込み法によって制作されたと考えられていた[14]。そのため、梵鐘池の間の銘文を一行ごとに取り囲む短冊形の跡については、短冊状に作られた木製の文字型を鋳型に押し込んだ痕跡だと考えられてきた。

平成六年、私たちのグループが栄山寺鐘銘の詳細な調査を行ない、「文字の裾部に鋳物砂が食い込んだ形跡」（写真16、17）があるのを発見した。私たちはその形跡をろう型鋳造の特徴の一つではないかと考えた。また、文字一つ一つをよく見ると、一つの文字の中の点画や線画が必要以上に接しあい、独立しているものがとても少ないことが観察された。

ろう型鋳造は鋳型を作るための原型に「ろう」を使う。文字のろう型鋳造では、板状にした「ろう」を切り抜いて一文字ごとの原型を作るが、その際、技術者は、文字の点画や線画が、文字の主体部から離れないように気をつける。いったん離れてしまった点画・線画を下書きの文字の通りに並べ直すことは、技術者にとって大変な仕事であるし、もし並べ直すことができても粘土をかぶせる時に点画、線画の原型が動いてしまう危険性が高いからである。そうしたことからも、栄山寺鐘銘がろう型鋳造の技術を用いて作られたのではないかと考えたのである。

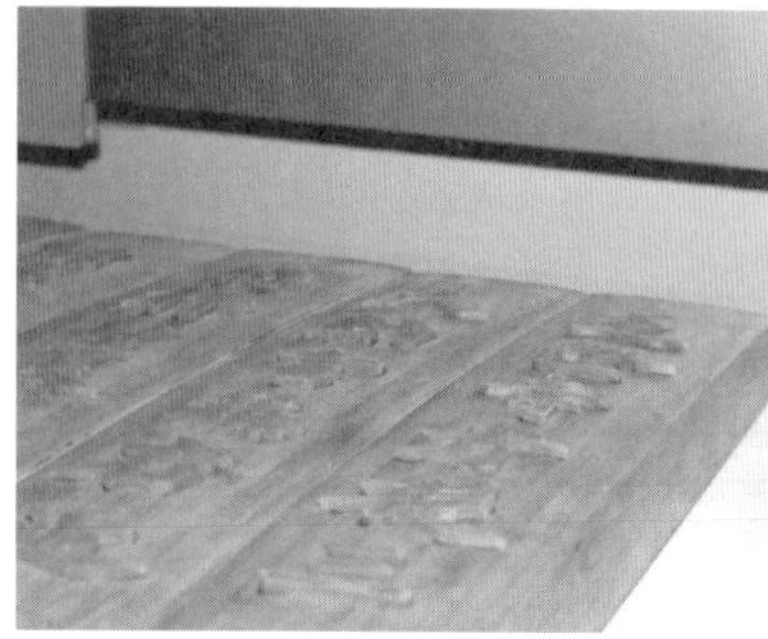

図18　文字のろう型原型

図20　栄山寺鐘銘の
埋け込みの形跡▲

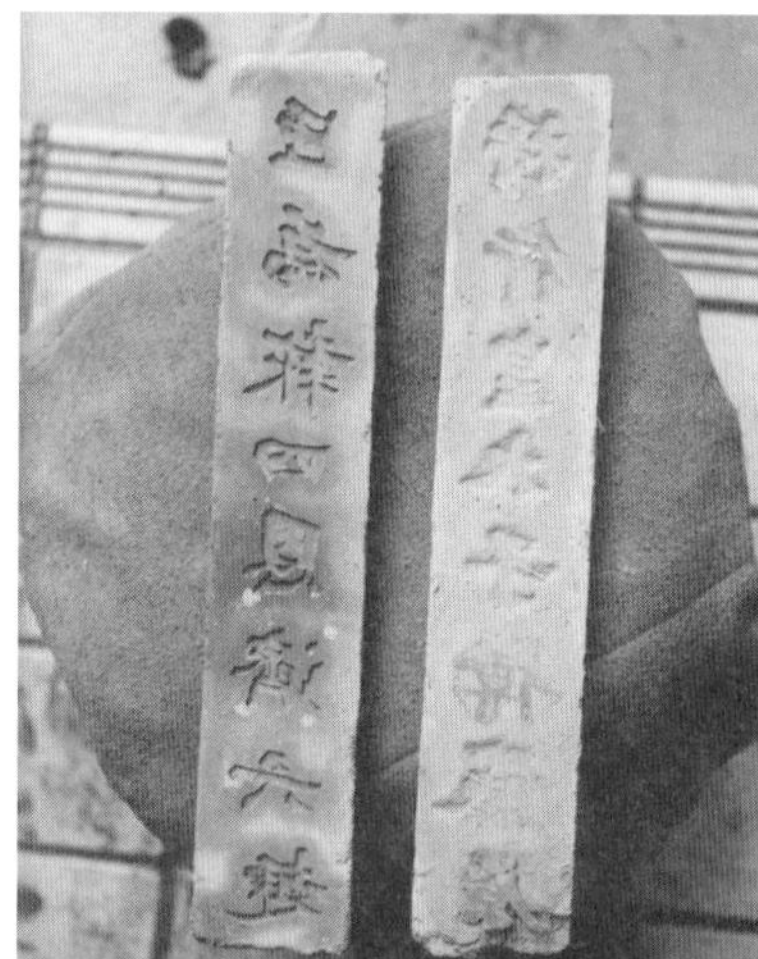

図19　陶型
（上の写真の右側は焼成前、
上の写真の左側は焼成後）
（下の写真は焼成後「報」）▲

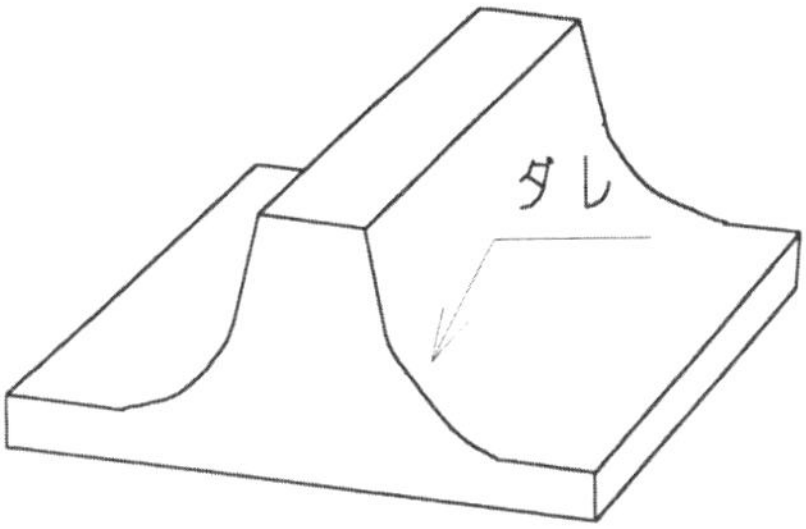

図21　陽鋳銘文の裾部のダレ

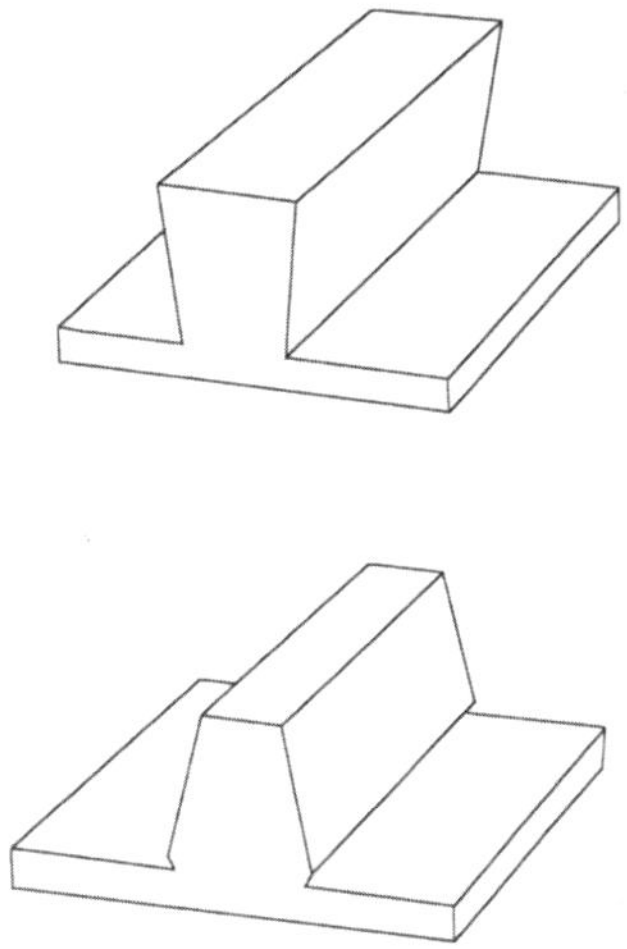

図22　陽鋳銘文の裾部の
アンダーカット（上）
食い込み（下）

文字のろう型鋳造の工程は概ね以下のとおりである。

①蜜ろう（蜂の巣から採ったろう）と松ヤニなどを加熱しながら混ぜ合わせ、厚さ二〜三㎜の板を作る。（栄山寺鐘銘を実測したところ、文字線の高さは一・八〜二・五㎜であった。）

②蜜ろうの板の上に、下書きの「書」を貼り、小刀で文字線の輪郭に沿って板を切抜いて、文字のろう製原型を作る。

③あらかじめ梵鐘の曲面に合わせてつくった木板の上に、下書きの文字を転写しておき、その上にろう製原型を並べる（図18）。

④その上から粘土をかぶせ、乾燥させる。

⑤粘土をろう製原型とともに板から剥がし、それを赤熱するほどの高温で焼き固めて陶型とする。その時、「ろう」は流れ出し、文字の部分は凹となる（図19）。高温で焼くため陶型の曲面は著しく変形することがある。

⑥梵鐘鋳型の砂を削り取り、そこに陶型を埋《い》け込む。その際、工程⑤で変形した陶型と鋳型との段差やすき間を埋めるために刷毛やヘラを使って修正、仕上げる。

⑦三段から四段に分割された外型と中子を組み合わせて鋳型

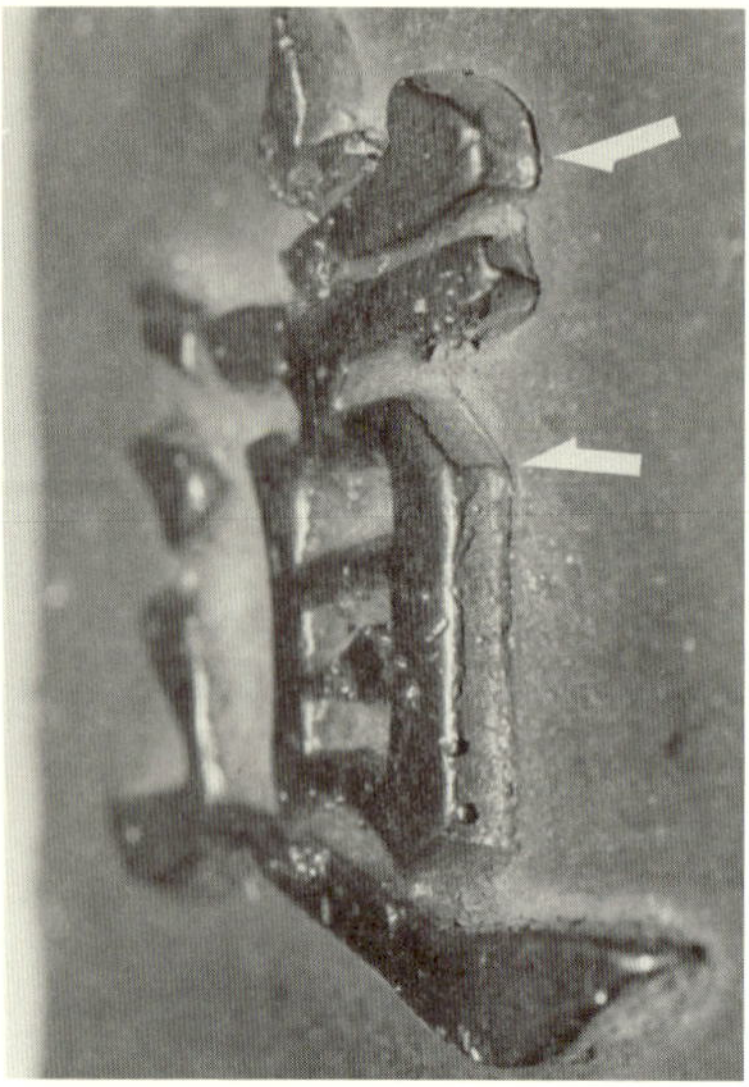

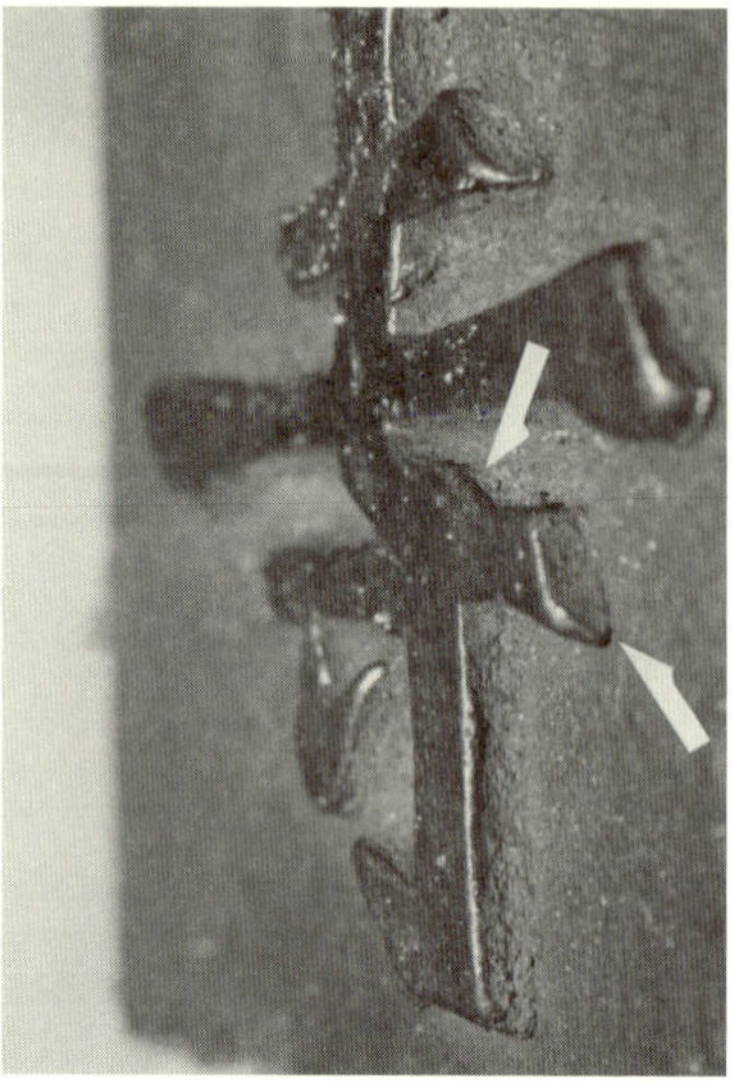

図23、24　復元したろう製原型埋け込み陽鋳銘の部分
（矢印部は鋳物砂が食い込んだ跡）

を完成させ、溶融した青銅を注ぐ。

⑧完成。文字は凸（陽鋳銘）にできあがる。

以上のような文字の技術を以下、「ろう製原型埋《い》け込み法」と呼ぶ。

工程④の粘土をかぶせる時に、文字のろう製原型と木板の間に粘土が入り込み、工程⑤の焼成で、「ろう」が流れ出るとともに、文字の裾部に入り込んだ粘土が固まり、残る。そのため、工程⑦の鋳込みの際に、溶けた金属がそこには流れ込むことができず文字の裾部に「食い込み」や「アンダーカット」（図21）が現れると考えた。

一方、木製で陽鋳銘を作る場合は、生乾きの鋳型に文字型を押し込み、鋳型を凹ました後、押し込んだ木製文字型を抜きとってしまうために、食い込みは発生しない[15]。逆に、文字型を抜く時に砂が崩れ、文字の裾部にダレを生ずることがある（図22）。

また、短冊形の跡はろう製原型から作った陶型を埋《い》け込んだ形跡（図20）であると考えた。そこで私たちは、ろう製原型埋《い》け込み法で陽鋳銘を復元し、栄山寺鐘銘と比較することとした[16]。

〈ろう製原型埋け込み法の技術を復元〉

筆者らは上記の工程に従って栄山寺鐘の陽鋳銘を復元した。

工程④（前項参照）で、ろう製原型に粘土をかぶせたところ、粘土がろう製原型と木板のすき間にわずかに入り込み、工程⑤で粘土が焼成されて陶型になった後も、そのまま残った。鋳造したところ、図23、24のような陽鋳銘ができあった。栄山寺鐘銘と同じ特徴である「文字の裾部に鋳物砂が食い込んだ形跡」がはっきりと認められたのである。

また、梵鐘鋳型の砂を削り取り、そこに陶型を埋け込む工程⑥では、乾燥前の粘土の段階では梵鐘池の間の鋳型の曲面に正しく合っていたものが、乾燥と焼成によって、時に曲がりすぎ、時にまっすぐ伸びてしまい、池の間の曲面と合わなくなってしまったのである。そのため、鋳型の池の間部分と陶型との間に生じたすき間や段差を粘土や真土を使い、丁寧に埋めることとなった。しかし、すき間は埋めることができても、段差や曲面の違いはどうにも修正しきれないところがあった。また、比較的低い温度で焼き固められた池の間の鋳型の表面と、粘土が赤熱するほど高い温度で焼成された文字部の陶型の質感の違いもいかんともしがたかった。鋳型段階での質感の違いは、鋳造後の梵鐘の肌の違いに現れる。我が国の中世以前の陽鋳銘の梵鐘池の間に残る短冊形の跡は、陶型の埋け込みの跡と考えることができる。

また、文字の点画や線画を離れないようにする工夫は、ろう製原型埋け込み法には必須の技術である。そのために、工人が下書きの文字の一部を変形させてしまうことや、時には書き手が技術に対する理解を深め、敢えて点画・線画が離れないように下書きすることもある。

これらのことから、同鐘銘は、ろう製原型埋け込み法で作られたとの結論を得た。復元品は五條市立五條文化博物館に展示されているので、ご覧いただきたい。

〈平安時代初期の他の文字型陽鋳銘〉

続いて筆者らは、同じ平安初期の文字型陽鋳銘である奈良県興福寺南円堂銅燈台銘（弘仁七年〔八一六〕、図6）、福岡県西光寺鐘銘（承和六年〔八三九〕、図5）、京都府神護寺鐘銘（貞観一七年〔八七五〕、図7）について調査を行った。三点の銘文それぞれに「文字の裾部に鋳物砂が食い込んだ形跡」や「文字の周囲に陶型を埋け込んだ形跡」「文字の裾部が斜めにえぐれていること」「文字線の抜け勾配が極めて小さいこと」などろう製原型埋け込み法の特徴と思われる点が観察された。これによって、平安時代初期に作られた文字型陽鋳銘の燈台銘一点と鐘銘三点は、いずれもろう製原型埋け込み法の技術で作られたことが明らかになった。

その後、私たちは平安末期以降の文字型陽鋳銘を持つ梵鐘の再調査を始めた。それにより兵庫県浄橋寺鐘銘（寛元二年〔一二四四〕、図8）と奈良県金剛山寺（矢田寺）鐘銘（寛元四年〔一二四六〕）も、ろう製原型埋け込み法によることが判明した。

（4）ろう製原型埋け込み法の技術移転

〈興福寺南円堂銅燈台銘と空海の密教法具〉

我が国で最初にろう製原型埋け込み法を採用した興福寺南円堂銅燈台銘は弘仁七年（八一六）に完成したが、それに先立つ興福寺南円堂の建立（弘仁四年〔八一三〕）は、藤原内麻呂が空海の勧めによって発願し、子の冬嗣が完成させたといわれる[17]。一方、南円堂銅燈台銘にある「先考之遺志[18]」とは内麻呂の遺志のことであり、それを「追遵」して「銅燈台を敬造」したのは、冬嗣の兄眞夏であるという。ここから藤原内麻呂、眞夏、冬嗣の父子と空海との興福寺南円堂を通じた強い結びつきが見えてくる。

一方、空海の御請来目録や伝教大師将来台州録、同越州録、比叡山最澄和尚法門道具等目録などに記載される五鈷杵や五鈷鈴などの金属製密教法具は、空海や最澄らが持ち帰ったものであるが、後に国内で作られるようになる。金属製密教法具は形状が複雑なために、その製作にはろう型鋳造技術が必須である。国内制作と考えられている同様の製品群も、帰朝僧が持ち帰った法具に近い水準のものが作られていることから、早くから高いレベルのろう型鋳造技術が根付いたことがわかる。[19]このことから、金属製密教法具制作技術のわが国への導入は、その技法を持った工人が渡来した技術者移動型技術移転によって実現したことが考えられる。ろう型鋳造の技術自体は、飛鳥奈良時代、あるいはそれ以前より、我が国に存在した技術であるが、[20]密教法具の技術水準の高さを考えると密教を学んで帰朝した僧たちが、密教法具の制作に精通したろう型鋳造の工人を新たに請来したのであろう。密教の布教のためには教団の下に金工工人集団を抱える必要があり、空海の配下にはそうした優れた渡来系のろう型鋳造工人集団が存在していたと考えて良い。

空海と藤原北家との密接な関係、そして空海とろう型鋳造工人集団との関係を考えると、一つの可能性として、空海らの密教教団に関係するろう型鋳造の工人が、興福寺南円堂銅燈台銘の制作にあたったことも想定しておかなければならない。

唐文化が華やかにもてはやされていたこの時期、唐文化の象徴の一つともいうべき存在であった梵鐘の制作に、新たにもたらされた先進技術であるろう型鋳造の技術が応用されることに大きな意義があったのであろう。また、それまでは金属製品の表面に平板に表現されていた我が国の文字が、初めて質量感豊かに表現されるようになったことは、文字の技術のその後の発展を考える上でその意義は極めて大きい。

〈技術導入型技術移転〉

興福寺南円堂銅燈台銘の制作以後約百年の間に作られたろう製原型埋け込み陽鋳銘を持つ鐘で、現存するのは、福岡西光寺鐘、神護寺鐘、栄山寺鐘の三鐘である。これらの梵鐘は典型的な和鐘の形式をとっており、我が国の伝統的な鋳物師集団によって作られたものであろう。神護寺鐘や栄山寺鐘が作られた九世紀後半から一〇世紀にかかるころの我が国は、遣唐使の中止などに見られるように海外からの影響が減少し、国内で文化が醸成されつつある時期であった。日本文化を代表する「ひらがな」が発生し、日本人による日本人の漢字文化が創成されるなど、我が国独自の文化が花開こうとしていた。そのような時期にあって、栄山寺鐘銘において完成をみたろう製原型埋け込み法の技術は、和鐘を作っていた伝統的な鋳物師集団が、ろう型や埋け込み法などの先進技術の導入に成功したものと考えられ、それを技術導入型技術移転成功の一例として挙げることができる。

（5）栄山寺鐘銘の撰・書者はだれか

〈南家希望の星・藤原道明〉

栄山寺鐘はその銘文から藤原道明（八五六―九二〇）と橘澄清（八五九―九二五）によって寄進されたことがわかる。その鐘銘の撰者と書者については、本論の冒頭にその一部を示したように、これまでいろいろな推測がなされてきたが、どれも論者の鑑識眼などによるところが多く、決め手に欠ける。橘澄清・藤原道明配下の写経生や文官なども考えられるであろう。そこでここでは澄清・道明両者の周辺の事情から撰者と書者について考えてみたい。

澄清・道明はこれまで、共に延喜式の編纂に関わった人物として知られてきた。延喜式序[21]によれば、藤原道明は延喜五年（九〇五、当時五〇歳）の段階では「権左少辦正五位下兼行勘解由次官」であったが、延喜一七年（九一七、六二歳）の栄山寺鐘銘では「従三位守大納言兼右近衛大将行皇太子傅」とある。道明は、わずか一二年の間に、位階だけでも正五位下から従三位まで六階級昇進している。さらに、それぞれの位階の間には、少辦、大辧、勘解由長官、右近衛大将、中納言、大納言などの官職が細かいステップとして設けられているから、道明は短い期間に実に膨大なステップを昇ったことになる（図25）。正五位以上の人事というのは通常の人事ではなく、政治力によるところが大きい。北家の出身ならば〈抜擢〉という程度であろう。しかし、道明は藤原南家の一族である。当時南家といえば藤原基経、時平、忠平に代表される北家に押されていて、その一族の人々の昇進の道は大変狭かった。そういった状況にあって、道明の昇進は〈大抜擢〉といってよいであろう。所功氏によれば、延喜時代三三年間に参議以上の公卿になった四二名の内、藤原氏北家一五名に対して、同南家は五名、橘氏は三名などであるという[22]。その上の従三位大納言まで昇った彼は、南家の希望の星であったと想像される。

そしてもう一人の寄進者である橘澄清は、道明のおじにあたるが、道明より三歳若い（図26）。延喜式序によれば、延喜一二年（九一二）の「促其裁成」の勅命の時、澄清は、「従四位下守右大辨兼勘解由長官」の地位にあって、時の権力者藤原忠平に続いて列記されている。その時澄清は五四歳、道明は中納言で五七歳であった。延喜式の編纂を担当したことだけでも両者の学識の高さを想像することができ、このことが、かねてより栄山寺鐘銘の撰者の候補として澄清の名が挙がる根拠の一つになったのだろう。以下、藤原忠平、橘澄清らの当時の官位や人間関係などの周辺の状況を眺めてみる。

〈橘澄清の力量〉

延喜九年に没した兄時平に替わって重用された藤原忠平（当時二九歳）は、延喜一二年に大納言となり、右大臣源光が没した一三年には政権の首座についている。そうした中で忠平は、政務のために多忙を極めていたと推測され、忠平が延喜式編纂のために割く時間は極めて少なかったに違いない。となれば「延喜式序」に忠平に次いで名が記されている澄清が、実務をすべて担当したと考えてよいであろう。澄清は、延喜式の内容すべてに亘って指導的な役割を担ったものと推察される。天皇や忠平の、延喜式編纂に対する思い入れは大変強いものであったに相違なく、その重責を担っ

図25　藤原道明・橘澄清　官位昇進の経過

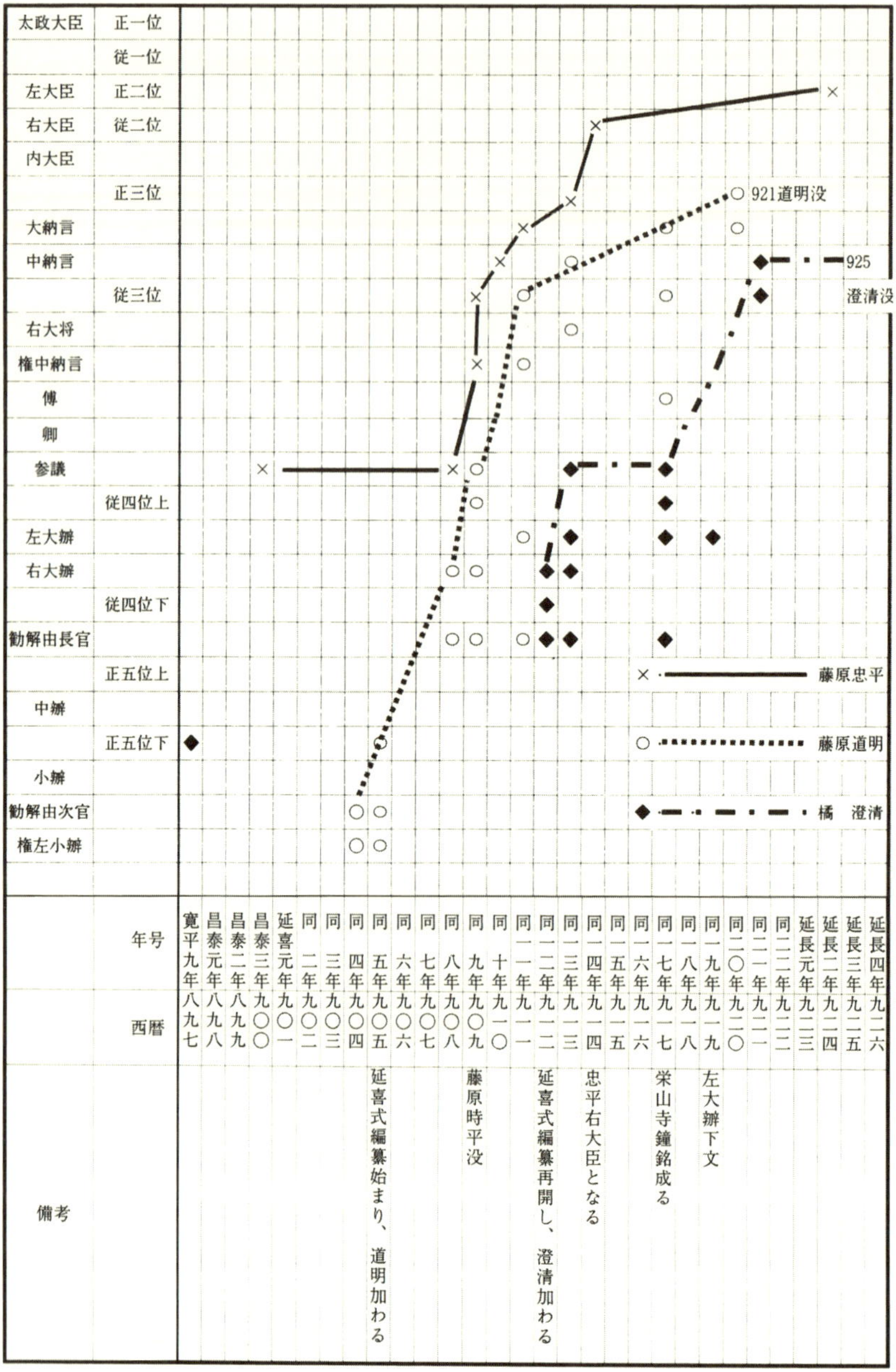

図26　藤原道明・橘澄清　家系図

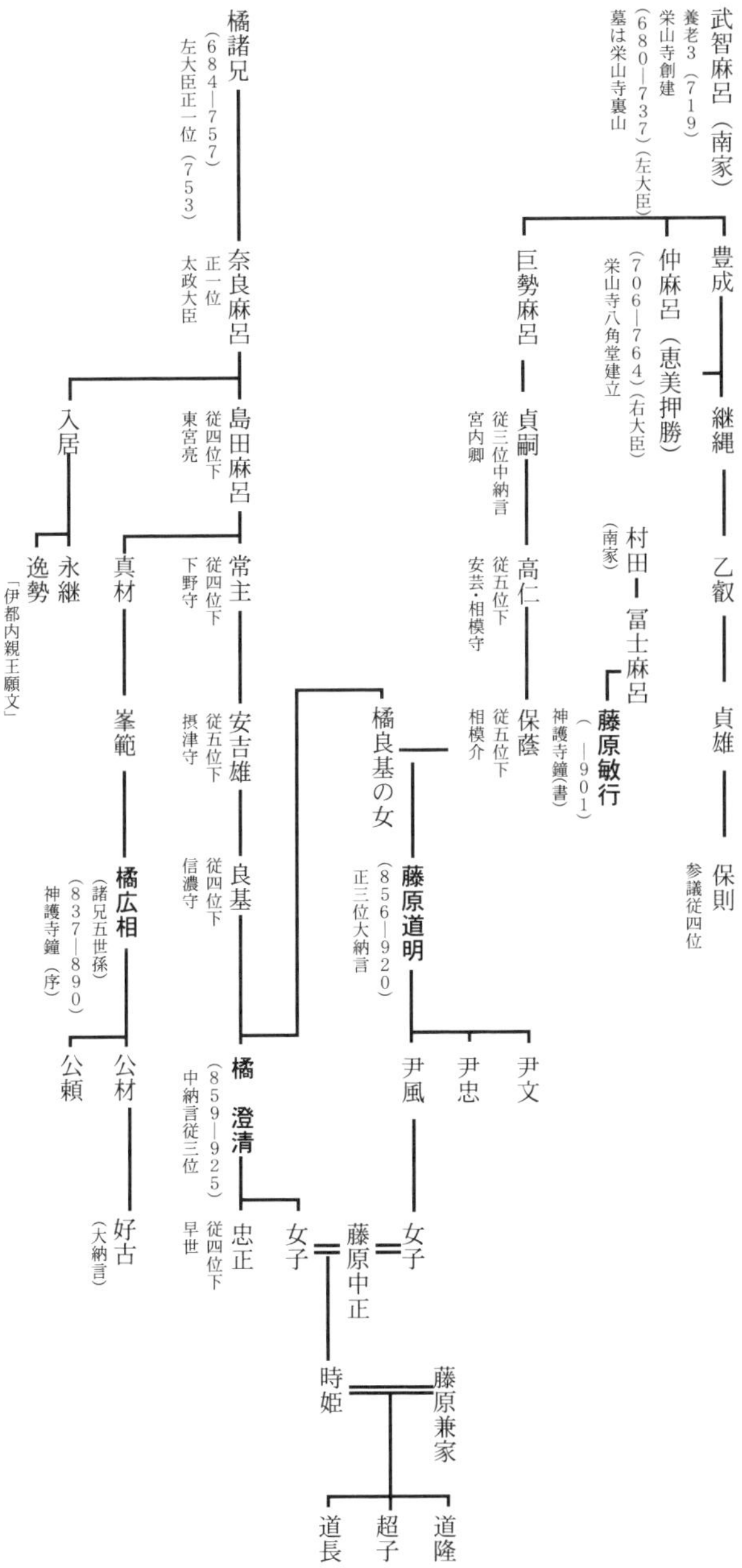
武智麻呂（南家）
養老3（719）
栄山寺創建
（680―737）（左大臣）
墓は栄山寺裏山
豊成
仲麻呂（恵美押勝）
（706―764）（右大臣）
栄山寺八角堂建立
巨勢麻呂
継縄
乙叡
貞雄
保則
参議従四位
村田（南家）
冨士麻呂
藤原敏行
（　―901）
神護寺鐘（書）
貞嗣
従三位中納言
宮内卿
高仁
従五位下
安芸・相模守
保蔭
従五位下
相模介
橘良基の女
藤原道明
（856―920）
正三位大納言
尹文
尹忠
尹風
藤原中正
女子
時姫
藤原兼家
道隆
超子
道長
橘諸兄
（684―757）
左大臣正一位（753）
奈良麻呂
正一位
太政大臣
島田麻呂
従四位下
東宮亮
入居
常主
従四位下
下野守
安吉雄
従五位下
摂津守
良基
従四位下
信濃守
橘　澄清
（859―925）
中納言従三位
忠正
従四位下
早世
女子
真材
峯範
橘広相
（諸兄五世孫）
（837―890）
神護寺鐘（序）
公材
好古
（大納言）
公頼
永継
逸勢
「伊都内親王願文」

た澄清は、忠平らから特に高い信頼を得ていたのであろう。そして、そのことから澄清が当時のトップクラスの学識を有していたことが推測されるのである。

一方、書に関する点について、新たに次のことが明らかになった。

空海の死後、散逸した三十帖策子は勅命によって再び東寺に集められた。その時に作られた目録を、「根本大和尚真跡策子等目録」(「三十帖策子勘合目録」)というが、同目録の延喜一九年(九一九)の項に、澄清の名が見える。[23] これは澄清が、右大臣藤原仲平に代わって下命執行の役を勤め、「根本大和尚真跡策子等目録」の末尾に署名したものと考えられる(図27)。これを「左大辨の下文(くだしぶみ)」という。集められた三十帖策子の内容を検査する役目を担った澄清の書に関する能力は、いかばかりのものであったであろうか。空海の真筆を含む三十帖策子の当時の国家的重要性は、私たちの想像を超えるものであったに違いなく、その三十帖策子収集の責任者の役を担った澄清の書の力量は、極めて高いレベルにあったのであろう。彼の書の力量に対する忠平、仲平らの信頼は絶大なものであったに違いない。

〈橘澄清・謙譲の精神〉

ここで、澄清と道明の関係について考えてみる。道澄寺を創建したのは道明と澄清であるが、寺号の決定に際し「道」の字を上にし、「澄」の字を下にしている。澄清は自分の甥でありながら、年長でかつ高い地位にいる道明を立てていることになる。一方、道明の父保蔭を中心とした藤原南家の一族と、澄清の父橘良基を中心とした橘家の一族が強い絆で結ばれていたことはかねてより指摘されているところであるが、[24] 栄山寺鐘銘の撰者は「宿しては香火之縁を殖て、生じては瓜葛之戚と為る」とし、道明と澄清が異なる氏を持ちながら深き血縁にあることを誇り、尚かつ「唯だ現世に契闊之情を結ぶのみならず、亦た浄刹に安養之楽を共にせんと欲す。故に各其の名の首字を取りて以って此の寺の額題と為すは、本縁を來代に貽し、同志を他生に期す所以なり」[25] と述べて、血縁ばかりでない二人の間の強い心の結びつ

根本大和尙眞跡策子等目錄

左辨官　下東寺

應真言根本阿闍梨贈大僧正空海入唐求得法文冊子參拾帖安置經藏事

右右大臣宣奉　勅件法文宜全收經藏不出國外。令宗長者永代守護者寺宜承知依宣行之不得疎略

延喜十九年十一月二日　大史菅野朝臣清方

大辨橘朝臣澄清

請收　大和尙御策子事

合三十帖　之中。廿九帖有黒紫絹表紙。一帖無表紙

貞觀十八年六月六日　權律師眞然

請供策子　孔雀經等合八種儀軌作紙

惠宿　返上已了　收眞然

延喜十九年十一月二日從内裏被給納件策子草苫一合有錦縫立莚褐袋。又有左辨官下東寺勅背一枚

天明二年七月廿四日以法鼓臺本令書寫了　禪證

図27　「根本大和尚真跡等策子目録　左大辦の下文」
（大日本佛教全書、佛教書籍目録第２より）

きを表現している。しかしながら、同鐘の制作にあたって、「藤亜相は爰に梟匠に命じて乃ち鴻鐘を鋳る」とした。亜相とは大納言のこと、藤亜相とは藤原道明を指す。つまり制作の主役の座を道明に譲っている。ここに栄山寺鐘銘に撰・書者名が記されなかった謎を解く鍵がある。

ここで、栄山寺鐘の四二年前の紀年銘を持ち、三絶の鐘とも称される神護寺鐘の銘を見れば、詞を草した橘広相、銘を詠んだ菅原是善、書丹した藤原敏行と、銘文の制作に関与したそれぞれの人物の名が、堂々と記されている。共にろう製原型埋け込み法の技術を用いていることや、梵鐘の形や銘文の形式などの類似性、そして、橘広相は澄清の一族であり、藤原敏行は道明と同じ南家の出身であることからすれば、道澄寺鐘（栄山寺鐘）制作に際して、神護寺鐘は澄清らの視野に大きく入っていたものと考えられる。それにもかかわらず、なぜ道澄寺鐘では撰者や書者の名が記されていないのであろうか。文章としても書としても優れた道澄寺鐘銘に、撰者と書者

の名が記されていないのは、あまりに不自然である。ここは制作者側の何らかの思い入れによって、撰者・書者銘が敢えて記されなかったと考えるべきであろう。

道澄寺創建、道澄寺鐘制作にあたって澄清が実質的なプロデューサーとして動き、寺号の命名も、栄山寺鐘銘の撰文・書丹も澄清自ら行ったとしたらどうであろうか。そうなれば、莫大な資力と英知を傾けて作り上げた栄山寺鐘の銘文の中に、撰者・書者の名を記さなかったことも納得がいくだろう。

つまり、道明、澄清二人のための梵鐘であるがゆえに、澄清は、今更撰者名や書者名として自分の名を記す必要性がないと考えたのである。また、道澄寺の命名に際しても道明に配慮した澄清は、ここでも謙譲の精神を発揮し、栄山寺鐘制作の主役を道明に譲り、自身の名を鐘銘の中に記すことを避けたのではないだろうか。

前項で述べたように、橘澄清は高い学識と優れた書の力を有していた。文章としても、書としても見事なまでの高い水準にある栄山寺鐘銘を、自ら草し、書丹するだけの力があったといえよう。

以上のことを考え合わせると、栄山寺鐘の願主の一人である橘澄清自身を、栄山寺鐘銘の撰者・書者と考えることができるのではないだろうか。そうすることによって、栄山寺鐘銘の内容がはじめて妥当性のあるものとなるのである。

〈左大辨の下文〉

三十帖策子の目録である『根本大和尚真跡策子等目録』の末尾の左大辨の下文に、澄清は自ら署名した可能性がある。そこで私は、澄清の真跡が残る同目録と左大辨の下文が三十帖策子とともに保管されていた可能性があると考えた。調査を進めたところ、三十帖策子を実見した中田勇次郎氏は左大辨の下文が付属すると記していた[26]。また、中田法寿氏によれば、三十帖策子に左大辨の下文が付属するようになったのは弘安年中（一二七八―一二八八）のことという[27]。私たちも実際に見てみたいと考えたが、所有者である仁和寺と保管者である京都国立博物館によれば、三十帖策子は状態が悪いとのことであり、残念ながら、左大辨の下文がどこにあるかは確認できなかった。中田勇次郎氏が見たという左大辨の下文を含む三点の付属文書は、大正四年一二月に、佛書刊行會図像部から刊行された『三十帖策子』(28)には見あたらず、また、昭和五二年に法蔵館から出版された『三十帖策子・十字経』(29)には、二点の付属文書は収録されているが、左大辨の下文だけは収録されていない。澄清の筆跡と栄山寺鐘銘とを比較検討したいと考えたのであるが、現在のところ実現していない。

（注）

（1）本稿は、一九九九年に発表した「栄山寺鐘「ろう製文字型陽鋳銘」とその撰・書者について」(『橿原考古学研究所紀要考古学論攷』第22冊)に加筆したものである。
（2）松平定信『集古十種』(一八〇〇年～一八〇四年?)(『集古十種』二「鐘銘一」、國書刊行会(一九〇八年))
（3）狩谷掖斎　一八一八『古京遺文』文政元年(山田孝雄、香取秀真編『勉誠社文庫・古京遺文』一九六八年)
（4）相澤春洋　一九三六「小野道風の漢字について」『書道』第五巻第九号
（5）田中塊堂　一九五四「道澄寺鐘銘」『書道全集』第一二巻、平凡社
（6）中田勇次郎　一九五四「南圓堂銅燈台銘」『書道全集』第一一巻、平凡社
（7）坪井良平　一九七〇『日本の梵鐘』角川書店
（8）『原色版国宝4　平安Ⅱ』毎日新聞社、一九六七年一月
（9）『文化庁監修「国宝」6　工芸品Ⅰ』毎日新聞社、一九八四年一二月
（10）本書第三章参照。
（11）文字の技術の分類用語については、鈴木勉　一九九四「鐘銘の彫刻に用いられた「たがね」の種類と加工痕」『梵鐘』

創刊号、古鐘研究会、同一九九五「陳の太建七年銘鐘の陰刻銘の彫刻技法について」『史跡と美術』第六五二号にいくつか示したが、改訂して本書第五章に示した。

(12) 鐘銘の復元にあたっては、根来茂昌氏、香取午朗氏、松林正徳氏、小西一郎氏にご協力をいただいた。(一九九五年三月)

(13) 石田肇、鈴木勉　一九八三「内藤湖南書丹の龍源寺鐘銘について」『書論』二一号において、現代の梵鐘鋳造工程の一例を挙げた。

(14) 石野亨、小沢良吉、稲川弘明　一九八四『図説日本の文化をさぐる［4］鐘をつくる』小峰書店、32頁

(15) 中井一夫氏より、「現代の文字型陽鋳銘ではボール紙を用いて文字原型を作り、それを鋳型に押し込むが、それを抜かずにおき、鋳型を焼くときに燃してしまう方法がとられている。」とのご教示を受けた。一つの可能性として更に慎重な調査を続けたい。鋳造技術は想像もつかないノウハウの積み重ねである。殊に古代の鋳造技術は設備が充分でないため、それだけ技術者の工夫は、多岐にわたり、現代人の想像をはるかに超えるものであった。使われた素材や技法を私たちが想定するのに慎重過ぎるということはない。

(16) この調査の準備段階で原正樹氏、戸津圭之介氏、小杉拓也氏から多大なご助言をいただいた。なお調査は香取午朗氏と筆者で行った。

(17) 田中塊堂　一九五四「南円堂銅燈台銘と神護寺鐘銘」『書道全集』第一一巻　平凡社

(18) 田中塊堂氏は南円堂銅燈台銘第一面の「先考之遺敬志造銅燈台」は「先考之遺志敬造銅燈台」を誤ったものと指摘した。氏はろう製原型埋け込み法については全く触れていないので、あくまでも文章の上から指摘したものであろう。ろう製原型は一文字ごとに切り離すので、切り抜いた文字をもう一度木板の上に並べる時にその順を誤る可能性は大変大きいといえる。筆者らの提案するろう製文字型陽鋳銘の技術は氏の説を補強することになる。

(19) 阪田宗彦、関根俊一　一九九二『特別展 密教工芸 神秘のかたち』奈良国立博物館
(20) 技術が地域や時間を越えて移動し変質・発展することをトランスファ・エンジニアリング（T・E＝技術移転）と言い、技術発展の大きな契機となることが多い。技術移転には受け入れ側の潜在的な技術力が不可欠とされることから、過去の技術移転の実態を明らかにすることによって、当時の送り側と受け入れ側の技術レベルの差や生産システムの姿を推定することが可能となる。私たちはこうした古代史における技術移転論の展開を試行している。詳細は以下のものを参照いただきたい。
鈴木勉・松林正徳　一九九八「古代史における技術移転試論Ⅰ—技術評価のための基礎概念と技術移転形態の分類—（金工技術を中心として）」『橿原考古学研究所論集』13
鈴木勉　二〇〇八「古代史における技術移転試論Ⅱ　文化と技術の時空図で捉える四次元的技術移転の実相」『橿原考古学研究所論集』15
(21) 黒板勝美編　一九八三『交替式・弘仁式・延喜式前編』吉川弘文館
(22) 所功　一九七五「延喜の治の実態」『研秀版 日本の歴史 第4巻』
(23) 根本大和尚真跡策子等目録については、以下の文献を参照されたい。①高楠順次郎、望月信亨　一九三〇「根本大和尚真跡策子等目録」『大日本仏教全書、仏教書籍目録第二』、大日本仏教全書刊行、②勝又俊教　一九七四「三十帖策子」『弘法大師真跡集成』法蔵館、③春名好重　一九七五「三十帖策子」書道芸術第一二巻・空海、中央公論社、④中田勇二郎　一九七七「三十帖策子の書について」『三十帖策子・十字経』複製解説、法蔵館
(24) 角田文衛　一九七〇「道綱母の身辺」『王朝の映像』東京堂出版
(25) 銘文の訓読には大鳥居總夫氏から暖かいご教示を得た。また次の先賢の優れた業績を参考にした。
高田十郎　一九三五「大和の古鐘（一）」『大和志』第二巻六号

籔田嘉一郎・清水卓夫・川勝政太郎・佐々木利三　一九四二「京都古銘選釈　七　旧道澄寺銅鐘」『史迹と美術』一四〇号

栄山寺編　一九五六『栄山寺鐘銘注解』

田中塊堂　一九五四「道澄寺鐘銘」『書道全集・第一二巻・日本Ⅲ平安Ⅱ』平凡社

神田喜一郎監修、大谷大学編　一九七二『日本金石図録』二玄社

上代文献を読む会編　一九八九『古京遺文注釈』桜楓社

(26) 中田勇二郎　一九七四「三十帖策子中の大師の真跡」『弘法大師真跡集成』法蔵館。中田氏は「左大弁の下文」を写しであるとする。

(27) 中田法寿　一九三五「三十帖策子の原本とその目録」『密教研究』第五五号

(28) 大村西崖編　一九三〇『三十帖策子』複製本、佛書刊行会図像部

(29)『三十帖策子・十字経』複製、法蔵館、一九七七年

2　西本願寺鐘銘の陽文―失われた技術の復権―

（1）陽鋳か陽起か

西本願寺鐘銘（一一六五年頃の制作）の文字の技術については、かねてより、池の間第一、二区の陽文を「陽刻」「陽起」とする説[1]、または「陽鋳」とする説[2]がある。以前、隻眼舎（加藤諄先生主宰鐘銘研究会）において、西本願寺鐘銘（図1）を取り上げた時のことである。種々検討をしていると、加藤先生は「この鐘銘の第一、二区を陽起とする説があるがどうか?」と私達若い研究者に対して問いかけられた。一九八二年のことである。

金石文学では、古来より款識（かんし）という語がある。款は文字が地より凹んでいる状態、識は文字が地より凸出している状態を示しており、そこには作り方に関する解釈は含まれていない。我が国の梵鐘銘文研究においては、「識」を「陽鋳」とすることが多いが、「陽鋳」は「鋳造で文字を陽出させた」という作り方を含んだ表現である。同様に、筆画が凹んでいる「款」を「陰刻」と表記することが多いが、この「陰刻」も「刻んで凹ませた」という作り方を含んだ表現である。

かつて、筆者は、「ものを作るにあたってどの技法を用いるかは、工人の自由な選択に委ねられ、時には多種の技術を複合的に使うこともある。このことは古代から現代にいたるまで変わらない」と述べた[3]。款と識にも様々な作り方があるため、陰刻や陽鋳といった作り方を含んだ語を用いる時には、慎重な観察が必要である。その判断が難しい時には、技術に対する解釈を敢えて外して、文字の状態を客観的に伝えたい。観察の客観性という意味において款と識は大変優れた語である。ただ、我が国の梵鐘銘は、款すなわち陰文はたがねで陰刻したものがほとんどであり、識すなわち

図１　西本願寺鐘（上右）、池の間第一区（下）銘文拡大「宮太」「創之」（上左）

陽文は鋳造時に陽出させたものが多いので、陰刻と陽鋳で研究上支障がでることはほとんどなかったのであるが。

そこへ坪井良平氏はあえて陽起なる技術的表現を使って、この西本願寺鐘銘を取り上げた。陽起の語は他には例を見ないので、おそらく坪井氏の造語であろう。「籠字に陰刻の文字を陽起させる技法は稀例である。(4)」と述べるように、氏は特異な文字表現法として大きな意味を持つものと直感されたのではないだろうか。

（2）なぜ陽起か

前述のように、隻眼舎で加藤先生から問いかけられた私の脳裏には、すでに「?」が頭に浮かんでいた。当時私は金工史の研究を進めていて、金属を削る技術を研究の柱としていた。

金属を削る技術は、我が国の金属時代を貫く最重要課題である。技術者はいつの時代も良く削れる工具を求めて、鉄を精錬し、鍛錬し、焼き入れ（熱処理）し、砥いできた。そうして作られた工具によって、優れた武器や武具が生み出されて戦に勝利し、農具や工具が生み出されて生産が増大し、人々の暮らしが豊かになった。金属時代の基盤となる技術は、金属を削ることに集約されると言っても過言ではない。そうした金工史の発展の流れから見ると坪井氏が述べる陽起という技術には重大な疑問符が浮かび上がってくる。

坪井氏が造語した陽起とは、図2のように、筆画の周囲をたがねなどで削り取り、結果として文字を陽出させる技法である。この技法は金工用語では「彫りくずし」という。山を掘り崩して古墳を作る場面がイメージできる良い技術用語だと思う。

彫りくずしは、金属を大量に削り取るので、たがねなどの工具に大きな負担がかかる。この技術が我が国に現れるのは、六世紀後半のことで、昭和六〇年に出土した奈良県藤ノ木古墳（六世紀後半）の金銅製馬具や同じく奈良県珠城山三号墳（六世紀後半）の杏葉と鏡板が代表例である。(5)飛鳥奈良時代の遺品ではその数は少なく、小さな金工品の加工や

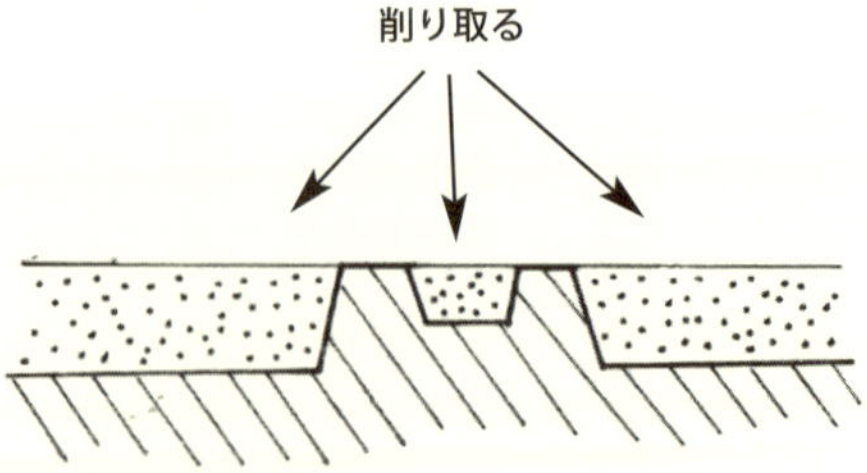

図２　彫りくずし（陽起）

金銅仏（鋳造製）などの仕上げに使われた程度で、大量に金属を削り取るということはなかった。さらに、平安時代は、金属を削り取る技術を使った金工品が少ない。ところが、十二世紀末から十三世紀ころに至って、金属を削り取る技術が再び登場し、刀身への文様彫刻、仏具の立体彫刻など優れた金工品が数多く生まれた。中世は金属を自由に操ることができるようになった時代と言われる所以である。

西暦一一六五年頃に作られたとされる西本願寺鐘銘が陽起だとすれば、文字を陽出させるために膨大な量の金属を削り取ったことになる。もしこの説が正しければこれまでの金工技術の発展の歴史を、数十年から百年以上遡らせる画期的な出来事になる。考古学者坪井良平氏はそのことの重要性に薄々気付いていたのであろう。そのために陽起の語を造ってまで伝えたかったのではあるまいか。

（3）西本願寺鐘の調査

このような疑問を抱いた私は、その年（一九八二年）の秋、西本願寺に調査願いを郵送した。返事が手元に届かないまま、予定した日時に西本願寺を訪ねると、私の手紙が届いていないとのことであった。やむなくお暇しようとしたが、「せっかくお出でになったのだから、見るだけでしたらどうぞ」と案内してくださった。

その頃西本願寺の鐘楼は、広大な敷地の東南に位置する飛雲閣の中にあった。飛雲閣は高い塀に囲まれていて、外からは鐘楼の様子を知ることはできなかった。案内されて見た鐘楼はとても高くて、鐘は遙か上方に懸かっていたのである。持参した高さ一二〇cmの脚立の上端に立っても、身長一七〇cm余の私では、梵鐘の駒の爪にやっと手が届く程度であった。寺の特別高い脚立をお借りして、これなら何とか調査が出来ると思ったが、それでも筆者の目の位置は池の間の下端に達するのがやっとであった。調査中、脚立が少し揺れると私の身体はグラっとし、慌てて梵鐘にしがみついて、何とか転落を免れるという始末であった。おそらくは先賢の方々も同様の思いをされたのだろう。

こうした悪条件下での調査によって、私は池の間第一区、第二区を陽鋳、第三区、第四区を籠字陰刻との結論を得た。以下、その観察と測定の結果を報告する。

〈池の間の地の凹みについて〉

西本願寺鐘池の間第二区の右半分、池の間第一区、第一・四区の間の縦帯、池の間第四区の左半分の地が凹んでいるように見えるのであるが、それは、池の間や縦帯の領域全体が凹んでいるのではなく、仮に鋳型が四段に組まれていたと仮定すると鋳継ぎ部を境にして、鋳型の下から三段目に当たる部分だけが凹んでいるのである（図3）。そこで、各部の断面形状を知るために、凹みの深さを測定した（ノギス使用）。結果を断面図（図4）に示した。また、第一区の正反対の位置にある池の間第三区を計測すると、鋳継ぎ部を境に、鋳型の三段目に当たる部分だけが突出していた（図4左端、図5）。こうした現象が起きるのは、鋳型の組立て時に原因があるもので、図6のように、中子一段、外型四段で構成されている西本願寺鐘では、外型の第三段が、池の間第三区側に二㎜程度ずれたために生じたものと考えられる。

池の間第一区と第一・四区の間の縦帯と池の間第四区の地とそれらを取り巻く「紐」との高さの関係を計測し、図7に示した。「紐」は鋳型にへら押しして形成されるので、へら押しする前の段階では第一区と縦帯と第四区は同じ円周上の連続した面である。第一区の文字が彫りくずしたものと仮定すれば第一区だけが凹んでいなければならない。この観察では紐の両脇の地からの高さは変わらないことがわかった。つまり第一区だけが削られたことにはならない。

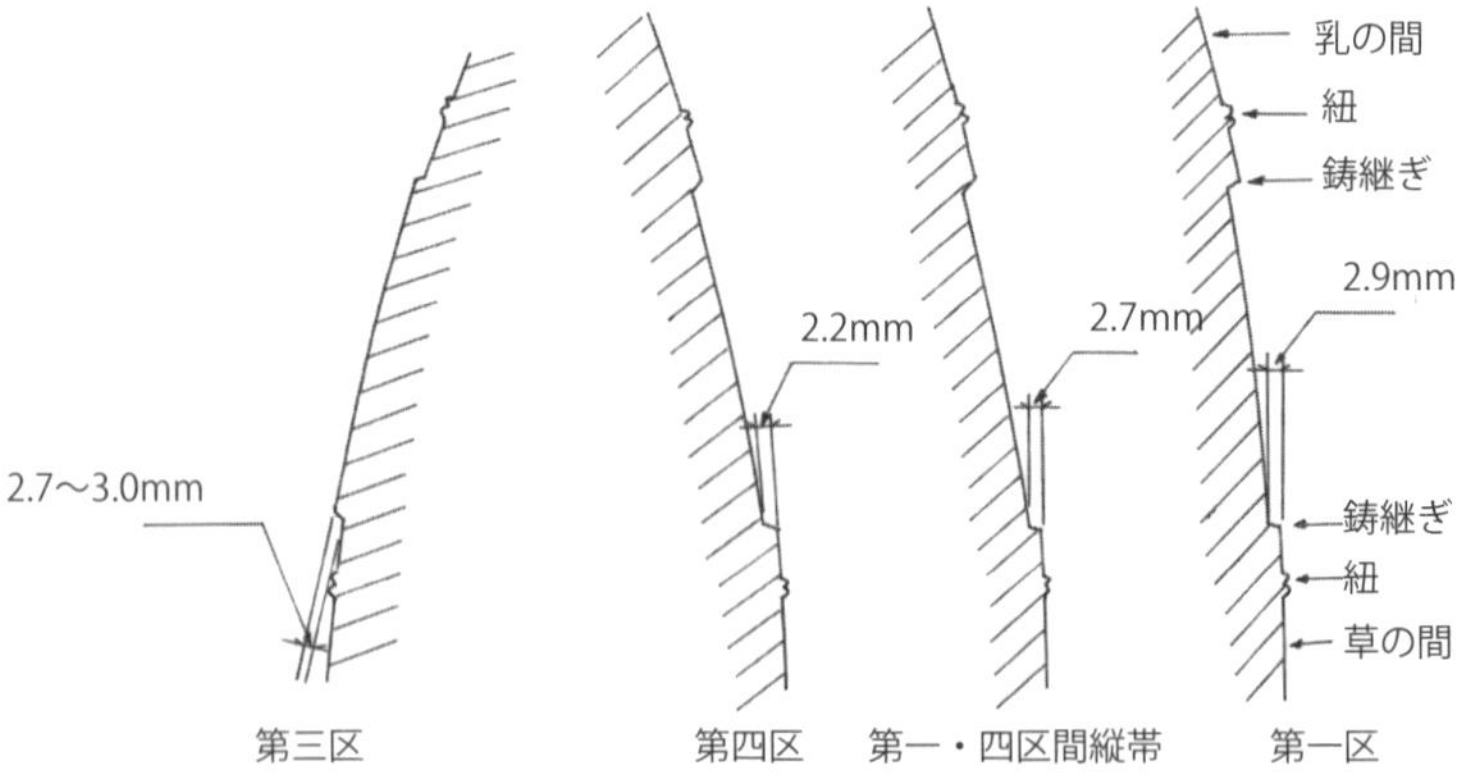

図４　西本願寺鐘　池の間断面図

図５
西本願寺鐘
第三区の鋳
型のズレ

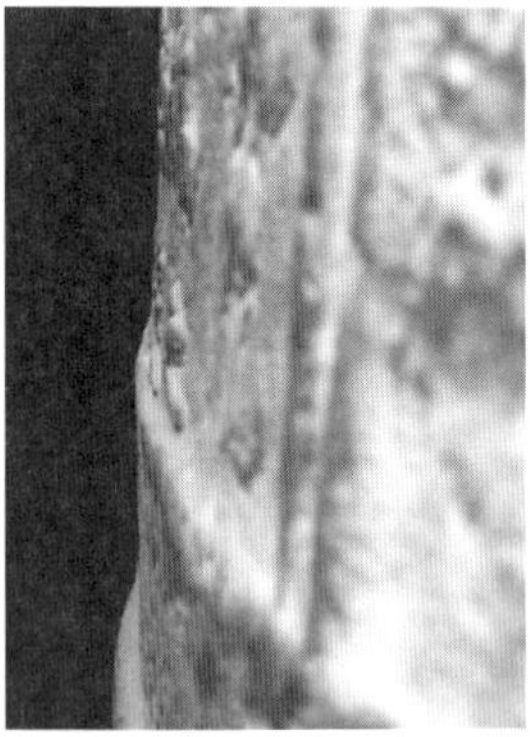

図３
西本願寺鐘
第一区の鋳
型のズレ

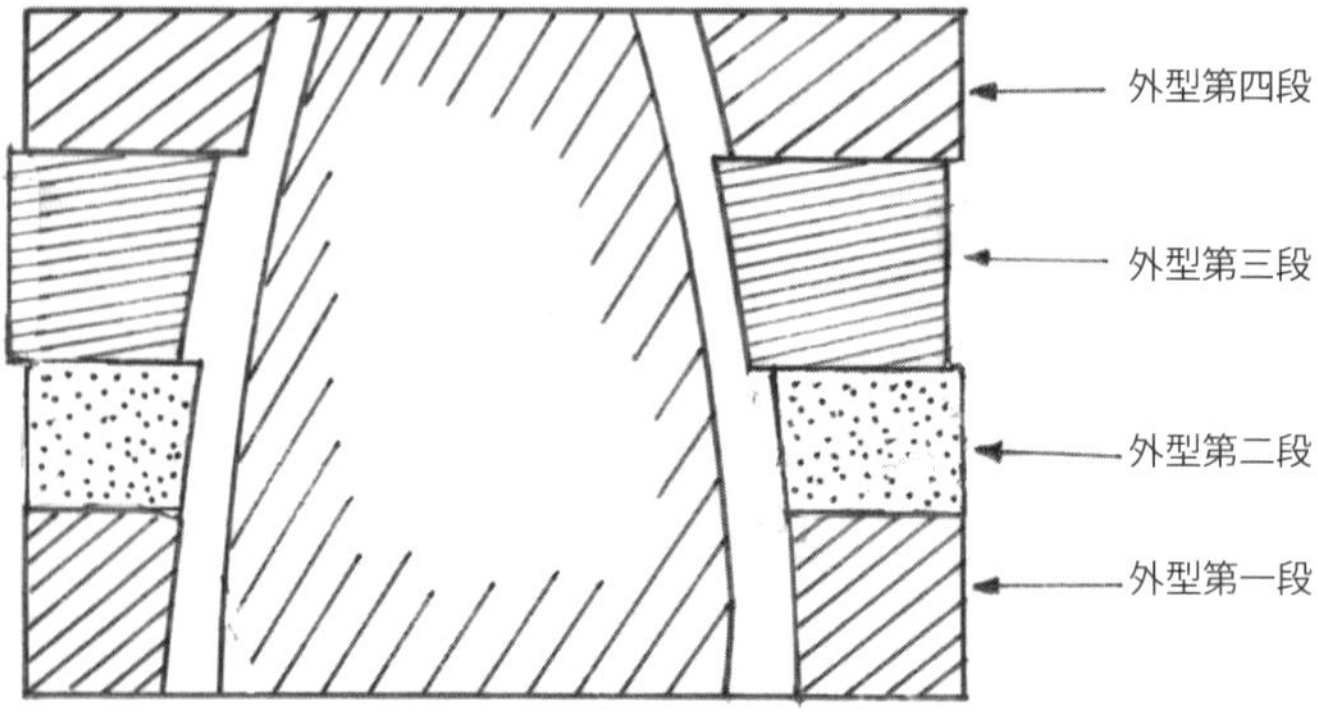

図６　外型のズレ（模式図）

また、第一区の文字部の地からの高さを計測すると一・四㎜前後であった（図8）。これを彫りくずした結果であると仮定すると第一区の紐の地からの高さの差は彫りくずした後で二・一㎜（図8）であるから、彫りくずす前の紐の地からの高さが〇・七㎜しか無かったことになってしまう。他の部分の紐の地からの高さが二㎜から四㎜くらいあるのでこのことからも第一区の文字が彫りくずしたものとは考えられないのである。

〈ろう製原型埋け込みの痕跡〉

第一区、第二区には、短冊形の跡が残っており、埋け込みの痕跡と考えられる。また、栄山寺鐘銘と同様（本書第四章1を参照）の文字線の裾部にオーバーハングが認められるので、この鐘銘はろう製原型埋け込み法による陽鋳と考えられる。

彫りくずしの一連の加工工程は、たがねで地面を彫り下げ、ヤスリで平滑に仕上げ、きさげで平坦に均すという手順を踏む。そのため、品物の地面にはたがねやヤスリの加工痕跡が残ることが多い。しかし、西本願寺鐘銘では、筆画の輪郭に沿ってたがねによる線彫りが見えるだけで、その周囲の地面には何の跡も認められない。鋳肌がそのまま残っているようである。ちなみに輪郭に沿った線彫りは、鋳造で文字を鮮明に出せなかった為に行った補刻であろう。

（4）陽起はあるのか

十二世紀末頃から十三世紀にかけて、我が国の金属加工技術は飛躍的に発展する。刀剣の大量生産や武士の台頭は、国内における製鉄・製鋼技術の発展と無縁ではない。鉄を自由に操り、優れた武器武具を作るには、鉄を加工するための鉄（鋼）製工具の発達が不可欠であり、それが他の分野へ広がっていくのは十三世紀に入ってからのことである。強靱な鉄製工具を作る技術が十三世紀以降の金属加工技術の発達を促したと考えられるのである。したがって西本願寺鐘

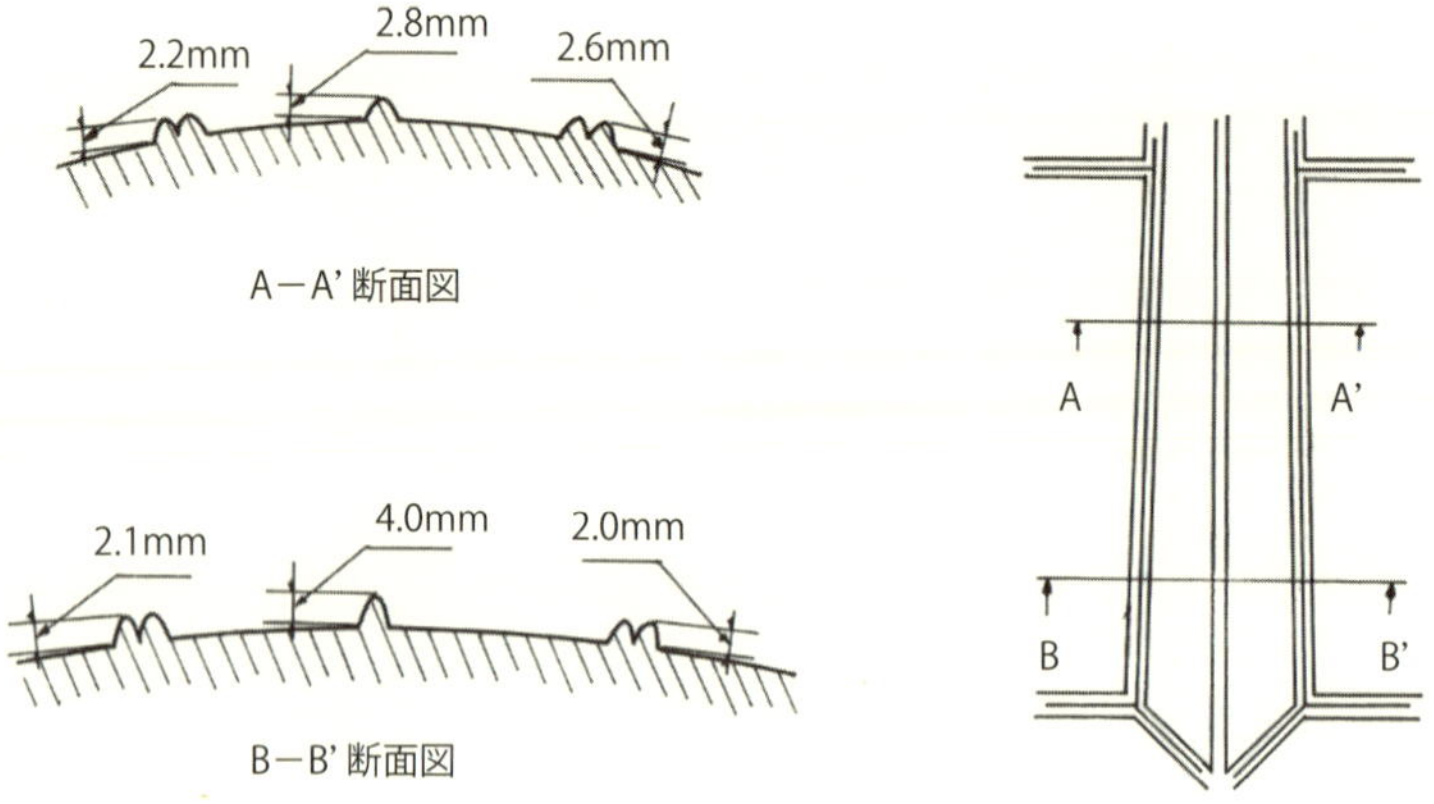

図7　西本願寺鐘　第一区、第三区間縦帯周囲の紐と地の高さ

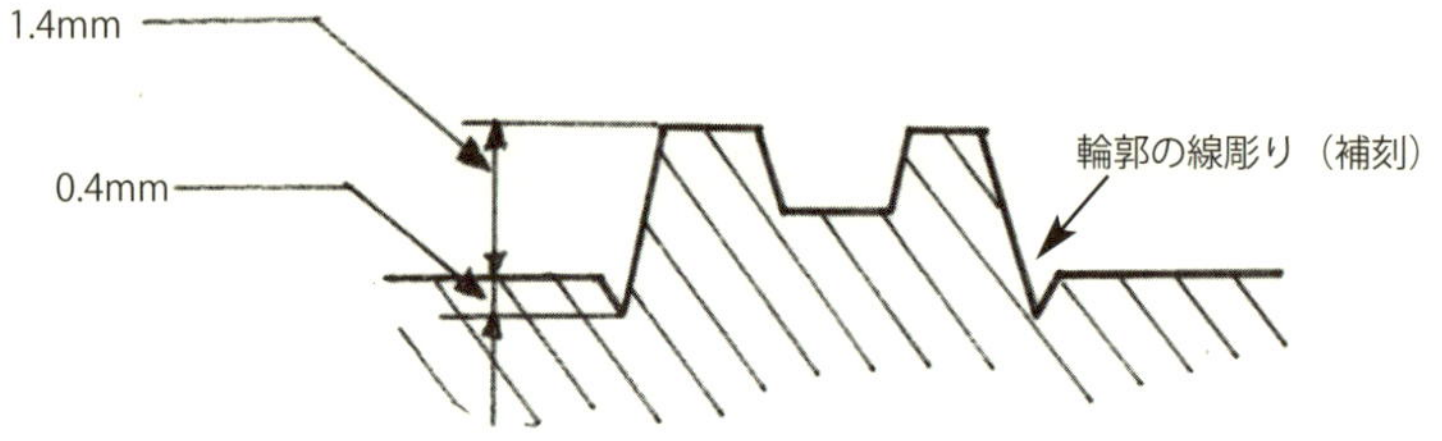

図8　西本願寺鐘　第一区　文字の断面図（模式図）

が作られたとされる十二世紀後半は大量の金属を削り取る陽起を実現する鉄製工具を作る技術が整っていなかったと考えられるのである。

　なお、坪井氏が、やはり陽起として挙げる本國寺鐘（文禄二年〔一五九三〕）の縦帯にある銘文の周辺の断面（図9）は、彫りくずし銘とするに相応しい。近世になるが東京池上本門寺鐘銘（正徳四年〔一七一四〕）にも彫りくずし銘がある。

（5）失われた技術の復権

　本鐘銘の第一区、第二区がろう製原型埋け込み法を用いた陽文であることが明らかになったが、ここで同じ技法で作られた名燈籠・名鐘の例を挙げておこう（表1）。

　ろう製原型埋け込み法で作られた鐘

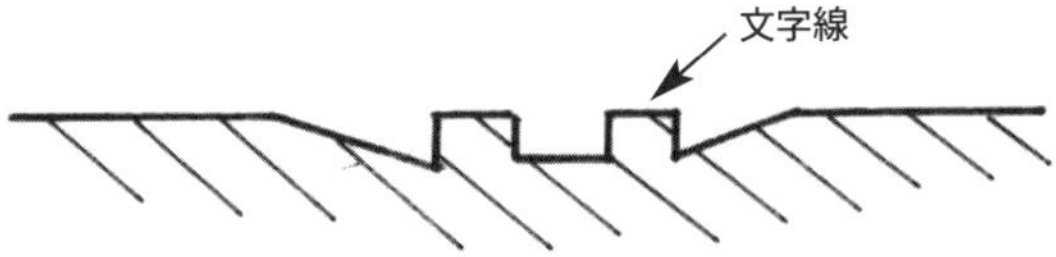

図９　本國寺鐘　縦帯にある彫りくずし銘断面（模式図）

銘のどれもが、文字に対する強い思い入れを感じさせるものであることは間違いない。この技法が紙に書かれた文字を金属の上に忠実に再現できるだけでなく、より華やかに見せることができる大変優れた技法であることは前項で述べた。おそらく、西本願寺鐘の制作者も同様の効果を意図していたであろう。

また、この鐘は、第三、四区に籠字陰刻技法を用いている。この技法は我が国の鐘銘に最も多い線彫り技法に比べると、下書きの文字のかたちを忠実に転写することに優れていて、さらに大きな文字の表現に適している。我が国における籠字陰刻技法の初例は、興福寺金堂鎮壇具の大盤（八世紀・東博蔵）に彫られている「大」字である。同じく八世紀の石川年足墓誌（天平宝字六年〔七六二〕）には、筆画が太くなるしんにょうなどに部分的に用いられている（図10）。

西本願寺鐘は制作者の文字に対する思い入れによって、第一、二区にろう製原型埋け込み法の陽鋳、第三、四区に籠字陰刻技法が選ばれたと推察されるが、鋳造に関してはお世辞にも上手くできたとは言い難い結果である。陽鋳の筆画の周囲を線彫りして輪郭を強調したのは、鋳造の失敗を仕上げ加工によって補ったものと考えられる。

九世紀から十世紀にかけて生まれたろう製原型埋け込み法の技術は、数々の優れた陽鋳銘を残したが、なぜかその後途絶えてしまっていた。栄山寺鐘が作られてから約二五〇年を経って再び現れたその技術は、すぐには完全な水準で復活することはできなかったようだ。このことは技術移転の問題として興味深い。西本願寺鐘の鋳肌の状態を見ると、湯流れが不完全であり、それは鋳型のガス抜けが悪いか、湯の温度が高すぎたかの、どちらかの原因によるのではないかと考えられるが、「空白の二世紀」(6)の後、一度失われた梵鐘などの大型鋳造技術が、未だ復活を果たせないでいた時

表1　ろう製原型埋け込み法が用いられた我が国上代の鐘銘

県名	名称	紀年	西暦
奈良	興福寺南円堂銅燈台銘	弘仁七年	816
福岡	西光寺鐘	承和六年	839
京都	神護寺鐘	貞観十七年	875
奈良	栄山寺鐘	延喜十七年	917
兵庫	徳勝寺鐘	長寛二年	1164
京都	西本願寺鐘	1165前後	
兵庫	浄橋寺鐘	寛元二年	1244
奈良	金剛山寺鐘	寛元四年	1246

期であったのかもしれない。この鐘は竜頭が欠失していて鉄の棒で懸けられていたが、これも鋳造の失敗で竜頭が完成しなかったのかもしれない。

こうした数々の失敗の痕跡は、工人の技術的優劣を示すものではない。そこからは、新しい技術、失われた技術に挑戦して苦悩する工人の姿が見える。技術者の最も技術者らしい心とは、そうした挑戦する心である。巷では、技能・技術の伝承の大切さが取り上げられている。そこでは、技術の保存や継承に力を注ぐよう声高に叫ばれている。しかし、本当にそれは必要であろうか。技術は注文があるから生き延びることが出来る。技法や手順は保存し、保護することは出来るが、保存された手順や保護された工人の技術は瞬く間に劣化する。技術は保護されれば、生気を失い、その水準の低下は避けられず、やがては消滅の道を辿る。技術の継承で最も尊重されるべきは、「挑戦するこころ」である。それこそが技術であるのだ(7)。

西本願寺鐘は、今は飛雲閣鐘楼から寺務所前に移されている。以前は目に触れることも少なく、また、運良く対面できても鐘は遙かな高さに懸けられていて、十分な体勢で調査することはかなわなかった。第一区、二区についての二説に、長い間決着がつかなかったのもこのためであろう。今は誰でも近くで観察できるようになった。もし、京都を訪れる機会があったら、当寺に立ち寄って、先賢が苦心して調査された姿を想像してもらいたい。

本稿は、一九八三年恩師加藤諄先生に預けていた小考に手を加えたものである。

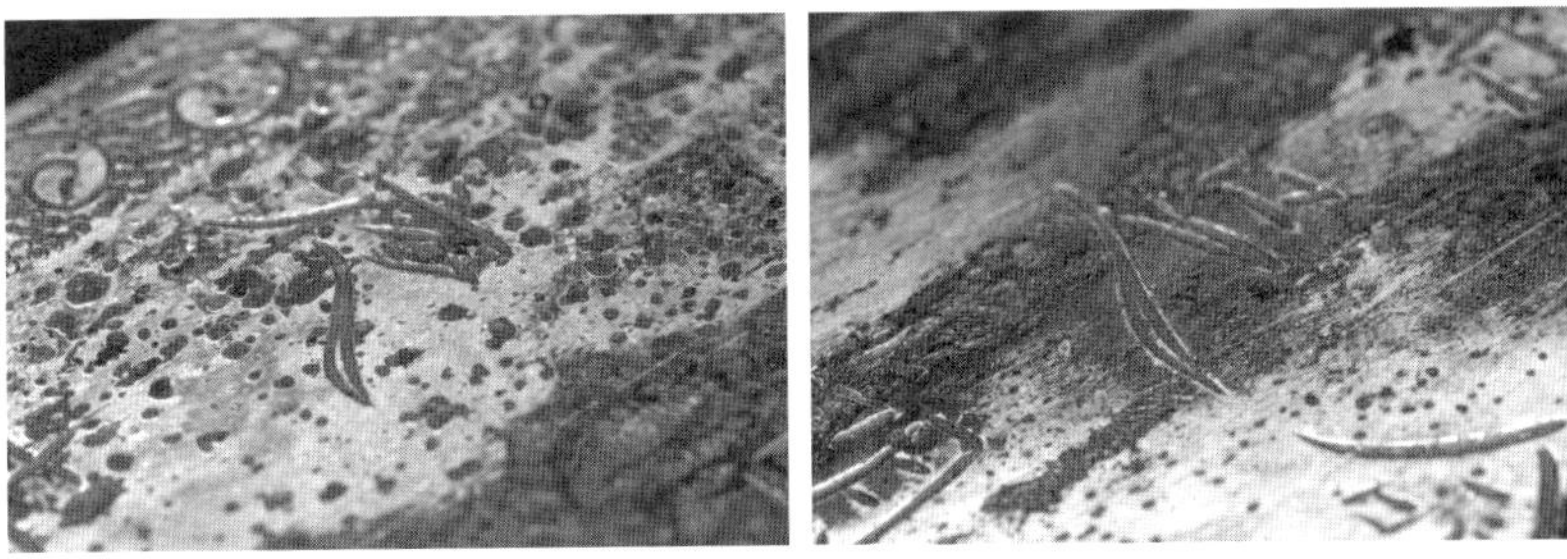

図10　石川年足墓誌（田中紀正氏所蔵）の籠字表現

先生は西本願寺鐘に関する論考を暖めておられたようで、その中に筆者の拙文を挿入したいと仰っていた。二〇〇二年三月二日先生は天国へ旅立たれた。先生の論考がどのようなものであったのか、今は知ることはできない。

（注）

（1）①姫路三慧　一九四一「石山本願寺の鐘」『上方』一二四号、②坪井良平　一九七〇『日本の梵鐘』角川書店、同一九七二『日本古鐘銘集成』角川書店

（2）清水卓夫・藪田嘉一郎・川勝政太郎・佐々木利三　一九四二「京都古銘選釈五、西本願寺銅鐘（舊広隆寺銅鐘）」『史迹と美術』一三の五

（3）鈴木勉・今津節生　一九九八「三角縁神獣鏡の精密計測の必要性について」『青陵』九九号

（4）坪井良平　一九七〇『日本の梵鐘』角川書店、87頁

（5）鈴木勉　一九九七「斑鳩・藤ノ木古墳出土鞍金具の金工技術と技術移転」『橿原考古学研究所紀要考古学論攷』第二一冊

（6）杉山洋　一九九五『日本の美術一二　梵鐘』至文堂　同一九九九「梵鐘の話（三）曹渓寺鐘について」『梵鐘』第一〇号

（7）鈴木勉　二〇〇三「歴史で見る日本人の特性が国際的競争力となるか」『高度職業訓練が担う日本に遺すべき技能についての調査研究報告書』職業能力開発大学校能力開発研究センター

3　蘭渓道隆と物部重光の建長寺鐘立体へラ押し陽鋳銘
──宋の高僧の要求に応えた新しい文字の技術──

（1）建長寺鐘銘の美しさ

鎌倉市山ノ内の建長寺鐘楼に懸かる鐘は、建長七年（一二五五）の陽鋳銘を持つ当代随一の名鐘である。この鐘製作のプロジェクトリーダーである鋳物師物部重光は、「鎌倉鋳物師頭領物部氏の第一代となる人物」といわれ、その出自は河内鋳物師にあるとの説もあるが定かではない。重光以後、季重、国光、依光、守光、道光、信光、光連と続く物部氏は百数十年の間、相模国とその周辺で活躍を続ける（表1）。物部氏の手になる鐘は、鐘身の曲線、竜頭の躍動感、上帯飛雲文、下帯唐草文の美しさなどあらゆる点で称えられ、当代の一級の出来映えと評されるものばかりである。そうした工芸的評価は、赤星直忠氏の「鎌倉の古鐘」で実質的には定着をみたものであるが、本稿では、赤星氏が「しかもその文字の美しいこと、拓本にとりながら何と美しい文字かと感心せざるを得なかった。習字の手本にしてみたい位である」と賛嘆し、加藤諄先生が「宋風ことに張即之流の、しかも凛然たる渡来僧の精神力、鐘銘陽鋳文の上にも通じていることがわかる」と評した建長寺鐘の見事な銘文が生み出された背景について考えてみたい(1)。

（2）蘭渓道隆

建長寺鐘銘に「本寺大檀那相模守平朝臣時頼」とあるのは第五代執権北条時頼である。また、「建長禅寺住持宋沙門道隆」とは、寛元四年（一二四六）に宋より来朝した蘭渓道隆すなわち大覚大師のことで、建長寺の開山である。

蘭渓道隆の来朝については、自ら志したとも、時頼の招請に応えたものともいわれるが、いずれにしても、博多、京都を経て宝治二年（一二四八）鎌倉へ入った道隆を、時の最高権力者時頼は至高の礼をもって迎えた。蘭渓道隆を北条氏の寺ともいえる常楽寺へ迎えてまもなく、時頼は、道隆を開山に据え、建長寺を建立するよう動き出している。その後は表2に見るように、一気呵成に建長寺を完成させる。そこに至るまで、蘭渓道隆のために時頼が注いだ力の大きさは計り知れない(2)。

建長寺の落慶供養の前から企画されていたであろう建長寺鐘の制作についても、寺の建設と同様、時頼の並々ならぬ情熱が傾けられたに違いない。そうした経緯にあって、建長寺鐘銘は蘭渓道隆その人が自ら撰した。また、加藤諄先生が指摘されたように、蘭渓道隆自ら書丹したものに違いない。

禅の教えを広める上で、師の表した書と文の意味は限りなく重い。それだけの書、いや、書ばかりでなく、蘭渓道隆の思想の全てを表わす銘文を、如何にして梵鐘銘として表現するかという命題が、鋳物師物部重光に与えられたのである。

（3）物部重光

建長寺鐘は当代最大の力をもって作られた鐘である。その制作を担当した鋳物師が大和権守物部重光であるから、重光は鎌倉鋳物師を束ねる立場にあったのであろう。また、建長寺鐘の一〇年前の寛元三年（一二四五）に、重光は埼玉県都幾川村に残る慈光寺鐘を完成させている。

慈光寺鐘鋳成の三年後、建長寺鐘鋳成の七年前の宝治二年（一二四八）に作られた常楽寺の鐘は、建長寺鐘と同じ時頼が寄進者であるが、銘文の撰者は藤原行家、鋳物師の名は記載がない。加藤諄先生は「刀筆に課して以て銘文を刻す」と銘文にあるを以て書者も行家その人ではないかと推察されている(3)。かつて、この鐘の鋳物師を重光とする説もあっ

表1　12世紀～14世紀の陽鋳銘を持つ梵鐘と物部鋳物師が製作した梵鐘

県別	存亡	名称	所在	銘文陰陽	文字技術	鋳物師名	紀年	西暦	備考
静岡	存	袋井市出土鐘	袋井市教育委員会所管	陽	ヘラ		平治2年	1160	
奈良	存	金峯山寺鐘	吉野郡吉野町	陽陰	ヘラ		永暦元年	1160	
奈良	存	玉置神社鐘	吉野郡十津川村	陽	ヘラ		応保3年	1163	
兵庫	存	徳勝寺鐘	神戸市生田区中山手通8丁目	陽	ろう	尊智聖人	長寛2年	1164	
京都	存	西本願寺鐘	京都市下京区堀川通	陽陰	ろう		(永万元年)	1165	篭字陰刻
和歌山	存	泉福寺鐘	海草郡美里町	陽	ヘラ		安元2年	1176	
島根	存	鰐淵寺鐘	平田市別所	陽	ヘラ		寿永2年	1183	
大阪	存	長宝寺鐘	大阪市住吉区平野新町	陽	ヘラ		建久3年	1192	
茨城	存	等覚寺鐘	土浦市大手町	陽	ヘラ		建永元年	1206	
京都	存	称名寺鐘	宇治市東笠取	陽	ヘラ		承元四年	1210	
和歌山	存	金剛三昧院鐘	伊都郡高野町	陽	ヘラ	多治比則高	承元4年	1210	
福岡	存	東禅寺鐘	鞍手郡若宮町湯原	陽	ヘラ	坂田家守	建保3年	1215	池の間１区
京都	存	広隆寺鐘	京都市右京区太秦峰岡町	陽	ヘラ		建保五年	1217	
和歌山	存	弘法寺鐘	伊都郡高野口町	陽	ヘラ		承久3年	1221	
香川	存	千光院鐘	高松市屋島	陽	ヘラ	土師宗友	貞応2年	1223	
奈良	存	千光寺鐘	生駒郡平群町	陽	ヘラ		元仁2年	1225	
神奈川	存	星谷寺鐘	座間市座間町	陽	ヘラ	源吉国	嘉禄3年	1227	
愛知	存	勝善寺鐘	蒲郡市阪本	陽	ヘラ		寛喜2年	1230	ヘラ埋け込み
兵庫	存	浄橋寺鐘	西宮市塩瀬町	陽	ろう		寛元2年	1244	
埼玉	存	慈光寺鐘	比企郡都幾川村西平	陽	ヘラ	物部重光	寛元3年	1245	
奈良	存	金剛山寺鐘	大和郡山市矢田町	陽	ろう	土師宗貞	寛元4年	1246	
神奈川	存	常楽寺鐘	鎌倉市大船　国宝館	陰	毛彫		宝治2年	1248	藤原行家撰
神奈川	存	建長寺鐘	鎌倉市山ノ内	陽	ヘラ	物部重光	建長7年	1255	蘭渓道隆撰書
埼玉	存	養寿院鐘	川越市元町2丁目	陽	ヘラ	丹治久友	文応元年	1260	
埼玉	存	聖天院鐘	入間郡日高町新堀	陽	ヘラ	物部季重	文応2年	1261	
山口	存	防府天満宮鐘	防府市宮市	陽	ヘラ	沙彌生蓮	文応2年	1261	
神奈川	存	長谷寺鐘	鎌倉市長谷	陽	ヘラ	物部季重	文永元年	1264	
兵庫	存	金蔵寺鐘	朝来郡生野町	陽	ヘラ		文永4年	1267	
山口	存	極楽寺鐘	玖珂郡周東町	陽	ヘラ	依継？	文永9年	1272	
山梨	存	久遠寺鐘	南巨摩郡身延町	陽	ヘラ	沙彌十念	弘安6年	1283	
千葉	存	小網寺鐘	館山市出野尾	陽	ヘラ	物部国光	弘安9年	1286	
神奈川	存	国分尼寺鐘	海老名町国分	陰	毛彫	物部国光	正応5年	1292	
神奈川	存	東漸寺鐘	横浜市磯子区杉田町	陰	毛彫	物部国光	永仁6年	1298	
埼玉	存	喜多院鐘	川越市小仙波	陽	ヘラ	源景恒	正安2年	1300	
朝鮮	存	久遠寺鐘	南巨摩郡身延町	陽	ヘラ		13世紀	1300	
神奈川	存	称名寺鐘	横浜市金沢区寺前町	陰	毛彫	国光・依光	正安3年	1301	宋慈洪書 沙彌円種述
神奈川	存	円覚寺鐘	鎌倉市山ノ内	陰	立体	物部国光	正安3年	1301	
静岡	存	清見寺鐘	清水市興津町	陽	ヘラ		正和3年	1314	
奈良	存	増賀堂鐘	桜井市多武峰	陽	ヘラ		元亨3年	1323	
和歌山	存	青岸渡寺鐘	東牟婁郡那智勝浦町	陽		河内介弘	元亨4年	1324	
神奈川	存	妙光寺鐘	横浜市戸塚区瀬谷町	陰	毛彫	物部守光	正中2年	1325	
兵庫	存	蓮光寺鐘	洲本市上内膳	陽			正中2年	1325	
兵庫	存	英賀神社鐘	姫路市飾磨区英賀保	陽	ろう	光吉	正中2年	1325	
山梨	存	広厳院鐘	東八代郡一宮町	陽	ヘラ	大江守光	嘉暦2年	1327	
東京	存	阿弥陀寺鐘	港区広尾	陰	毛彫	物部法名道光	元徳2年	1330	清拙正澄撰書
茨城	存	長勝寺鐘	行方郡潮来町	陰	毛彫	甲斐権守助光	元徳2年	1330	清拙正澄撰書
静岡	存	本立寺鐘	田方郡韮山町	陽	ヘラ		元徳4年	1332	清拙正澄撰書
神奈川	亡	浄智寺鐘銘		陰	毛彫	信光・光連	正慶元年	1332	清拙正澄撰書
岐阜	存	照蓮寺鐘	高山市城山	陽陰	ろう		建武元年	1334	毛彫り
神奈川	存	宝城坊鐘	伊勢原市高部屋	陽	ろう	物部光連	暦応3年	1340	
奈良	存	堀丈夫蔵鐘	吉野郡西吉野村	陽	ヘラ		康永元年	1342	
岩手	存	中尊寺鐘	岩手県平泉町	陽	ろう	藤原助信	康永2年	1343	
神奈川	存	本瑞寺鐘	三浦市三崎町	陽			康永3年	1344	
神奈川	存	東慶寺鐘	鎌倉市山ノ内	陰	毛彫	物部光連	観応元年	1350	
神奈川	存	清浄光寺鐘	藤沢市西富	陽	ヘラ	物部光連	延文元年	1356	
千葉	存	小松寺鐘	安房郡千倉町大貫	陰	毛彫	物部宗光	応安7年	1369	
相模	亡	瀬戸明神鐘銘		陰	毛彫	物部國盛	応安7年	1374	
東京	存	深大寺鐘	調布市深大寺	陰	毛彫	物部宗光	永和2年	1376	

ヘラ・・・ヘラ押し陽鋳銘、ろう・・・ろう製原型埋け込み陽鋳銘

表２　蘭渓道隆と物部重光に関する年表

寛元三年（1245）	埼玉県都幾川村慈光寺鐘鋳成（鋳物師物部重光）
寛元四年（1246）	蘭渓道隆来朝
宝治二年（1248）	時頼、常楽寺へ鐘を寄進
同年	蘭渓道隆、常楽寺住持となる
建長三年（1251）	建長寺の入佛供養
建長四年（1252）	鎌倉大仏鋳造開始
建長五年（1253）	後深草天皇より建長寺の勅額下賜
同年	建長寺落慶供養
建長七年（1255）	建長寺鐘鋳成（鋳物師大和権守物部重光）

たが、その根拠は定まっていない。

また、重光が鎌倉大仏の制作にかかわり、それによって大和権守の称号を得たのではないかとの推定もある。『吾妻鏡』によれば、鎌倉大仏の鋳始めは建長四年（一二五二）のこととなる。大仏には体部七〜八段、頭部五〜六段に分けて順に鋳造していった痕跡が残っているのだが、一段を鋳込む毎に長い期間の鋳型の乾燥工程が必要なので、最短でも数ヶ月から半年はかかるものと考えられる。全部で十数回の鋳込みが完了するには五〜六年以上の期間を見込む必要がある。となれば、建長寺鐘と鎌倉大仏は同じ鎌倉の地で平行して制作が続けられていたのであろうし、建長寺鐘は、鎌倉大仏の完成前に出来上がっていたと見なければならない。したがって重光が大仏制作の功によって昇進したとの見方は妥当ではない。(4)

以上のように見てくると、重光の作品で今に遺るものは慈光寺鐘と建長寺鐘の二点のみということになる。この二鐘に共通する特徴的な技術の一つとして、ヘラ押し陽鋳銘を挙げることができる。どちらも銘が浮き立って見える素晴らしい出来映えであり、おそらくは重光が最も得意とした技術であったに違いない。

慈光寺鐘は姿も美しい、素晴らしい梵鐘ではあるが、慈光寺鐘をして時の鎌倉幕府を代表するほどの作とするのは難しい。世の名鐘・建長寺鐘の制作に至る一〇年の間に、重光に大いなる技術的成長の機会があったと考えられるのである。それはどういったものであろうか。

（4）書の四次元性と上代の鐘銘

書は形態だけの二次元的（平面的）な表現であると考えられてしまうこともあるが、形態に加えて「深さ」や「時間の流れ」の要素を併せ持っている。それを書の四次元性（立体＋時間）と呼ぶ。同じかたちの文字線でも、筆力のある人が書いた書と、単にかたちをなぞった書との間に表現力の違いがあり、それが文字線の「深さ」や「時間の流れ」によるものであることを私たちは知っている。その四次元性の中で書者の様々な感情や意思が表現される。真筆が評価され、印刷などによる複製物が評価されないのもそうした理由に依るのであろう。

我が国における最古のヘラ押し陽鋳鐘銘は、京都妙心寺鐘銘である（本書第四章1の図4）。この銘の下書きの書は豊かなものであったと思われるが、それを鋳型に転写した工人に、書の四次元性に対する理解があったとまでは感じることができない。人の目に触れにくい鐘身の内面に鋳出された銘文であることからすれば、文字の表現力を重視する必要もなかったのかもしれない。

この時代の金属への文字の技術としては、金銅仏の制作技術と共に六世紀末に我が国にもたらされた毛彫り技術がある。この技術は、その後我が国で独自に発展進化し、「時間の流れ」を表現するまでの高みに上り（第三章参照）、墓誌などに用いられ（巻頭図版1～8）、引き続いて鐘銘にも用いられるようになる（巻頭図版4）。鐘銘には、毛彫りと平行してヘラ押し陽鋳銘の技術が用いられる。

ヘラ押し陽鋳銘は、生乾きの鋳型にヘラを押し込んで陰文とし、鋳造後陽文となる技法である。近現代では書丹した薄紙を濡らして裏返しに貼り付け、それに従ってヘラで押し込んでいく。しかし、時間の流れや動きを表現することに適さず、文字線の断面も丸みを帯びるために「深さ」の表現も難しい。上代金石文のヘラ押し陽鋳銘はどれも文字の二次元的（平面的）表現にとどまり、この技法特有の穏やかな表現になっている（図2、3）。

図２　剣神社鐘銘
（770年）▲

図３　金峯山寺鐘銘
（1160年）▲

図４　奈良県金剛山寺
（矢田寺）鐘銘（1246年）▲

図５　兵庫県浄橋寺鐘銘
（1244年）▲

図６　茨城等覚寺鐘銘
（1206年）▲

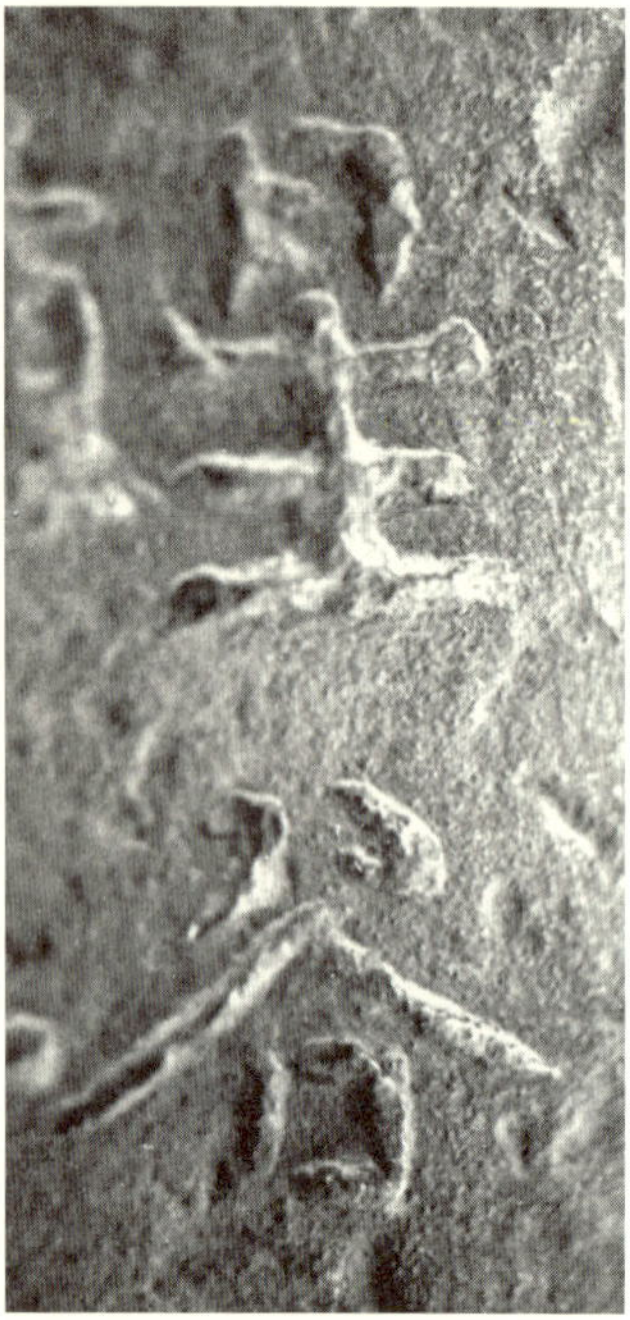

図７　星谷寺鐘銘
（1227年）▲

九世紀になって創案された文字の技術に「ろう製原型埋け込み陽鋳銘」がある。同じ陽鋳銘でありながら、その特質はヘラ押し陽鋳銘とは大いに異なる。本書第四章１に筆者等の再現実験の結果を示したが、その視覚的効果の違いは歴然としている。ろう製原型埋け込み陽鋳銘は、ろう板を下書きの文字線の輪郭に沿って刀子で切り抜くので、文字線のかたちの再現性に特に優れている。また、文字を豪華に強く表現してその象徴性を強調するには大変適した技法である。しかし、書の四次元性の再現という点では大きな弱点がある。書の四次元性のうち、「深さ」や「流れ」を表すのは文字線の一本一本に見られる質感や色調などを含めた微細な変化である。ろう製原型埋け込み陽鋳銘では文字線のかたちを忠実に再現しようとするために、その他の微細な要素は切り捨てられているといえよう。ろう製原型埋け込み陽鋳銘は池の間の面から陽出しているのであるが、実は平板な文字線がほぼ同じ高さに陽出しているのであって、文字線自体が「立体表現」されているのではない。立体表現とは、対象物の凹凸・深浅をそれに代わる手法によって表現することである。その意味でろう製原型埋け込み陽鋳銘はそれに当たらないと筆者は考えている。少なくとも、ろう製原型埋け込み陽鋳銘の工人たちに、文字線を立体的に表現しようという意図は認められないのである。

ろう製原型埋け込み陽鋳銘の技術は、栄山寺鐘銘で使われて以後、なぜか一時歴史から姿を消した。それから約二五〇年を経て兵庫県徳勝寺鐘銘や京都市西本願寺鐘銘で不完全ながらも復活する。そしてそれからさらに数十年後、畿内では奈良県金剛山寺（矢田寺）鐘銘（図4）や兵庫県浄橋寺鐘銘（図5）などのろう製原型埋け込み陽鋳銘の名鐘銘が生まれ、その技術は完全復活を遂げるのである。東国では埼玉県慈光寺鐘が作られた頃のことである。この経緯については前項を参照されたい。ところが、この頃の東国以北では、畿内から鋳物師を呼び寄せて作らせたと考えられる。岩手県中尊寺鐘（一三四三年）を例外としてろう製原型埋け込み陽鋳銘の技術は姿を見せていない。物部氏の登場以前から東国の梵鐘の陽鋳銘には、ことごとくへラ押し陽鋳銘の技術が用いられているのである（図6、7）。しかし、この時代のへラ押し陽鋳銘には書の四次元性を表現しようという意図はまだなかった。

（5）重光の立体へラ押し陽鋳銘の技術

拓本で鑑賞することの多い鐘銘であるが、調査で訪れたときに見る鐘銘とは印象の異なることが多い。特に建長寺鐘銘は、その違いが大きい鐘銘である。自然光による陰影の影響もあってか、鐘楼で見る鐘銘はとても立体的に映る。ろう製原型埋け込み陽鋳銘の栄山寺鐘銘や神護寺鐘銘などのように、圧倒的にその強さばかりが強調されるのとは異なる印象である。それは、おそらく強さから弱さへの変化、大胆さから繊細さへの変化、流れや動きの変化がへラ押しされた文字線に表されているためであろう（図8）。建長寺鐘銘以前のへラ押し陽鋳銘がそうした文字線の様々な変化を表

図8　建長寺鐘銘（1255年）の立体ヘラ押し陽鋳銘

図９　慈光寺鐘銘（1245年）各部分

現し得ていないことと較べれば、その表現力の違いは明らかである。建長寺鐘銘こそ、文字の立体表現と呼ぶのに相応しい。また、前項までに述べたように、神護寺鐘銘や栄山寺鐘銘などどろう製原型埋け込み陽鋳銘は、陽出した文字であるがゆえに立体的表現であるかのように見えがちであるが、実際には二次元的表現にとどまっているのである。そのことからすれば、我が国の金石文の歴史において、陽文を立体的に表現しようとしたのは建長寺鐘銘の物部重光が初めてのことである。

重光が建長寺鐘の一〇年前に製作した慈光寺鐘のヘラ押し陽鋳銘（図９）は、文字線の断面形が丸みを帯びていて、柔らかい表情を見せるが、様々な文字線の変化を表そうとする意図は見えない。奈良時代以来の伝統的なヘラ押し陽鋳銘といえよう。書の四次元性を表現する建長寺鐘銘に至る前の段階の作品と理解すべきであろう。

物部重光が初めて書の四次元性を立体的に表現することに成功したことは、我が国の文字文化を考える上で、とてつもなく大きい出来事であったと評価されよう。筆者はこの技術を「立体ヘラ押し陽鋳銘」と名付けた。

（6）蘭渓道隆らの要求に応えた文字の技術

工人が新しい技術を開発する契機は、何時の時代も社会のニーズによって与えられてきた。重光の「立体ヘラ押し陽鋳銘」の技術を誕生させた背景にも何かがあるはずである。それは、建長寺鐘銘を撰文し自ら書丹した蘭渓道隆その人をおいて他にない。

禅僧の銘と書は、彼を師と仰ぐ人々にとって、師の思想や人となりの全てを凝縮して表すものである。また、書の四次元性は、心の有り様を生涯問い続ける禅僧の書においてこそ最も象徴的に示されるものである。鐘銘であれば、単にその文字のかたちを梵鐘の上に写すのではなく、書の中に凝縮された師の思想の全てを写し取ろうとするものとなろう。また、蘭渓道隆が著した『法語規則』（図10）には、「今後沐浴の日、昏鐘鳴りて二更三点に至る。四更を転じ暁鐘に至る。並に坐禅を要す。堂に帰らず衆に赴く者は罰して院を出す。四更五点の後、聖僧侍者、洗面の桶を収む。五更一点の後、若し洗面する者有らば、罰油一斤、昏鐘鳴りし後、定鐘に至る時、火に向うを許さず。……」などとあり、座禅を中心とした修行僧の一日は、全て鐘声によって制御されていたのである。鐘声は、修行僧をつつむ仏の慈悲であり、師の心の教えだと言えよう。梵鐘とその象徴たる銘文と書は、鎌倉禅にとって特に大きな意味を持つ。

北条時頼の蘭渓道隆を敬する心は深く、その信託を受けた物部重光にすれば、蘭渓道隆の銘と書の全てを、いかにして池の間内に表現するかという、とてつもなく重い責任を負うことになったに違いない。彼が受け継いできた東国の鋳物師のヘラ押し陽鋳銘の技術では、蘭渓道隆の書の躍動感や鋭さなどは表現できるわけもない。建長寺鐘制作の頃、畿内には復活したろう製原型埋け込み陽鋳銘の技術がすでに存在していたが、重光はその技術を用いることはなかった。なぜであろうか？物部氏がろう製原型埋け込み陽鋳銘の技術を手に入れることができなかったことも考えられないことはないが、筆者は、時の鎌倉の力を借りる重光の力からすればそれは当たらないと考えている。

この梵鐘制作の主役は物部重光ではない。時頼であり蘭渓道隆である。殊にこの銘文を自ら撰文し書丹した蘭渓道隆が文字の技術をおろそかにするとは考えられない。近年では内藤湖南は自ら撰文・書丹した群馬県龍源寺鐘銘(5)の制作にあたって文字転写技術、彫刻技術、鋳造技術について精通して様々な配慮をしていたこと、同じく会津八一は自ら撰文・書丹した香川県八栗寺鐘銘の制作あたって、その細部にわたって鋳物師に指示したという(6)。宋の張即之の書の影響を強く受けたといわれるほどの能書であり、己の思想の全てを自書によって次代に残そうとした蘭渓道隆が、己の書を表現する文字の技術に無関心であるはずがない。重光が文字を四次元的に表現するといういまだかつてない新技術を考案するには、発注側の蘭渓道隆の強い要求があったと考えなければならない。立体ヘラ押し陽鋳銘の技術的特徴は、文字線に稜線が通っていることにあるが、これは文字線に高低をつけることと同じ意味を持つ。陰文の場合は深浅で、陽文の場合は高低で、文字線の深さや表情を表す。こうした技術を実現するのは工人の意識であるが、工人の意識を高めるのは高い水準の文字表現を要求する発注者の見識であり、それを支える当時の文字文化である。

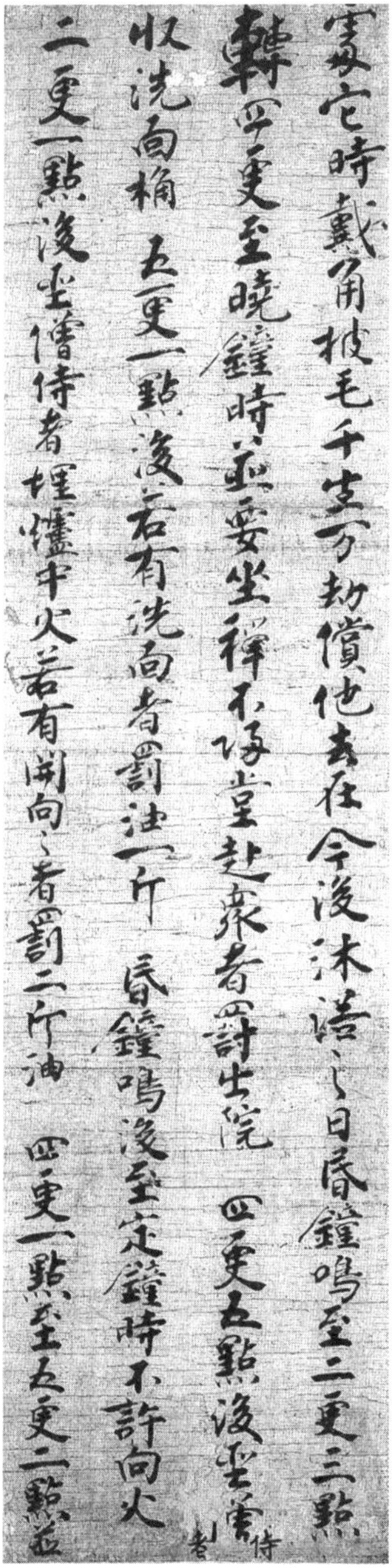

図10　蘭渓道隆が著した『法語規則』

文字のかたちを重視するたがね彫り技術に浚い彫りがある。中国や朝鮮半島の浚い彫り銘には、文字線の断面形をV形にしたものが多くあるが、これは文字線の深浅によって強弱や抑揚を表現しようとしたものと考えられるのであるが（第二章参照）、我が国の上代の金石文には深浅や高低で文字線の強弱や表情を映し出そうとしたものは見あたらない。建長寺鐘銘に見られる文字線に稜線を通して高低を表現しようとする意識こそ、渡来僧蘭渓道隆が宋から持ち込んで、重光に要求した文字の表現であったと考えることができるのではないだろうか。重光はそれに応えようとしてヘラ押し陽鋳銘に改良を加え我が国初めての文字の四次元的表現に成功したのである。

（7）高僧と物部鋳物師

重光以後、百数十年に亘って活動を続ける物部鋳物師で、ヘラ押し陽鋳銘の梵鐘を残した者は四名いる。その全ての鋳物師が歴史に残る見事な鐘銘を作った。その評価を高めている要素の中で、立体ヘラ押し陽鋳銘の美しさ、気高さを第一に挙げなければならないであろう。

物部季重が残した埼玉県聖天院鐘銘（一二六一年、図11）、鎌倉市長谷寺鐘銘（一二六四年、図12）、物部國光の手になる千葉県小網寺鐘銘（一二八六年、図13）、物部光練の伊勢原市宝城坊鐘銘（一三四〇年、図14）と藤沢市清浄光寺鐘銘（一三五六年、図15）は、どれもが見事な立体ヘラ押し陽鋳銘であるといえる。重光が創案した技術が確実に継承されたことがわかる。

物部氏が製作した鐘銘には鎌倉禅の名僧が撰したものが多い。例えば清拙正澄が撰した鐘銘である東京都阿弥陀寺鐘銘（図16）、茨城県長勝寺鐘銘（図17）、静岡県本立寺鐘銘（図18）、相模浄智寺鐘銘（佚亡・図19）の四点を見れば、陰刻・陽鋳に関わらず、どれも清拙正澄の真筆の特徴をよく表していて、清拙正澄書丹の下書きを忠実に転写しようとしていることがわかる。四口の鐘の鋳物師がそれぞれ異なることからすれば、下書きへの忠実さを清拙正澄側がそれぞ

図12　鎌倉市長谷寺鐘銘
（1264年）▲

図11　埼玉県聖天院鐘銘
（1261年）▲

図13　千葉県小網寺鐘銘
（1286年）◀

図14　伊勢原市宝城坊鐘銘（1340年）◀

図15　藤沢市清浄光寺鐘銘（1356年）▲

図16　東京都阿弥陀寺鐘銘拓本（1330年）▲

図17　茨城県長勝寺鐘銘（1330年）▲

れの鋳物師に要求したことが推定できる。禅林の鐘銘は禅僧側からの高い水準の要求があり、それに鋳物師がよく応えたという図式が浮かび上がってくるのである。また、渡来僧からの難しい要求に応えた物部氏ら鎌倉鋳物師の技術への強い探求心と謙虚さが見えてくる。

高い文字文化が生み出した技術の一つが立体へラ押し陽鋳銘であると言えるが、物部氏は鐘銘の陰刻技術においてもこれまでにない見事な作品群を残す。これについては次項で詳述したい。

（注）

（1）次の文献を参照されたい。①赤星直忠　一九五九「鎌倉の古鐘」『鎌倉市史考古編』②坪井良平　一九七〇『日本の梵鐘』角川書店、③加藤諄　一九八八「禅林の鐘銘とその筆者」『日本金石文

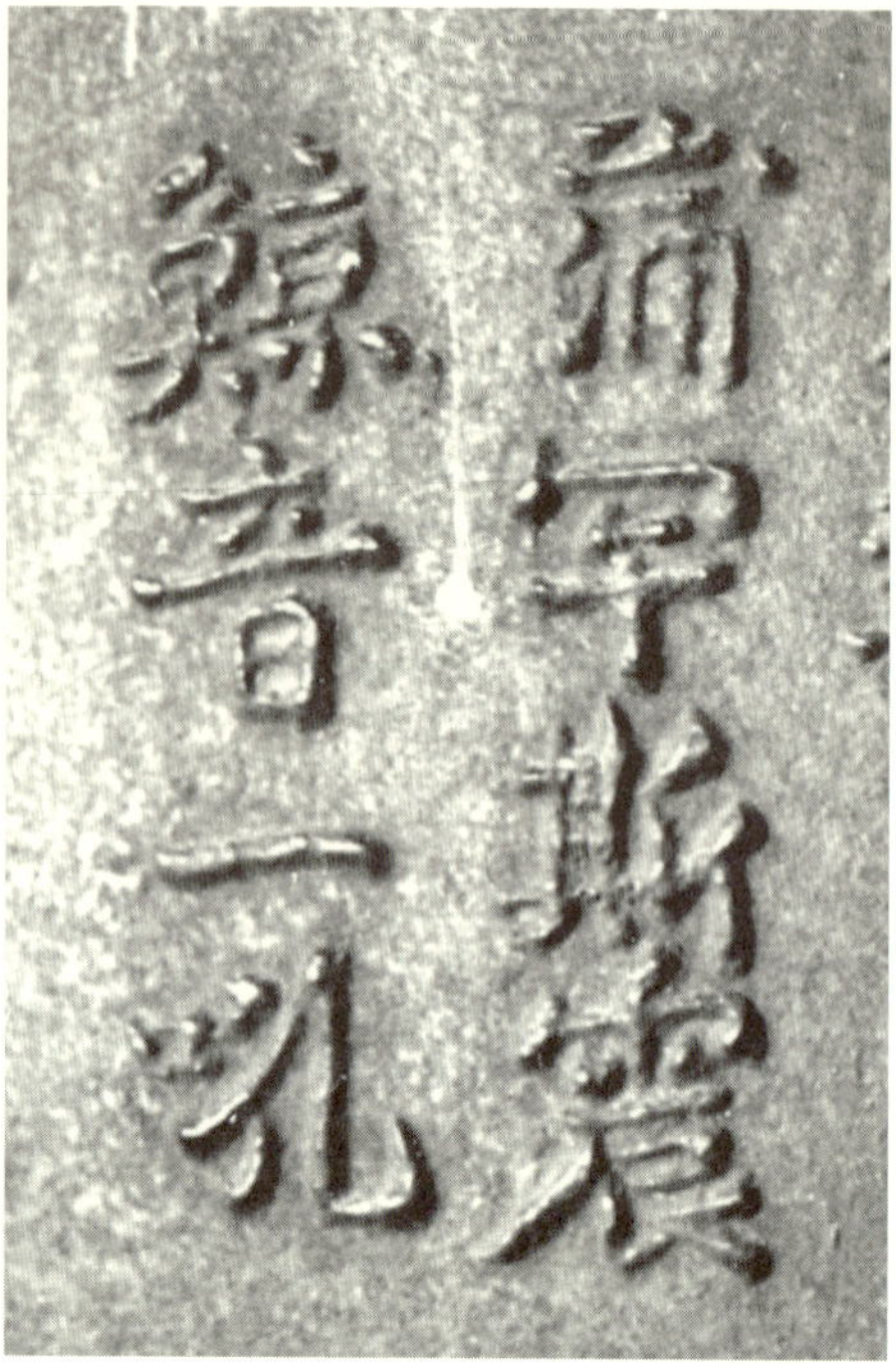

図18　静岡県本立寺鐘銘
（1332年）▲

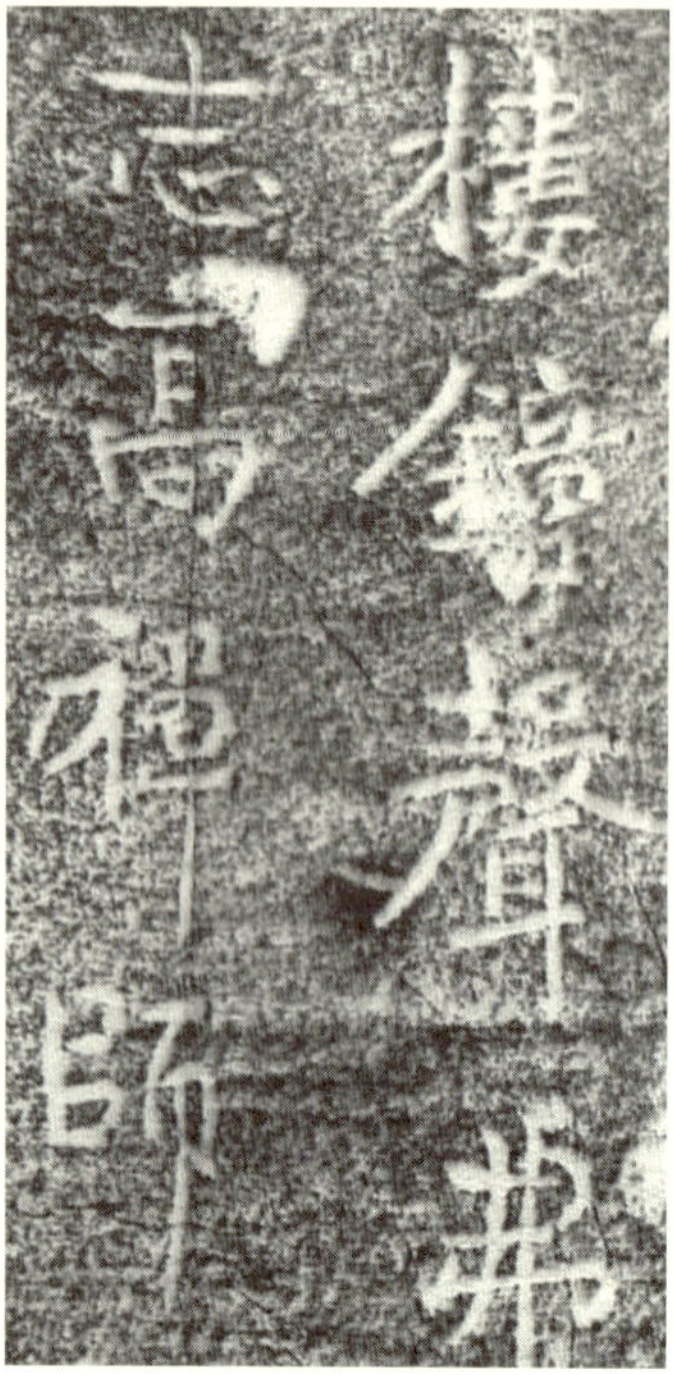

図19　相模浄智寺鐘銘拓本
（1332年、佚亡）▲

学』青裳堂書店

（2）次の文献を参照されたい。①荻須純道　一九六五『日本中世禅宗史』木耳社、②岡部長章　一九五三「北條時頼と蘭渓道隆—特に納経願文の中国二故事を通しての考察」『日本歴史』58、③松尾剛次　一九九九「渡来僧の世紀—建長寺開山蘭渓道隆—」『歴史と地理』五二七

（3）加藤諄　一九八八「禅林の鐘銘とその筆者」『日本金石文学』青裳堂書店、

（4）石野亨　一九七七『鋳造技術の源流と歴史』クオリ

（5）石田肇、鈴木勉　一九八三「「内藤湖南書丹の龍源寺鐘銘について」『書論』21号

（6）①會津八一　一九八二「八栗寺の鐘」『會津八一全集　第7巻　随筆』②加藤諄　一九九八「八栗寺鐘」『歌集　千厓抄』

4　物部國光・磯子東漸寺鐘の毛彫り刻銘技術

（1）毛彫り刻銘技術の盛衰

まずは、磯子東漸寺鐘銘（永仁六年〔一二九八〕図1、2、3）の見事な毛彫り刻銘をじっくりご覧いただきたい。池の間全体を見ただけでも、その書の優れた出来映えは私たちの目を吸い寄せるが、それにも増して、刻銘技術の生きのよさは素晴らしい。どのようにしてこの鐘銘が生まれ出たのであろうか。

図1　磯子東漸寺鐘　永仁六年（1298）

第三章で述べたように、毛彫り刻銘技術が我が国独自に発展し、技術的頂点の一つに登り詰めたのは、八世紀半ばのことである。その優品の例として法隆寺金堂釈迦三尊像光背銘（図4）

図２　磯子東漸寺鐘銘

東漸寺鐘銘

池の間第一区

「久良岐古拓提號曰東漸前
主山僧宗鑑縁契檀門掃蟻、
窟蜂房革爲禅刹憧〃雲水
文武於途然視諸方叢林所
宜有者闕典住山了欽獨病
無洪鐘諭晦明自知一力難
成旁募衆縁得辨大器既就
矣無銘其可也乎」

久良岐の古き拓提、号して東漸と曰ふ。前の主山、僧宗鑑は檀門と縁契し、蟻窟蜂房を掃きて革たに禅刹と為す。憧〃たり雲水武を途に交ゆ。然して諸方の叢林を視るに、宜しくある所に典を欠く。住山了欽独り洪鐘無きを病む。晦明を諭すに自ら一力の成り難きを知り、旁らに衆縁を募りて大器を弁じ得たり、既に就る。銘無きは其れ可なるか

図３　磯子東漸寺鐘銘拓本（加藤諄先生手拓）

池の間第二区
「銘曰
大器圓成　遐邇匇訇　覺夢弧客
息苦幽生　聲不到耳　耳奚到聲
無来無去　非虧非盈　根塵消殞
自他齋平　圓通三昧　觸處洞明
烏回兎転　海晏河清　板畠傳遠
帝基不傾
時永仁六年戊戌孟春望日住山比丘了欽謹
題」

縦帯
「大工大和権守物部国光」

大器圓成　遐邇匇訇
夢から覚む弧客　苦を息む幽生
聲は耳に到らず　耳は聲に到ること奚し
来るものなく、去るものなし
虧くに非らず盈つるに非らず
根塵消殞し　自他齋平す
圓通三昧にして　觸處洞明なり
烏は回り兎は転じ　海晏らかに河清し
板畠は遠くに傳わり　帝基は傾かず
時に永仁六年戊戌孟春望日　住山比丘了欽謹みて題す

や小治田安萬侶墓誌（図５）などを挙げることができる。それらの毛彫り刻銘は書として見ても美しいが、金属を削り取るたがねを使いながら、まるで筆で書いたかのように、もしくはそれ以上に流麗かつ繊細に表現しているのであるから、その技術は神わざの水準にまで達していたということができる。文化史的にも文字や文様の表現を二次元にとどめず、それに深さ（三次元）と時間の流れ（四次元）の表現を加えたことは、東アジア全体を見渡しても我が国独自の表現の創出と見なすことができる。また、文字に四次元的表現を求め、実現させた当時の人々の精神性の高さは驚嘆するばかりである。四次元の世界を線一本で表現しようとする志向は、古墳時代後期の毛彫り表現（藤ノ木古墳出土鞍金具など）、平安の仮名文字、江戸の片切り彫りなどに見られ、日本独自の美意識によって育み、洗練させたものであろう。筆者はそれを

図４　法隆寺金堂釈迦三尊像光背銘▲

図５　小治田安萬侶墓誌（東京国立博物館所蔵）

「流れの文化」と呼んでいる。

しかしながら、技術的頂点に達した毛彫り刻銘技法も、八世紀末にはほとんど姿を見せなくなる。それはまるで、何か強い強制力によって毛彫り刻銘の技法が禁じられたかのように感じられるほどだ。

平安時代、それに代わって栄山寺鐘銘、神護寺鐘銘、西本願寺鐘銘などに代表される「ろう製原型埋け込み法」や、藤原道長経筒などに用いられた「籠字陰刻」、埋納経筒に見られる「蹴り彫り」などの新しい文字の技術が台頭する。いずれの技法もそれぞれに優れた特徴を持っている。世につれて遷り変わる様々な要求に応じて開発あるいは復活させた技術である。しかし、それらは、かつての奈良時代の毛彫り刻銘が志向していた文字の躍動感や時間の流れの表現を捨てて、下書きの文字線のかたちを忠実に再現することを目指す技術であった。つまり、四次元的表現を捨てて、二次元的表現に還ろうとする指向性が感じられる。

八世紀後半以後も、毛彫り刻銘が完全になくなった訳ではない。しかし、その数は極めて少なく、技術的にも文字の三次元的表現や四次元的表現を考える水準にはなく、八世紀後半までの毛彫り刻銘技術の影響下にあるとは、考えられない。文化的・技術的頂点を極めた我が国の毛彫り刻銘技術の技術的伝承は、八世紀末から一二世紀の頃まで一度は断絶したと考えられるのである。

このような我が国独自の文字の技術の大きな変質の原因が、再び中国文字文化の影響を強く受けるようになったことにあるのか、あるいは、仮名文字の開発と普及など我が国の文字を取り巻く環境が変質したことにあるのか、興味は尽きない。この問題は、今後、八世紀から一二世紀にかかる我が国の文化史・技術史上の大きな課題となろう。

（2）物部鋳物師と文字の技術

前々項と前項で、一二世紀後半から一三世紀にかけて畿内近傍の鋳物師たちが平安時代の「ろう製原型埋け込み法」

表１　関東の現存梵鐘（13世紀）

県名	存亡	名称	所在	陰陽	文字技術	鋳物師名	紀年	西暦
茨城	存	等覚寺鐘	土浦市	陽	へら押し		建永元年	1206
神奈川	存	星谷寺鐘	座間市座間町	陽	へら押し	源吉国	嘉禄3年	1227
埼玉	存	慈光寺鐘	比企郡都幾川村西平	陽	へら押し	物部重光	寛元3年	1245
神奈川	存	常楽寺鐘	鎌倉市大船	陰	毛彫り		宝治2年	1248
神奈川	存	建長寺鐘	鎌倉市山ノ内	陽	へら押し	物部重光	建長7年	1255
埼玉	存	養寿院鐘	川越市元町2丁目	陽	へら押し	丹治久友	文応元年	1260
埼玉	存	聖天院鐘	入間郡日高町新堀	陽	へら押し	物部季重	文応2年	1261
栃木	存	五尊教会鐘	足利市小俣	陰	毛彫り		弘長3年	1263
千葉	存	眼蔵寺鐘	長生郡長柄町	陰	毛彫り		弘長4年	1264
神奈川	存	長谷寺鐘	鎌倉市長谷	陽	立体へら	物部季重	文永元年	1264
茨城	存	般若寺鐘	土浦市宍塚	陰	毛彫り	丹治久友	建治元年	1275
千葉	存	本土寺鐘	松戸市平賀	陰	毛彫り		建治4年	1278
山梨	存	久遠寺鐘	南巨摩郡身延町	陽	へら押し		弘安6年	1283
千葉	存	小網寺鐘	館山市出野尾	陽	へら押し	物部国光	弘安9年	1286
群馬	存	熊野神社鐘	碓井郡松井田町	陰	毛彫り		正応5年	1292
神奈川	存	国分尼寺鐘	海老名町国分	陰	毛彫り	物部国光	正応5年	1292
神奈川	存	東漸寺鐘	横浜市磯子区杉田町	陰	毛彫り	物部国光	永仁6年	1298
埼玉	存	喜多院鐘	川越市小仙波	陽	へら押し	へら	正安2年	1300
神奈川	存	称名寺鐘	横浜市金沢区寺前町	陰	毛彫り	国光・依光	正安3年	1301
神奈川	存	円覚寺鐘	鎌倉市山ノ内	陰	薄肉彫り	物部国光	正安3年	1301

図６　小網寺鐘とその銘文

の技術を復活させた一方で、東国では建長寺鐘制作の中心的役割を担った物部重光率いる鎌倉の鋳物師集団が、あえてその技法を用いず、蘭渓道隆ら渡来僧の文字への強いこだわりと要求によって、「立体ヘラ押し陽鋳銘」の技法を開発したことを述べた。

しかし、重光の毛彫り刻銘の梵鐘は現存しない。重光の後の季重が残した埼玉県聖天院鐘（文応二年〔一二六一〕）

図７　国分寺鐘とその銘文

図８　称名寺鐘銘

図９　円覚寺鐘銘

と鎌倉市長谷寺鐘（文永元年〔一二六四〕）、丹治久友が関東で制作した埼玉県養寿院鐘（文応元年〔一二六〇〕）は陽鋳銘である。一三世紀前半の鎌倉の現存梵鐘で陰刻銘を持つものは常楽寺鐘（一二四八年）に限られる。その周辺地域では陰刻銘のものが多く、陽鋳銘は少ないので、重光・季重ら物部鋳物師にヘラ押し陽鋳銘へのこだわりがあったことが推定できる。

　では次に物部姓を継承した国光は、重光・季重が作った物部鋳物師の伝統をそのまま守ったのであろうか？

　国光の銘が残る梵鐘で最も古いものは、陽鋳銘の千葉県小網寺鐘（弘安九年〔一二八六〕）である。国光は、重光、季重が確立した立体ヘラ押し陽鋳銘の技法をしっかり受け継いで、小振りながらも美しい銘文を持つ小網寺鐘を作り上げたのである（図６）。しかし、その六年後の神奈川県国分寺鐘（原・国分尼寺鐘、正応五年〔一二九二〕図７）、一二年後の磯子東漸寺鐘（永仁六年〔一二九八〕）、一五年後の金沢称名寺鐘（正安辛丑〔一三〇一〕図８）と鎌倉市円覚寺鐘（正安参年〔一三〇一〕図９）と続けて毛彫り刻銘の鐘銘を作っている。途中、相模高来寺鐘（弘安十一年〔一二八八〕佚亡）

を作っているが、銘文の陰陽は不詳である。慈光寺鐘（寛元三年、〔一二四五年〕）以来、二代にわたって物部鋳物師が固執してきた立体ヘラ押し陽鋳銘から離れて、国光は敢えて毛彫り刻銘の技法を採用し続けるのである。そして、そのどれもが特別に高い水準の毛彫り刻銘技術であることが注目に値する。

文字が凹んでいる毛彫り刻銘は、陽出している陽鋳銘に比べれば派手さがない。しかし、国光の残した毛彫り刻銘の数々は、重光や季重が残した優れたヘラ押し陽鋳銘と比べても、決して引けを取らない、堂々たる力強さを持ち、なおかつ陽鋳銘では難しい流れや躍動感を表現している。派手さを捨て、文字の四次元性の表現を求めて、国光は毛彫り刻銘技法を選択したと考えられるのである。

これほどの存在感を持つ毛彫り刻銘は、奈良時代の墓誌などの毛彫り刻銘が廃れた後の我が国の金石文には見あたらない。姿を消して久しい四次元の表現力を持つ毛彫り刻銘技術がここにおいて復活したというべきであろうか。あるいは、国光らが創出した技術が、偶然にも奈良時代に消えた毛彫り刻銘技術に近い水準のものであったと考えるべきであろうか。

(3)「了欽謹題」

国分寺鐘銘（原・国分尼寺鐘）には、大壇那が源季頼、願主は源季久と記されている。しかし、書丹した者の名は刻されていない。東漸寺鐘銘には「住山比丘了欽謹題」、称名寺鐘には「入宋紗彌圓種述、宋小比丘慈洪書」とあり、円覚寺鐘にも「宋沙門子曇謹銘」とある。明らかに書丹した人物がわかるものは称名寺鐘だけであるが、当時の禅宗における僧の書の重要さから考えれば、序や銘を草した僧が自ら筆をふるった可能性は大きい。

東漸寺鐘銘池の間第一区冒頭に、「宗鑑縁契檀門掃蟻窟蜂房を掃き、革たに禅刹と為す」とあり、第二区の末尾に「時永仁六年（一二九八）戊戌孟春望日住山比丘了欽謹題」とある。「蟻窟蜂房」と比喩した荒れ果てた寺を改めて禅刹として開山したのが明窓宗鑑で、それを継いだのが了欽である。

明窓宗鑑は前項に示した建長寺鐘銘の撰書者蘭渓道隆を支えた人である。無学祖元が建長寺住持の時には副寺を勤めた。[1]また、東漸寺詩板には、弘安六年（一二八三）に「赴東漸明窓之招」（東漸の明窓の招きに赴いて）と記された無学祖元の書がある。

東漸寺鐘銘を「題」した了欽の名が、やはり東漸寺に遺されている詩板に七言絶句と共に記されている。[2]

「月明午夜冷於秋
三島十洲一望中
若是眼睛才定動
依前船過海門東」

東漸寺鐘銘に「住山比丘了欽謹題」とある「謹題」が具体的に何を指しているかはわからない。近年の碑などでは「○○題　□□書」と記された例が少なくないが、その場合の「題」は文章を作ったことを現している。それから類推すれば、この序と銘は了欽が作ったものと考えたいところである。しかしながら、その序に「住山了欽獨病」と了欽本人の名が現れる。この名を序に記したのは了欽本人であろうか。殊に最末尾に「謹題」とあるにもかかわらず、了欽自ら序に名を記したということには疑問を感じる。となれば、銘だけを了欽が作り、序は別の人物が担当したか、あるいは、序と銘を別の人物が作り、了欽は揮毫だけした可能性も考えられる。序と銘の作者が異なる例はある。

しかし、序と銘を作った人の名を記さず、揮毫した人の名だけを記すのも不自然である。そう考えると、序は別の人物（その人は了欽の補佐的な立場にいて、実際にこの鐘の制作の中心的な役割を担った人か）が作り、銘を了欽が作って自ら揮毫したと解釈するのが最も無理がないように思える。この銘文にあまりにも見事な筆がふるわれているので、どうしてもその書者を突き止めたい気持ちになる。ここでは了欽の書とすることを許されたい。

ちなみに東漸寺鐘銘の銘の部分は全て八庚で押韻されている。一方、詩板に残された了欽の七言絶句は承句と結句では一東の韻であるが、起句の「秋」は一一尤の韻である。日本人は発音が解らないため規則によって押韻することを学ぶので、韻を敢えてはずすことは難しい。となれば、了欽は渡来僧か。

いかに了欽の書が優れていたとしても、それを青銅の上に表すのは生やさしいことではない。この銘文はたがねで一刀彫りにされているが、たがねの技は正に神わざ的な水準にあるといえる。了欽の筆力がたがねを使う工人に大きな力を与えたことは想像に難くないが、そこは技術のことであるから、精神の力だけでどうにかなるものではない。純粋に技術的な裏付けも求められるであろう。では、どういう力が結集して、これだけの優れた毛彫り刻銘技術が復活（?）したのであろうか。

（4）鎌倉時代の鉄製工具

日本の金工史において、もっとも重大な出来事といえば、平安時代末期から鎌倉時代にかけて、列島人が初めて金属を自由に操ることができるようになったことだと、私は考えている。それを示す最も象徴的な金工品が、刀剣への彫りくずしによる文字彫刻であり、文様彫刻である。

周知のように鉄は金属時代の王である。ほとんどの金属は鉄製の工具によって加工される。それだけではなく、鉄より固い石も骨も鉄製の工具によって切断される。突き詰めれば、鉄製の工具で鉄を加工することは、金属時代に生きる技術者に共通する大きな到達点の一つである。

我が国では三～四世紀に初めて鉄に線（溝）を彫ることができるようになり、続いて五世紀になって鉄剣への象嵌が行われるようになる。しかし、このころまでは、線を彫るといってもたがねで打って凹ます加工法（塑性加工という）

であった。我が国において、鉄製工具で鉄を削って溝を作ること（切削加工という）ができるようになるのは八世紀に入ってからのことである。しかし、それでも細い一本の線を彫るのが精一杯であった[3]。

このように鉄製工具を使って鉄を加工した例を追って行くと、ようやく一二世紀から一三世紀にかかる頃になって、刀身へ彫刻が施される。それも、文字や文様の周囲を削り取ることで、それを浮き立たせる効果を持つ「彫りくずし」（近世の技法の名称）によって造形されたのである。「彫りくずし」は鉄を大量に削り取るので、特に優れた性能の鉄製工具（たがね）が必要である。そうして作られた鉄製工具は正に「万能の鉄」と言える。一三世紀は、列島人が初めて鉄を自在に加工することができた記念すべき時代である。工具の観点から言い換えれば、私達の祖先が初めて鉄を自在に削るたがねを獲得したのである。

（5）東漸寺鐘銘の毛彫り刻銘技術の凄さ

東漸寺鐘の毛彫り刻銘は、たがね彫りとしては大きな文字である。奈良時代の我が国の毛彫り刻銘の文字の大きさはその半分以下である。青銅は鉄より少し軟らかいが、工具や武器にも利用できる硬さを持つ。青銅に太く線を彫り、尚かつ、筆意を表現するために、たがねに無理を強いる。例えば、筆画の進行方向に対して直角に近い角度で彫り始め、そして捻る、曲げる。甚大な無理な力（これを曲げ応力という）をたがねの先端に掛けていることになる。たがねにとっては鉄を削り取るのに匹敵する負荷である。それに耐えるだけのたがねを獲得することが、東漸寺鐘銘が生まれる技術的条件の一つであった。

図2の東漸寺鐘銘をもう一度ご覧いただきたい。そのたがね痕から、グイグイと進むたがねの様子が見て取れるが、事実、ものすごい勢いで彫り進めている。その力強さと切れ味は絶品である。その場面を接写するごとく想像すれば、そのたがねの頭を強く打ち付ける大きな金槌と、その衝撃力に必死に耐えているたがねの刃先の姿が浮かんでくる。刃

先は尖っているので、大きな衝撃力を集中的に先端の微細な部分に受ける。技術的なすごさは、実はそこにある。鎌倉時代は、金工史の上では、そうした強靱な鉄製工具が使われるようになった時代である。

物部国光とその工人集団が、大きな文字を毛彫り刻銘する技術を獲得したことは重要である。それまでの物部鋳物師やその他の東国の梵鐘鋳物師の中に、その技術を持っていた形跡はない。当時、大きな文字を毛彫りする技法は、畿内とその周辺で作られた梵鐘の銘文に用いられていた。それらが国光らに影響を与えた可能性は否定できないが、畿内には東漸寺鐘銘や称名寺鐘銘ほど高い水準の毛彫り刻銘は見られない。となれば、禅僧からの文字に対する強い要求があってのことと考えられる。国光の毛彫り刻銘技術は、渡来僧を中心とした鎌倉禅僧の高度な要求と、家伝の立体ヘラ押し陽鋳銘に留まることなく書の四次元的表現を追い求めた国光らの高い志との融合によって生まれ出た新たな文字の技術であり、新たな文字の文化だといえよう。

この鐘銘拓本に初めて触れたのは、東京阿佐ヶ谷にあった恩師加藤諄先生宅の二階で、先生蒐集の五〇〇点に及ぶ古鐘銘拓本の目録作りの勉強をさせていただいていた日のことであった。目録作りは、最北の青森県長勝寺から始めて、次第に南へ向かって進めたが、一日にせいぜい三点程度の進行具合であるから、その勉強を始めて二、三年経ったころのことであろう。

磯子東漸寺鐘銘の拓本を広げて、思わず感嘆の声を挙げたのを覚えている。そのころ私は、とにかく書が好きであった。彫金の勉強を始めて五、六年経ったころであったので、文字を金属に美しく彫ることの難しさは身に沁みて感じていた。磯子東漸寺鐘銘を見たときの驚きは、今でも忘れられない。加藤諄先生は或る日私に対して「文字の技術史」をライフワークにするよう指導して下さった。そのきっかけの一つが、この鐘銘との出会いであった。この神わざのような文字の技術をしっかり語り伝えたいと思っている。

（注）

（1）関口欣也　一九八三「武蔵東漸寺とその釈迦堂」『佛教芸術』151号

（2）坪井良平　一九八三「横浜市杉田東漸寺の詩板と梁牌」『歴史考古学』一二

（3）鈴木勉　二〇〇三「彫金」『考古資料大鑑7』千賀久・村上恭通編、小学館

（参考文献）

岩越二郎　一九五六「古久良岐郡の東漸寺鐘」『史迹と美術』二七―四

坪井良平　一九七六「鎌倉時代の梵鐘鋳物師」『月刊文化財』三／七六

坪井良平　一九六七「中世相模梵鐘鋳物師考」『金澤文庫研究』一三―一〇〜一一

厚木市　一九九九『厚木市史　中世通史編』

立田三郎　一九九二『鋳物師銘譜』

第五章　文字の技術とその分類

1　書くこと、彫ること

文字はその何千年の歴史の中で、木や紙ばかりでなく、あらゆる素材に様々な道具を用いて描かれてきた。文字について論じる時には紙に筆で書かれた文字を論じることが多いが、それは、文字の歴史の中では、ほんの一部にすぎない。その他を見れば、石にたがねで刻され、木にのみで彫られ、布に織りこまれ、土にヘラで描かれ、鋳物に鋳込まれと、その種類は数えきれない。そしてそれらは、紙に書かれた文字と同じように、時にはそれ以上に、大きな役割を果たしてきた。その文字や文章は長い時間の壁を越えて私たちに往時の文化を伝える貴重な歴史的資料となっている。

〈書かれた文字と刻まれた文字〉

古代の文字を論じるのに、石や金属に刻まれた文字であっても、筆で書かれた文字のように取り扱われてしまうことがある。まるで、石や金属に直接筆で刻まれたかのように。というのも、現代における文字の彫刻は、筆文字の下書きに倣って刻されることが多く、でき上がった文字は、一見、筆文字そっくりに見えるほど現代の技術レベルは高い。そのため、現代の眼で古代の技術を見てしまうと、筆で刻まれたかのように思ってしまうのも致し方ないところであろう。しかしながら、古代にあっては、筆で下書きされたかどうかも定かでなく、仮に下書きされたとしても、それに似せて彫ることはやさしいことではなかった。したがって従来、金石文を見る時に「筆意」と呼ばれていたもの、すなわち線の肥痩やなめらかさなどは、文字を刻んだ工人の技量に依存する部分が多かったはずである。工人にとって、下書きの文字はあくまでも下書きであって、彫刻する際の単なる目安に過ぎないし、仮に下書きの文字のかたちに忠実に彫れたとしても、それが文字表現の忠実な再現になるわけではない。石への彫刻には、石なりの表現技術があり、金属への彫刻には、金属なりの表現技術がある。筆で書かれた文字が表現しているものを、工具と腕を通して再現しようとしても、そこには自ずと技術的限界がある。工人は当時の社会の、あるいは工人個人の技術的限界の中で、石なり、金属なりの文字の形や線を、作り上げたと考えるべきである。金石文学では、能書家に依存する筆意と共に、工人に依存するたがねやヘラの使い方、即ち「刀意」についても、検討する必要がある。

また、金石文には、紙に遺された文字とは異なる、様々な物理的特質が現れる。素材の錆化、風化、欠損などがもたらす文字形状の変化や、刻々と変わる光の射す角度、光量、光の色が生み出す文字の陰影、素材自身の持つ肌や色や硬さによって演出される文字の表情などがそれである。金石文が、平面的な表現と規定されがちな紙に書かれた文字とは、異なった見方をされるのも、素材や自然がもたらす物理的条件と、それにもとづく文字の三次元的表現とがあいまって表出する、一種独特な文字の世界が、そこに生まれるからであろう。

〈書く人と文字の技術〉

石や木や金属への書丹の際に、注意しなければならない問題の一つに、平行する文字線の接近の問題がある。図1は明治時代の石碑の文字であるが、「補」の「ネ」の文字線と文字線が接近して、欠損が生じていることがわかる。また、「學」の「子」の部分にも欠損が見える。これは、近接する文字線と文字線の間に挟まれた石材が小さくなりすぎて、弱くなり、欠けてしまったのである。石に限らず、木でも、金属でも、彫り残された素材が小さくなると欠けやすくなる。工人だけでなく、書丹する者もそれを避けるためのいろいろな工夫が求められる。

図2は現代の日本工業規格（ＪＩＳ）に制定されている機械彫刻用書体である。「拓」の「石」では、「口」を右に寄せて「ノ」と「口」の間隔を取っていることが判る。また、「置」では、数が多い横画の間隔を出来るだけ均一にして、部分的に狭くならないようにしている。欠損をさけるために、文字線と文字線が接近しないようにデザインされている

図１　文字線の間の欠損の例

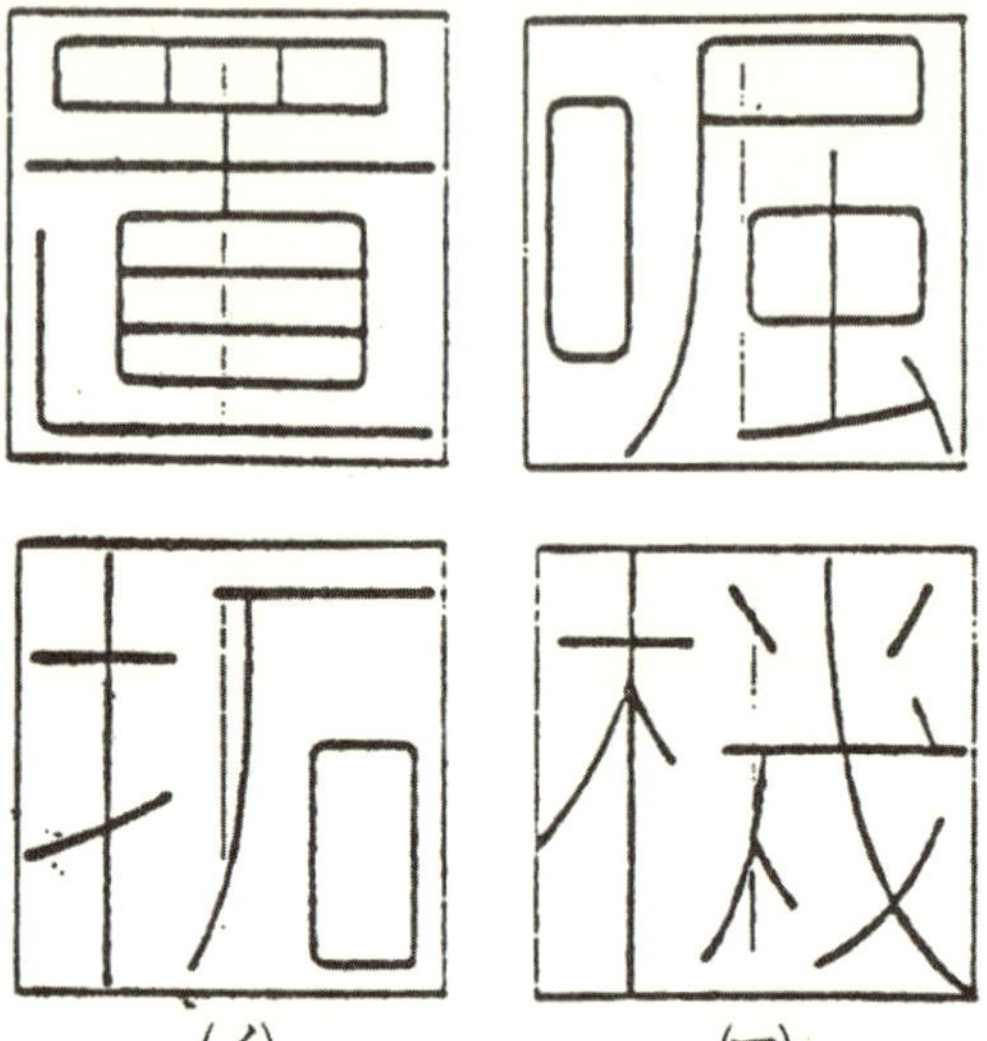

図２　日本工業規格　機械彫刻用標準書体（JIS Z8903）

ことがわかる。「嘱」と「機」では、画数を省略している（図２、ロ）。こうした事例は、古代の金石文にも数多く見られる。

現代の文字の書き手であるデザイナーが、彫刻技術者からのフィードバックによって、デザインに変更を加えることがあるように、古代や中世においても、書き手である能書家が、刻銘工人との連携によって、文字の間架結構に配慮することがあった。さらに、能書家段階で配慮されなかったとしても、刻する段階で工人が、文字の間架結構に（勝手に？）変更を加えたと、推定される事例も多々ある。特に石や金属への刻銘が盛んに行われた時代には、能書家も、刻銘用の工具や器物の物理的性質に精通していたと考えられる。金石文資料をそのような見方で眺めてみると、古代の人達の苦労がしのばれておもしろい。

第四章第三項でも述べたように、東洋学の碩学、内藤湖南は、群馬県龍源寺の鐘の銘を依頼され、それを書丹するに

図3　内藤湖南書丹の龍源寺鐘（佚亡）▲

図4　會津八一先生書丹の八栗寺鐘▲

あたって、鐘銘として残す文字であることに配慮し、さらに技術的な分野にまで立ち入って書丹して、見事な銘文を残した（図3）。また、会津八一先生は、歌碑や梵鐘の為に自ら書丹する際、技術者と綿密な打ち合わせをした上で、文字の間架結構に配慮した（図4）。特に、筆画と筆画の交差が作る角度が、鋭角にならないように配慮されたという。石の欠けを避けるためであろう。會津八一先生の書をそうした視点で見直してみると、緻密な配慮が随所で行われていることがわかる。

金石文において、文字線の周囲の欠けは、誤読の大きな要因となる。古代においても、書丹した人や工人は、それを避ける配慮を当然行っていた。金石文に携わるものは現代においても古代においても、技術的な問題を克服して、より美しい文字を石や金属の上に遺したのである。

2　金石文学における文字の技術の分類

〈分類用語〉

金石文学における文字の技術の分類には、「陽鋳」「陰刻」「籠字陰刻」「陽起」「毛彫り」「線刻」「鏤刻」などの用語が用いられてきた。これらの用語の中には、技術の分類用語のように用いられながら、技術を分類できていないものが多く含まれ、時には誤って用いられていることもある。

考古学や美術史学などでは、技術の分類用語については、技術の現場で用いられていた用語を流用することが多く、それに新たな分類用語を加えて補強しているようである。研究者が、最初に分類を行おうとした時に、技術の現場へ足しげく通って、「テクニカルターム」を理解することから始めるか、あるいは、技術者の直接的な協力を求めることが、基本となっているのであろう。

一方、金石文学では、文字の技術の分類に、技術用語はわずかしか用いられていない。金属や石などに遺された文字を中心に研究する学問であるから、技術の立場からの研究は有効であろう。金石文学では、文章的な解釈や、歴史的な考察などに基づいて、銘文の解読を行う手法が用いられることが多いが、その基礎となる釈文作業、つまり、金属や石などの表面に残された文字や文字線に対して客観的な観察に基づく措定が行われなければならないことは、誰もが認めるところであろう。そして、客観的な観察から、文字を彫刻した当時の技術や工人に対する考察、例えば、文字の下書きの有無、工人の文字に対する理解度などに考えを深めていくのである。

我が国では、古代から現代に至るまで、文字の美しさを模索して様々な技術が考案され、それぞれの時代における、新しい文字の美や文字の価値を生み出してきた。歴史学において文字の技術を分類する目的は、文字文化研究の深化にある。歴史上現れた文字の技術について、その分類を試みるのは、文字の技術と文化の歴史の体系化をはかるためである。

〈形態分類から技術分類へ〉

梵鐘および鐘銘の研究者である坪井良平氏は、鐘銘の技術の種類を、「陽鋳」、「陰刻」、「陽起」、「墨書」の4種に分け、さらに、「陽鋳」については「鋳型に文字を彫り込む」ものと「木型に文字を彫り込んだものを鋳型に押し込む」ものに分け、「陰刻」については「まれに篦字がある」とした。氏は、梵鐘に記された文字の形態や状態、要するに、凸か凹か、あるいは逆字か正字かというところに着目して分類を行った。つまり、文字の形態によって分類したのである(1)。

坪井分類では、鋳造で作られた文字を、すべて「陽鋳銘」としている。氏が研究対象としたのは、慶長以前の日本と同期間の朝鮮半島の梵鐘である。その中の鋳造銘に限れば、文字が「凸」に鋳出された例がほとんどなので、凸を表す「陽」と、鋳造を表す「鋳」の文字を組み合わせた「陽鋳」の語を採用されたのであろう。しかし、広く東アジアの金石資料を見ると、様子が少し異なることに気付く。例えば、中国の殷周青銅器に施された文字は陰文（凹んだ文字）でありながら、鋳造で作られたと考えられている。また、第二章で述べたように、我が国の上代に作られ、これまで陰刻と言われてきた銘文の中にも、鋳造で作られた可能性のある陰文がある。

中国では、陰文を「款（かん）」（「あな、かけているもの」の意）といい、陽文を「識（し）」という。これらは、凸か凹かという文字の形態を示したものであり、技術的な解釈は含まれていない。これに技術的な解釈を敢えて加えて「鋳款」「刻款」の語が使われることがある。

また、「彫る」については、金属に彫ることを「鏤（ろう）」とし、木に彫ることを「刻」とした時代もあったようだ。説文解字によれば「鏤」は剛鉄の意で、現代で言えば工具鋼（刃物用の鉄）であるから、「鏤」からは、金属加工用の工具、すなわちたがねで金属を彫る様がイメージされる。また、「刻」は小刀でしるしを付ける意であるから、金属よりも木に彫る方が相応しい。

陽文（＝識）にしても、陰文（＝款）にしても、技術の分類をするとなれば、もっと細かい分類用語が必要になるため、これまでの文字の歴史用語の中で探すのはおのずと限界がある。そこで、それぞれの技術分野で使われてきた専門用語を導入することになる。

最近の中国の考古学の発掘報告には、刻款の技法に通ずる線彫り（タガネで線を彫る）や透彫りを意味する技法的な表現が見える。線彫りの一種である蹴り彫りは「鏨刻的楔形点連貫成線」、点打ち陰刻は「圓点紋」、透彫りは「鏤孔」と表現されている。まだ研究自体が導入期にあるため、技術の分類用語が固まっていないが、新しい分類用語が模索されるということは、新しい見方、研究方法が提起されつつあるということでもある。技術の歴史は、東アジア全体を視野に入れずには研究が進まない状況にあることから、東アジア各国の研究事情を鑑みながら分類用語の策定をすべきだと思われる。

3　「文字の技術」分類一覧とその事例

〈分類の手順と用語の大切さ〉

文字の技術を分類するにあたって、私は、まず形態による分類を行った（表1）。技術の分類でありながら、形態の分類を最初に行ったのは、研究を進める手順があるからである。文字の技術の研究は、まず観察することから始まるが、その時はどのような技術が使われているかわかっていない。文字が「凸」か「凹」かの形態が見えるにすぎないのである。つまり、研究は形態分類から始めなければならない宿命を持っている。例えば「陽鋳」という分類用語は、研究者自身はその文字が「凸」すなわち陽文であることを示したいだけであるにもかかわらず、判明していない技術を表わす「鋳」の文字を付けてしまっているのである。そうした不適切な分類用語を使ってしまうと、後で改訂するのは難しく、その後の研究に支障をきたすこともある。最も有名な例では、かつて三角縁神獣鏡の研究において、同じ文様を持った鏡の一群を、一つの鋳型（笵）から鋳造したとの意味で、「同笵鏡」と名付けたことがあった。しかし、その後の研究の進展によって、同じ鋳型で鋳造されたものばかりではないことが明らかになっていった。それにもかかわらず、学史的な配慮によって、それらの鏡には、相変わらず「同笵鏡」の名が使われ続けている。そして、「いわゆる」の語を冠して「いわゆる同笵鏡」などのように表記しているのである。このように、その技術がいかなるものか判明しないうちに、技術を含んだ用語を使うと、後で面倒なことになる事例は枚挙に暇がない。

〈形態分類〉

そこで私は、まず銘文を**「陰文」「平文」「陽文」**に分けることにした。**「平文」**は私の造語である。金石の文字には、器物の表面に対して、筆画（文字線）が凹んだ文字と、凸出した文字と、凹みを凸出もしない平らな文字がある。これまでは、平らな文字が分類されてこなかったので、分類用語がなかった。そこで筆者は**「平文」**の語を提案することとする。象嵌銘や、今回は分類の対象としていない染め付けられた文字も**「平文」**に分類される。

線断面図(例)	時期	遺物例(日本における初例)	東アジアにおける例
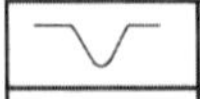	飛鳥時代以降	墓誌、造像銘、鐘銘、刀、剣、鰐口など金属器 (法隆寺甲寅年釈迦像光背銘[西暦594])	小金銅仏銘 廣陵王璽
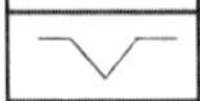	奈良時代以降	墓誌、経筒、刀剣	売地券など
	奈良時代以降	僧道薬墓誌、宇治宿祢墓誌	
	平安時代以降		
	平安鎌倉時代	銅製経筒銘、鐘銘、鉄製燈篭	
	奈良時代 江戸時代	墓誌、鍔 (美努岡万墓誌［天平二年・西暦730］)	

	奈良時代以降	盤銘、鰐口銘、鐘銘 興福寺金堂塔心礎出土大盤「大」字	
	奈良時代	鐘銘、造像銘(長谷寺法華説相図版銘)	甲骨文、中国鐘銘 漢委奴國王印
	中世以降	灯籠、鍔	
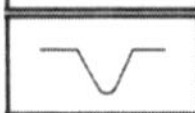	中国殷周代		殷周青銅器銘
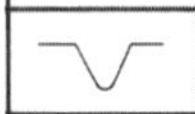	中国春秋戦国代	ろう型製品、(印など)	
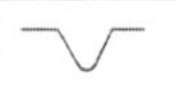	奈良時代(?) 平安時代	法隆寺金堂釈迦三尊像光背銘(？)要精密調査	
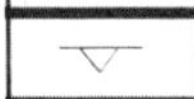	中国漢代	四天王寺七星剣(無銘)	五十練鉄剣 卅湅鉄刀
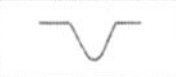	百済、古墳時代	七支刀、稲荷山金象嵌鉄剣、江田船山銀象嵌銘鉄刀	
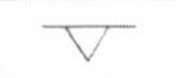	古墳時代以降	鉄剣、正倉院刀子銘、鍔など	
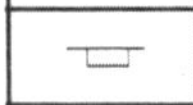	中世末以降	鍔	中国象嵌銘
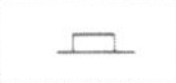	近世		
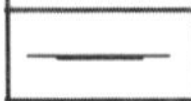	近世		
	中国殷周時代		青銅器
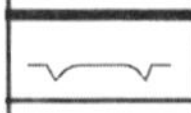	中世末以降	鐘銘 (円覚寺鐘銘[正安参年、西暦1301])	
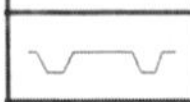	平安時代末以降	刀剣	
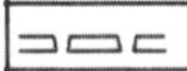	中世以降	灯籠、鍔(正中鉄灯籠)、直江兼続冑「愛」字	
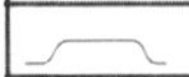	中世以降	(藤原道長経箱)	
	弥生・古墳時代	隅田八幡神社人物画像鏡銘、鐘銘	
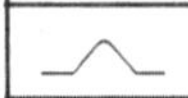	鎌倉時代 江戸時代	鐘銘　鎌倉建長寺鐘銘 和菓子「長生殿」銘文	
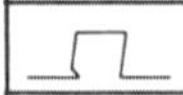	平安時代以降	印、燈台、鐘銘 (興福寺南円堂銅燈台銘[弘仁七年、西暦816])	
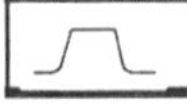	中世以降	鐘銘、橋銘	

表１　日本と東アジアにおける「文字の技術」の分類

形態分類	技術の大分類	技術の中分類	No.	技術の小分類	技術の小分類の概要
陰文(款) D Dent	陰刻 E Engrave	線彫り	1	毛彫り(含溝たがね)	毛彫りたがねを用いて文字線を彫る。原則的に一回の加工で一本の文字線を彫る。
			2	蹴り彫り	三角形の点を連ねて1本の線に見せる。
			3	打ち込み	一文字状の打ち込みたがねを数回打って、一本の文字線を整形する。
			4	なめくり打ち	杏仁形の点を連ねて1本の線に見せる。
			5	点打ち	丸い点を連ねて1本の線に見せる。
			6	片切り彫り	平鏨・片切りたがねを使い、文字線を不等辺のV溝に彫り、肥痩を表現する。
			7	刻印陰刻	文字の刻印(凸)を作り、それを素材に打ち込む。文字は陰となる。
		浚い彫り	8	籠字陰刻	毛彫りたがねを用いて文字線の輪郭を彫る。輪郭の内部は浚い取らない。
			9	浚い彫り	文字線の輪郭を彫り、その内側を浚い取る。
			10	透彫り(陰)	文字線の輪郭の内側を切り抜く。
	陰鋳 C Cast	陶型	1	陶型陰鋳	粘土に文字を陰に彫り、乾燥させた後粘土で転写する。それを鋳型にはめ、鋳造すると文字は陰になる。
		ろう型	2	ろう型陰鋳	ろう型に文字を陰刻する。鋳造後文字は凹となる。
			3	ろう製原型埋け込み法	ろう型に文字を陰刻する。鋳造後文字は凹となる。
平文 F Flat	象嵌(錯) I Inray	線象嵌	1	蹴り彫り象嵌	蹴り彫りで文字線を陰刻し、金線を埋める
			2	なめくり象嵌	
			3	毛彫り象嵌	たがねを用いて素材に文字線を陰刻し、金銀銅などの線を埋め込む
		平象嵌	4	平象嵌	たがねを用いて文字線の輪郭の内側をさらい取り、同様の形に切り抜いた金銀銅などを埋め込む
			5	高肉象嵌	平象嵌と似た手法で、文字の部分が地より高い
			6	布目象嵌	たがねを用いて文字線の輪郭の内側に格子形に傷を付け、薄い金板を押しつけて定着させる
	鋳鑲法　C		1	鋳鑲法	あらかじめ、文様となる素材を鋳型にはめこみ。そこに青銅を鋳込む
陽文(識) P Project	陽刻 E Engrave		1	薄肉彫り陽刻	文字線の輪郭を線彫りし、輪郭の内側を削って文字線に立体感をもたせる。
			2	彫りくずし陽刻	文字線の輪郭の外側を全てさらい取り、文字線を凸に表現する。
			3	透彫り陽刻	文字線の輪郭の外側を切り抜く。
			4	打ち出し陽刻	薄い素材を用い文字線の輪郭の外側を打ち沈めるか内側を裏から打ち出す。
	陽鋳 C Cast	ヘラ押し	1	ヘラ押し陽鋳	鋳型にヘラを使って陰刻する。鋳造後文字は凸になる。
			2	立体ヘラ押し陽鋳	鋳型にヘラを使って陰刻する。鋳造後文字は凸になる。文字線の強弱や抑揚を立体的に表現しようとする。
		文字型	3	ろう製原型埋け込み陽鋳	蜜ろうに文字を転写して切り抜く。それを粘土で囲んで焼成しする。鋳型に埋め込み鋳造する。鋳造後凸となる。
			4	木製原型押し込み陽鋳	木、紙、粘土などで作った文字型を鋳型に押し込む。鋳造後文字は凸となる。

〈技術の大分類〉

続いて、技術の大分類を試みた。

「陰文」（D、DentのDentの頭文字）には、出来上がった器物に工具を使って刻む**「陰刻」**（DE、DentのDとEngraveのE）と、鋳造で作る**「陰鋳」**（DC、DentのDとCastのC）がある。

「平文」（F、FlatのF）には**「象嵌」**（FI、FlatのFとInlayのI）が入る。**「象嵌」**はこれまで**「陰文」**に分類してきたが、形態に忠実に分類することを考え、**「平文」**に入れた。**「鋳鑲法」**（FC、FlatのFとCastのC）も平文に分類される。

「陽文」（P、ProjectのP）は、出来上がった器物の一部をたがねなどの工具を使って削り取って、文字を凸に見せる**「陽刻」**（PE）と、鋳造によって文字を「凸」にする**「陽鋳」**（PC）に分類した。

〈技術の中分類〉

さらに、技術の中分類を行った。

「陰刻」（DE）は**「線彫り」**と**「浚い彫り」**に分ける。この分類は東アジアの文字の技術を考える上で、歴史学的な指針ともなりうる。

「陰鋳」（DC）は、蜜ろうなど温度によって軟化する材料を使う技術とそれを使わない技術に分けることができる。前者を**「ろう型」**、後者を**「陶型」**とした。蜜ろうの利用は鋳造の歴史の上で大きな技術的画期ともなりうる。

「象嵌」（FI）は、**「線象嵌」**と**「平象嵌」**に分ける。線象嵌は線彫りした後、金銀などをはめ込み、平象嵌は浚い彫りした後、金銀などをはめ込むため、**「陰刻」**（DE）と大変密接な関係にある。

「陽刻」（PE）は、中分類は行わなかった。今後、事例が多く抽出できれば、中分類が必要になることも考えられる。

「陽鋳」（ＰＣ）には、**「ヘラ押し」**と**「文字型」**がある。**「ヘラ押し」**は、鋳型にヘラで直接左文字で彫り込む。**「文字型」**は、蜜ろうや木であらかじめ文字原型を作り、それを鋳型に押し込む。あるいは埋け込む。

中分類をさらに小分類にした。これは使われる工具の違い、あるいは素材の違い、表現の違いなどをより具体的に表すためである。詳細は次項にまとめた。一覧表と合わせてお読みいただきたい。

4　解説　文字の技術

(1) 陰刻の技術…その工具と工程

〈毛彫り（ＤＥ１）〉

陰文の最も代表的な技術で、毛彫りたがね（図5、9、10）、丸毛彫りたがね（図6）、溝たがね（図7）などを使う（図8）。原則的には一回の加工で一本の文字線を彫るので、仮に下書きがあったとしても、必ずしもその通りに彫ることは出来ない。日本における初例は、鏡に彫られた「竟」の銘が知られている。さらに法隆寺献納宝物甲寅年釈迦像光背銘（毛彫り、五九四年）、伊福吉部徳足比売骨蔵器銘（毛彫り、七一〇年、図11）、小治田安萬侶墓誌（丸毛彫り、七二九年、図12）行基骨蔵器残欠（丸毛彫り、七四九年、図13）など、飛鳥奈良時代の造像銘や墓誌や印章彫刻などに使われている。

〈蹴り彫り（ＤＥ２）〉

切り妻形の屋根を逆さまにした形状のたがね（図14、15）を、斜めに傾けて打つと二等辺三角形の形ができる（図16）。

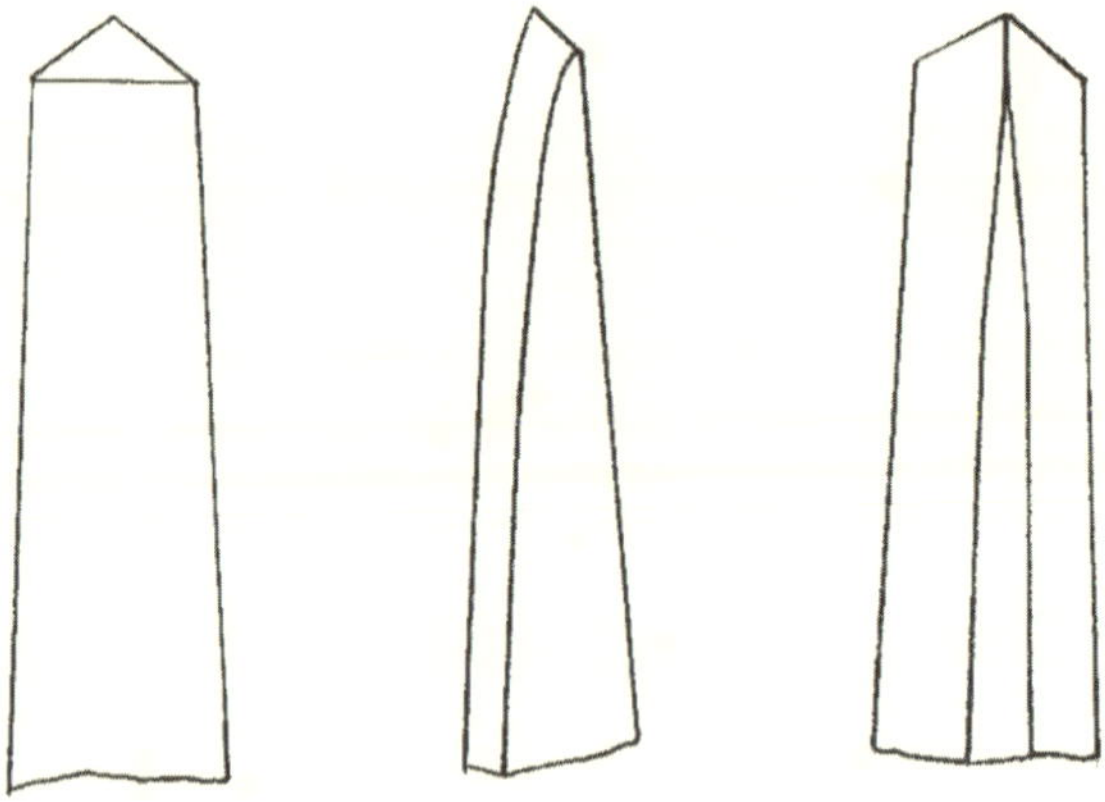

図５　毛彫りたがね例（模式図）

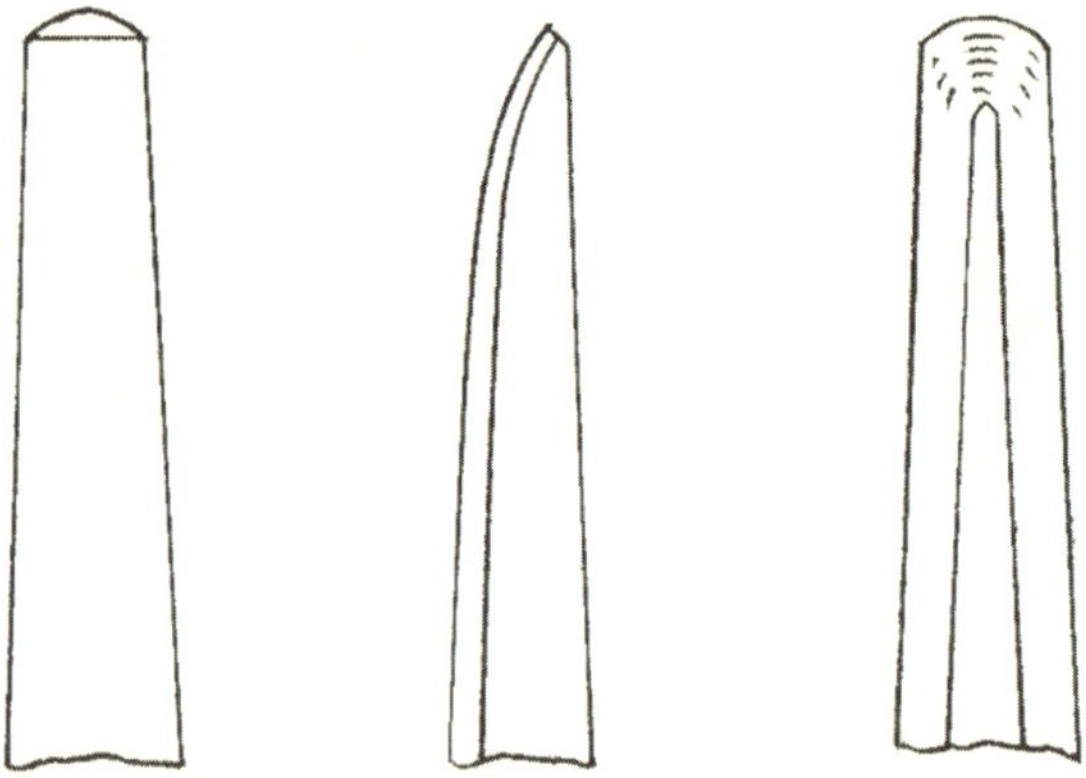

図６　丸毛彫りたがねの例（模式図）

図８　彫金の姿勢

図７　溝たがね

図10　毛彫りの溝の断面図

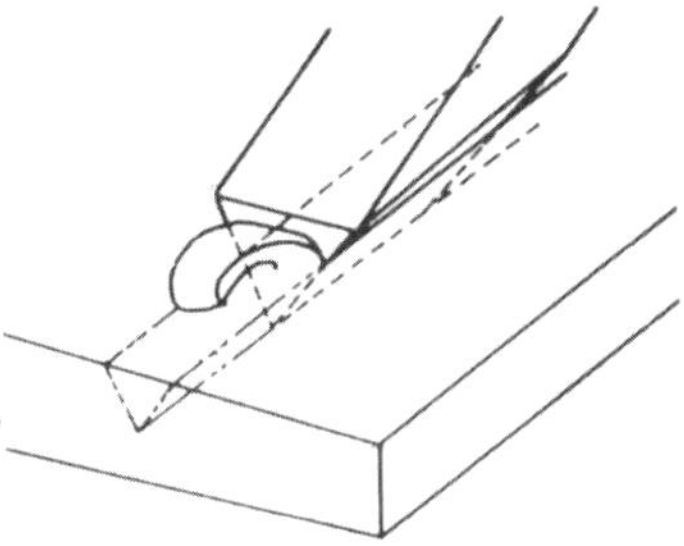

図９　毛彫り（模式図）

図11
伊福吉部徳足比売
骨蔵器銘
（毛彫り、710年）▶

図12
小治田安萬侶墓誌
（丸毛彫り、729年）
◀

図13　行基骨蔵器残欠（丸毛彫り、749年）▲

図15　蹴り彫りたがね
（左A型、右B型）▲

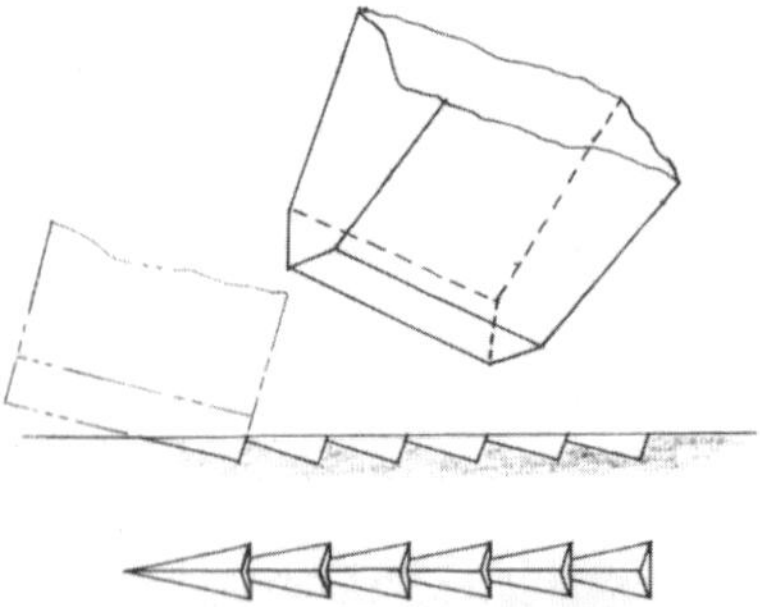

図14　蹴り彫り（模式図）▲

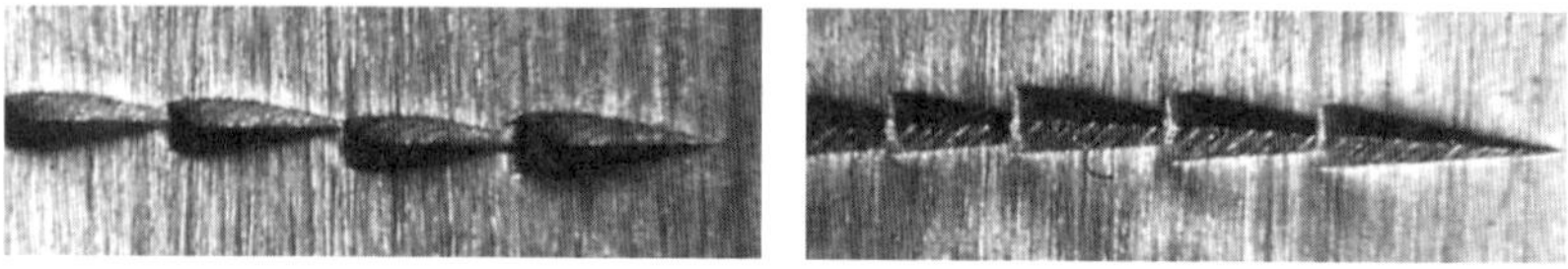

図16　蹴り彫りたがねの加工痕（左A型、右B型）▲

図17
大分県長安寺の
銅版法華経
（蹴り彫り、1141年）▶

図18
滋賀県泉神社鐘銘
（蹴り彫り、1434年）▲

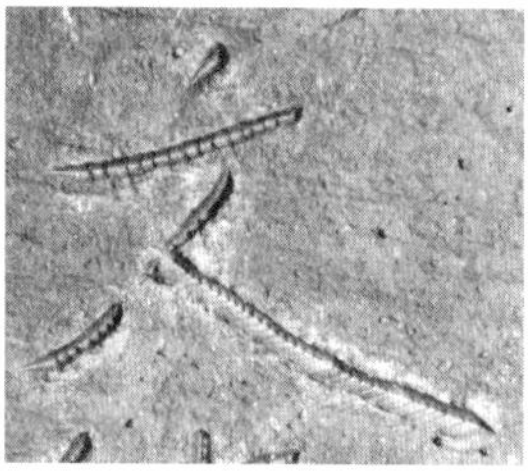

図19
富山県瑞龍寺鐘の
内面銘
（蹴り彫り、1813年）◀

それを連ねて打っていくことで文字線を表現していく。きっちりと角があるA型と丸みを帯びたB型に分けることができる。我が国では平安時代の刻銘に多く用いられる。近世以降では、刀の銘に多く用いられ、「切り銘」と呼ばれる。図17は、大分県長安寺銅板法華経（一一四一年）、図18、19は、梵鐘銘では珍しい蹴り彫り銘で、滋賀県泉神社鐘銘（一四三四年）と富山県瑞龍寺鐘の内側に刻された文化十年（一八一三）の追銘である。

〈打ち込み（DE3）〉

初例は、僧道薬墓誌であり、「薬」字の一本の横画を三回たがねを打ち込んで形成している（第三章　図8）。削られるのに適さない柔らかい金属素材や薄い金属板に文字を彫るときなどに用いられる。

〈なめくり打ち（DE4）〉

たがねの先端が二枚貝のごとき形状をしているなめくりたがねを打ち込むと杏仁形の跡ができる。これを連続的に打つと、一本の滑らかな線となる（図20）。なめくり打ちの加工の原理は蹴り彫りと同じであり、形は図16のB型に近い。たがねの先端が丸みを強く帯びていて、かつ、送りピッチが細かいため、三角点の跡がほとんど残らず、連続的で滑らかな線となる。

〈点打ち（DE5）〉

丸い点を連ねて打ち、眼の錯覚によって線に見せる技術で、たがねは「石目たがね」あるいは「点打ちたがね」などと呼ばれる（図21、22）。専門的な金工工人がいない時に、素人細工で行われることが多い。

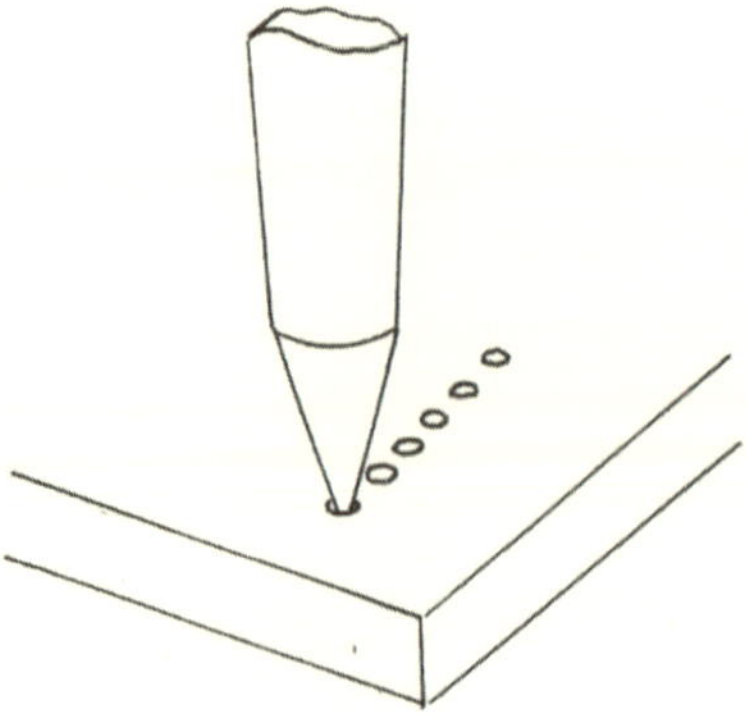

図21　点打ち（模式図）▲

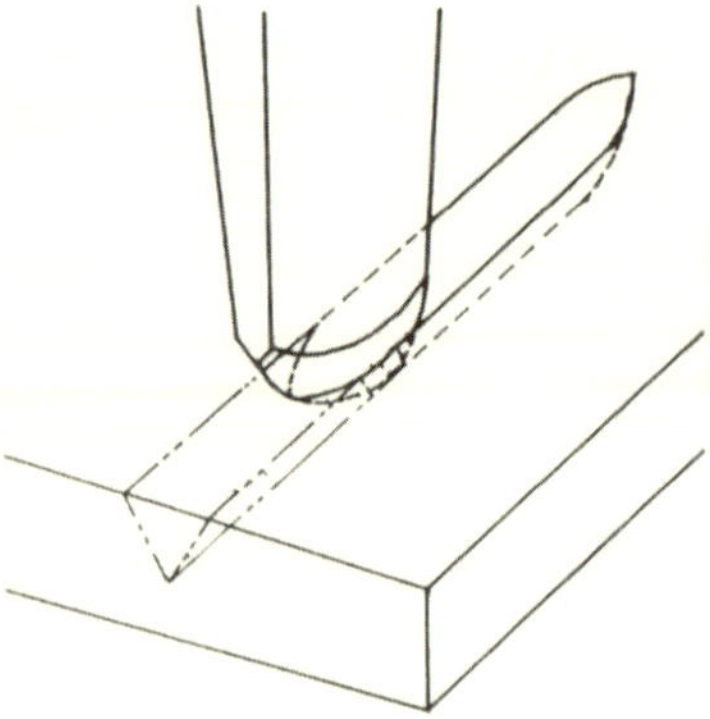

図20　なめくり打ち（模式図）▲

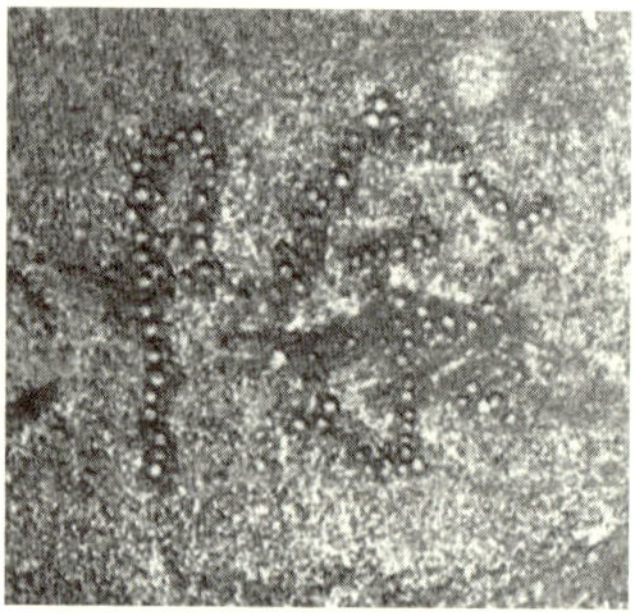

図22
岐阜長徳寺鐘の
笠形銘
（点打ち、20世紀）◀

〈片切り彫り（DE6）〉

片切り彫りは、江戸時代に考案されたと伝えられる。日本画に描かれた肥痩のある線を金属に再現するために考え出されたと言われ、それが文字彫りに応用された。特に肥痩の表現に優れていて、たがねを傾けることによって太い線を彫ることができる。近世・近代の文字彫りに使われた（図23、24）。

奈良時代美努岡萬墓誌（七三〇年）は鋤たがねを傾けて使い、線の肥痩を表現している。原理的には片切り彫りに分類されるが、当時としては異質の技術である。

〈刻印陰刻（DE7）〉

たがねの先端に凸で左文字に文字を作って、焼き入れして刻印を作る。それを金属製品に打ち込んで、陰文の文字を作る技法である。近世以降の技術であろう。

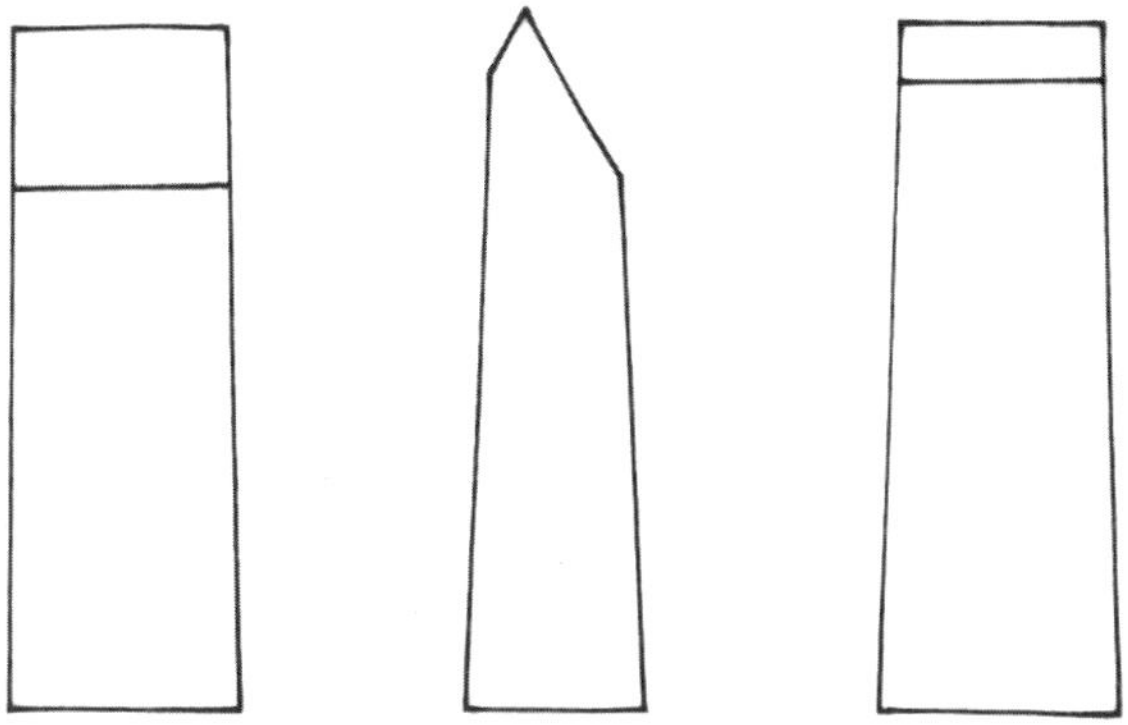

図23　片切りたがね（左：上面、中：側面、右：下面）

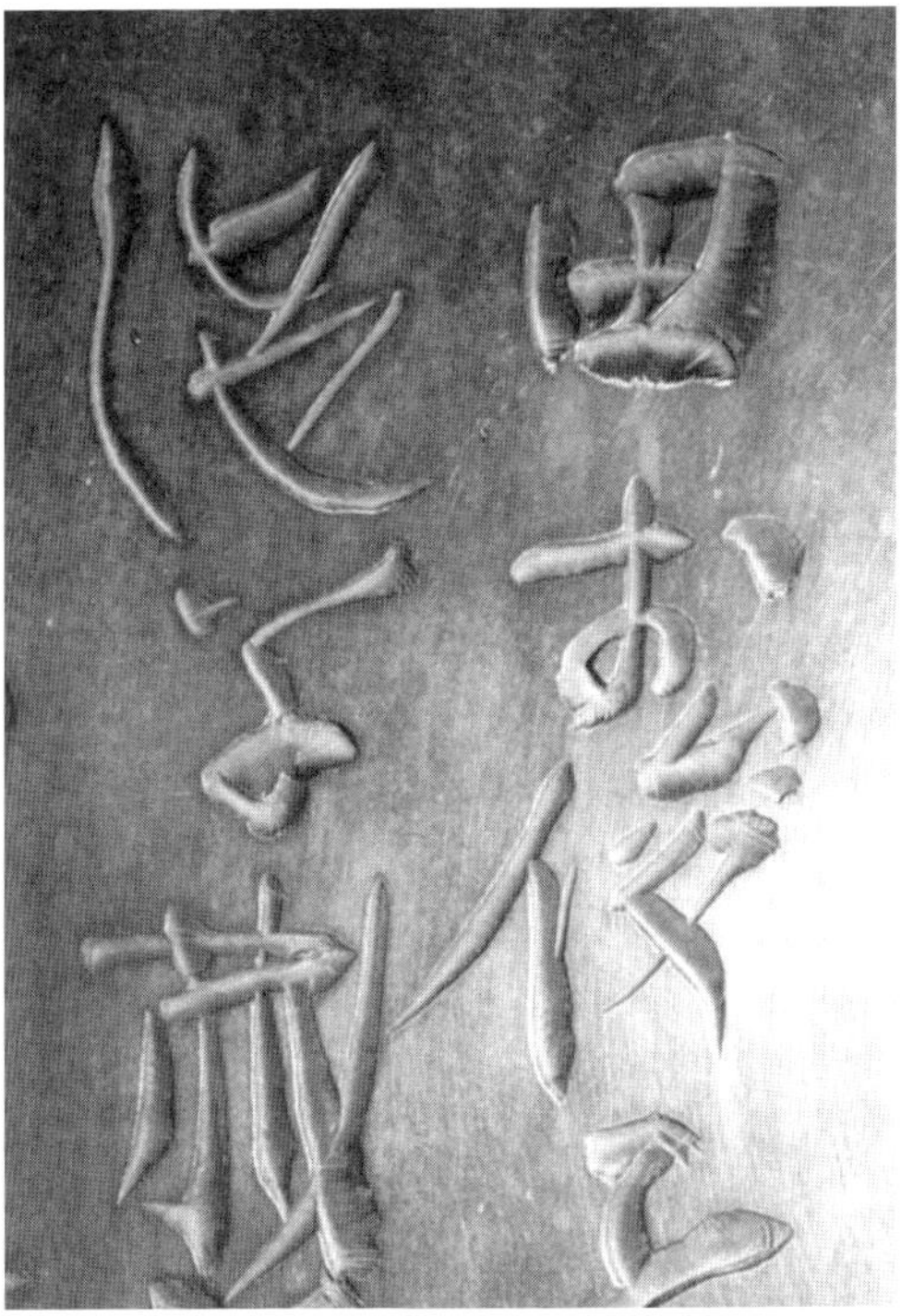

図24　東慶寺内　田村俊子碑（片切り彫り、1961年）▲

図26　石川年足墓誌
（部分的な籠字陰刻、762年）

図25　西本願寺鐘銘
（籠字陰刻、1165年頃）

〈籠字陰刻（DE8）〉

大きい文字や太い文字線を彫るために使われる技術で、毛彫りたがねを用いて文字線の輪郭を彫る（図25、26）。次の浚い彫りとは異なり、輪郭の内側を浚い取ることはしない。

〈浚い彫り（DE9）〉

浚い彫りは下書きの文字線の輪郭に沿って細い線彫りを施し、次にその内側の素材を浚い取る。下書きの文字線の形を忠実にならうことを第一義とした技法である。筆の動きや勢いを再現することには適さない。使われる工具は毛彫りたがね、鋤たがね、きさげなどである。また、鋳造で作り上げた文字の仕上げ加工として、この技法が使われることがある。鋳造では文字の輪郭が不鮮明になることが多いため、仕上げ加工として浚い彫りが行われる。

長谷寺法華説相図版銘（七世紀後半、図27、28）には浚い彫りが施されたと考えているが、たがねによる加工だけでなく、ろう原型にヘラなどで浚い彫りされた可能性も残る。

中国の金属への陰文の彫刻では、古代から近代に至るまで広く用いられた技法である。図29は、岐阜長徳寺鐘銘（天復二年〔九〇二〕）鋳造、開平五年〔九一一〕刻銘）の浚い彫り刻銘であるが、その断面

図29　岐阜長徳寺鐘銘（浚い彫り、911年）

図27　長谷寺法華説相図版銘
（浚い彫り、7世紀後半）

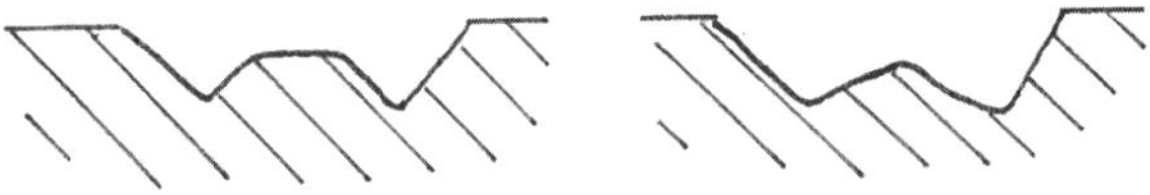

奈良県長谷寺法華説相図版銘の溝底部
図28　（観察からの模式図）▲

形状はV字形である。


〈透彫り（DE10）〉

薄手の板で構成された器物を切り抜いて文字を表現する。灯籠の火扉や、刀の鍔などに使われる。

（2）陰鋳の技術

〈陶型陰鋳（DC1）〉

粘土の板にへらや刀を使って文字を陰刻し、乾燥の後、それに粘土を当てて反転させて凸で左文字の陶型を作る。さらに、その陶型を器物の鋳型に埋《い》け込み、鋳型を完成させる。陰鋳銘の代表例に、殷周の青銅器の款（陰文）がある。これは、陶模法（陶型陰鋳銘）で作られたとする説[2]がある一方で、三船温尚氏と清水克朗氏の研究では、「ろう」やろうに準ずる「常温で固体で水に溶けず比較的低温で液化する」性質を持った素材が使われた埋け込み型の技法が提唱されている(3)。他にも、この銘文鋳造法については、様々な議論がある。筆者は、三船、清水両氏の提案に意を同じくするが、確たる証明手段を未だ持てないでいる。日本の梵鐘銘で陰鋳のものを私は知らない。

法隆寺金堂釈迦三尊像光背銘については、私は、ろう製原型埋け込み法によって作られた可能性を指摘している。これについては、第三章第5・6項を参照いただきたい。さらに、長谷寺法華説相図版銘についても、第三章で述べたように、たがねによる浚い彫りと、ろう原型に対するへらによる浚い彫りの二つの可能性がある。後者であれば、これも陶型陰鋳に分類できる。

〈ろう型陰鋳（DC2）〉

ろう型鋳造法の工程で、ろうで作った原型に文字を凹に彫り込み、それを鋳物砂で包んで焼成すると、凸の陶型ができる。これを鋳造すると器物と同時に陰文ができる。浚い彫りの項で示した長谷寺法華説相図版銘（七世紀後半、図27、28）はこの技法の可能性がある。

〈ろう製原型埋け込み陰鋳（DC3）〉

法隆寺釈迦三尊像光背銘がこの技法で作られた可能性があり、精密な調査の実施が望まれる（第三章参照）。約五〇cm四方の銘文のあたりはかなり平滑に仕上げ加工が施されているが、その周囲の表面がとても粗く、凸出している。これは埋け込み法の痕跡の可能性がある。

はじめに蜜ろうなどで厚さ数mm程度のろう板を作り、そこに下書きをして（下書きの紙を当てて）、ヘラや刀で文字の部分を削り取る。次に、ろう板に鋳物砂などをかぶせる。焼成して乾燥させて陶製の埋け込み型を作るが、同時にろうが溶け出る。陶型を鋳型に埋け込み、鋳型を完成させる。鋳造後に陰文が出来上がるという技法である。

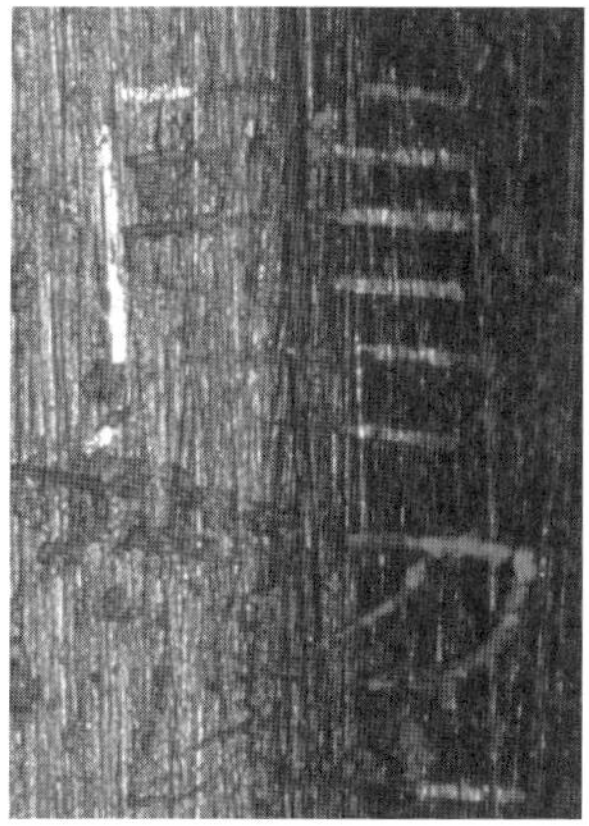

図30
江蘇省徐州市銅山県駝竜山
出土建初二年金錯鉄剣銘
（蹴り彫り象嵌、AD77年）◀

図31　山東省蒼山県出土永初六年金錯鉄刀銘（蹴り彫り象嵌、AD112年）▲

（3）象嵌の技術

〈蹴り彫り象嵌（FⅠ1）〉

中国後漢代に始まった線象嵌は、蹴り彫りで溝を彫り、そこに金をはめる蹴り彫り象嵌の技法が多く使われている。いずれも大変繊細な彫りで、図30は、江蘇省徐州銅山県駝竜山出土建初二年（七七）金錯鉄剣銘であるが、これは刀身の茎に蹴り彫り象嵌されている。また、図31の山東省蒼山県出土永初六年（一一二）金錯鉄刀では約六㎜の刀背部分にこの象嵌銘が施されている。銘と共に施された火炎文の象嵌に至っては、四㎜の幅に十六本以上の蹴り彫りが彫られ、そこに金がはめられているのだが、高度に洗練された蹴り彫り技術に裏付けられている。金を嵌める技術が如何なるものであったのか、詳細は判明していない。

〈なめくり象嵌（F－2）〉

四世紀から五世紀にかかる頃、朝鮮半島や日本列島で行われた線象嵌の中に、なめくり打ちで溝が彫られていると推定できるものがある。七支刀の金象嵌銘（三六九年、図32）は、金線の大半が脱落するという象嵌銘では大変珍しい現象が起きていて、中国中原から離れた周辺地域の技術として位置づけることができる。五世紀の象嵌文字と考えられているさきたま稲荷山金象嵌鉄剣銘（四七一年）は、同じくなめくり象嵌技法が使われているが、こちらはほとんど金線が脱落していない。一部の溝内に金線が脱落しないようにアンカー（錨）の役目を果たす凹凸が作られており（図33、34）、周辺地域の技術がそれなりに進化したことが推定できる。江田船山銀象嵌大刀銘（五世紀末、図35）も、筆画（文字線）に大きな湾曲や膨らみが見られることから、同じくなめくり象嵌の技法と推定される。

〈毛彫り象嵌（F－3）〉

六世紀後半になって日本列島に現れる技術で、当時は文様の象嵌に数多く使われていた。奈良時代になると文字の技術としても用いられるようになり、正倉院の刀子に見られる象嵌文様は毛彫り象嵌の技法であろう。中世以降の線象嵌銘の多くは毛彫り象嵌の技法が用いられる（溝たがねを使った線象嵌も含める）。

〈平象嵌（F－4）〉

文字線となる部分を浚い彫りしておき、そのかたちに切り抜いた金銀板を嵌め込む。我が国では、近世以降に見られる。中国では戦国時代の青銅器への象嵌銘に施された例がある。

図32　七支刀銘（なめくり象嵌、369年）▲

図34
さきたま稲荷山金象嵌鉄剣銘の金線の裏側『埼玉稲荷山古墳辛亥銘鉄剣修理報告書』1982年より◀
（国（文化庁）所管）

図33　さきたま稲荷山金象嵌鉄剣銘（なめくり象嵌、471年）▲
（国（文化庁）所管）

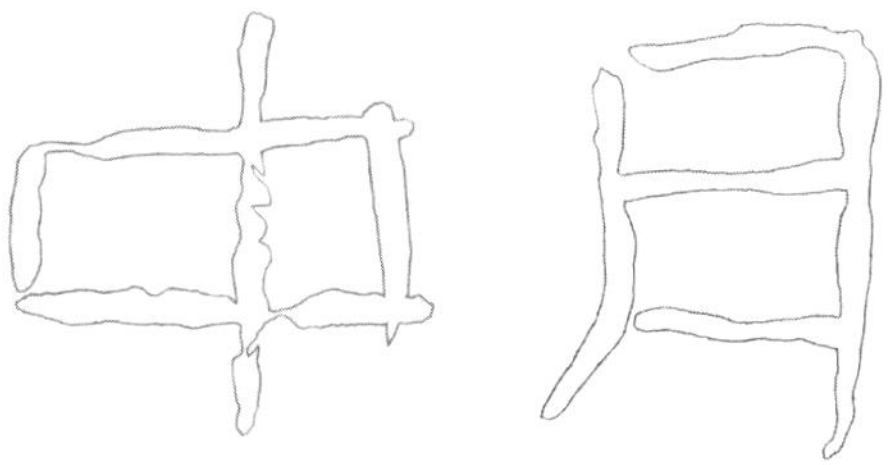

図35　江田船山古墳銀象嵌鉄刀銘（なめくり象嵌、5世紀末）▲
（東京国立博物館所蔵）

〈高肉象嵌（FI5）〉

文字線となる部分を浚い彫りしておき、そのかたちに切り抜いた金銀の厚板を嵌め込む。文字線に膨らみを持たせるように仕上げるので、立体的な表現となる。我が国では近世以降に見られる。

〈布目象嵌（FI6）〉

文字線となる部分を篦字陰刻し、篦字の内側にたがねで無数の傷を付ける。そこへ、金銀の薄板を当てて木製たがねや鹿角製たがねなどを押し当てて薄板を定着させる。我が国では近世以降に見られる。

〈鋳鑲法（インサート鋳造法）（FC1）〉

中国の春秋戦国時代の銅器に金象嵌やトルコ石象嵌などが施されている。また、紅銅文様を嵌め込む技術が殷周時代から行われていた。これはあらかじめ、文様のかたちに切り抜いた紅銅を鋳型にはめこんでおき、そこに青銅を鋳込むことで、青銅器の中に紅銅が象嵌されるという技法である。中国ではこれを「鋳鑲法」と名付けている。(4)

（4）陽刻の技術

〈薄肉彫り陽刻（PE1）〉

文字線の断面は図36のようになる。文字線に膨らみを与え、立体的な表現を試みている。鎌倉円覚寺鐘銘（一三〇一年）が我が国における薄肉彫り陽刻の初例である（図37）。近世以降の商家の木製看板文字などにも多く見られる。

図37
鎌倉円覚寺鐘銘▲
（薄肉彫り陽刻、1301年）

図36　薄肉彫り陽刻の文字線の断面図（模式図）▲

図38　彫りくずし陽刻の文字線の断面図（模式図）▲

図39
池上本門寺鐘銘▶
（彫りくずし陽刻、1714年）

〈彫りくずし陽刻（ＰＥ２）〉

文字線の断面は図38のようになる。文字線に膨らみはないが、その周囲を削り取って凸出しているように見せる技術である。平安時代末ころから日本刀の刀身に見られるようになる。梵鐘銘では、池上本門寺鐘（一七一四年）にも見られる（図39）。

〈透彫り陽刻（ＰＥ３）〉

薄い板材を使い、文字の周辺部を切り抜くことで文字を表す技法である。灯籠の火扉などに施され、夜になると炎の光によって文字が浮かび上がる効果がある（図40、41）。直江兼続の前立て兜の「愛」の字はこの技法による。

〈打ち出し陽刻（ＰＥ４）〉

薄い金属板を裏からたたいて打ち出したり、表から周囲を凹ませて、文字線に膨らみをもたせる半立体的な表現法である（図42、43）。みこし金具や寺社の建築金物、あるいは金属製看板などに用いられてきた。

（５）陽鋳の技術

〈ヘラ押し陽鋳（ＰＣ１）〉

我が国最初の鋳造銘は、銅鏡のヘラ押し陽鋳銘である。ヘラ押し陽鋳銘は、生乾きの鋳型に、金属や竹や木で作られたヘラを押し込み、文字線を凹に形成すると、鋳造後、文字が凸に出来上がるという技法である。

図40　京都国立博物館蔵　元応元年鉄釣灯籠銘（透彫り陽刻、1319年）▲

図41　透彫り陽刻の文字線の断面図

図42
滋賀県長命寺寛元元年
金銅透彫種子華鬘◀
（打ち出し陽刻、1243年）

図43　打ち出し陽刻の文字線の断面図▲

〈立体ヘラ押し陽鋳（ＰＣ２）〉

ヘラ押し陽鋳の技術が、下書きの文字の肥痩、抑揚などを再現することを苦手とすることを第四章で述べたが、鎌倉時代、物部系の鋳物師が大工を務めた梵鐘の幾つかに、それまでのものとは一線を画す高い水準のヘラ押し陽鋳銘を見ることができる。神奈川県建長寺鐘銘（建長七年〔一二五五年〕、大工大和権守物部重光）、埼玉県勝楽寺鐘銘（文応二年〔一二六一年〕、大工物部季重）、神奈川県長谷寺鐘銘（文永元年〔一二六四年〕、大工物部季重）などである。どの鐘銘も、文字線の肥痩や抑揚、強弱を表現している。これを「立体ヘラ押し陽鋳銘」と分類する。詳しくは、四章の「蘭渓道隆の建長寺鐘銘と物部重光の立体へら押し陽鋳銘」を参照されたい。

〈ろう製原型埋け込み陽鋳（ＰＣ３）と木製原型押し込み陽鋳（ＰＣ４）〉

ろう製原型埋け込み陽鋳（図44）と木製原型押し込み陽鋳は、それまでわが国で行われていた「陰刻銘」や「ヘラ押し陽鋳銘」に代わって、九、一〇世紀頃に現れ定着した文字の技術である。平安末期には一度姿を消すが、鎌倉時代に入る頃に復活し、その後わが国の代表的な文字の技術となる。近現代に至るまで、筆書き文字の美しさを金属鋳物製品の上に表現するのに最も適した技術として用いられてきた。

近世以降は、木製原型押し込み陽鋳、すなわち、木に文字を彫り出し、それを生乾きの鋳型に押し込んで文字を凹に作り、そこに溶融金属を流し込むと文字が凸に出来上がるという技法が用いられた。現代では木の代わりにベニヤ板や厚紙を切り抜いて文字型（図45）を作ることもあるが、本稿ではこれらを総称して「木製原型押し込み陽鋳」とする。

詳しくは、第四章の１「栄山寺鐘銘の技術とその撰・書者について」と第四章の２「京都西本願寺鐘銘の陽文」を参照されたい。

図44
滋賀県正休寺鐘銘
（ろう製原型埋け込み陽鋳、1491年）
文字の周囲に埋け込み型の跡が残る

図45　厚紙を切り抜いて作った文字型
（昭和時代）

（注）

（1）坪井良平　一九七六『日本の梵鐘』角川書店、一九七〇年三月、坪井良平『梵鐘』学生社

（2）高浜秀、谷豊信　一九九二「曽侯乙墓出土の青銅器」『特別展　曽侯乙墓』東京国立博物館編、樋口隆康　一九七二「中国の古銅器」『総合鋳物』

（3）三船温尚、清水克朗　一九九七「中国古代青銅器の鋳造技法、その四」『高岡短期大学紀要』9巻

（4）鋳鑲法については、舒之梅・譚維四　一九九二「曽侯乙墓発掘の主な成果」『特別展　曽侯乙墓』東京国立博物館編、日本経済新聞社、を参照

あとがき

私を金石文学の道を歩くよう導いて下さったのは、早稲田大学名誉教授、故千厓加藤諄先生である。その入り口で、先生が私のために用意して下さった学習の場は、ご自宅の二階の和室であった。先生は、ご自身が採取、蒐集された五百点に近い梵鐘銘拓本の整理とその目録作成を私に命じられた。私は週に二日ずつ先生のお宅に通い、拓本を広げては、そこに遺された文字を読み、目録を作っていった。一日に整理できる拓本は数点のことで、一通り目録を作るだけで五年余りの日を要した。その間、様々なことを教えていただいた。文字のこと、漢文のこと、拓本のこと、会津先生のこと、歌のこと、それらの全てを通して、私は先生の学問・金石文学の背景の広大さを知ることになった。

拓本整理と目録作成の作業は、先生のお仕事の手伝いになると、私は頭の片隅で考えていた。それによって少しでも先生のお役に立つことがあれば、日々の懇切なご教授への御礼になるのではないかとの考えを持っていたのである。しかし、整理の大半を終えた頃、私は、先生ご自身による拓本整理と目録作成がすでに完了していたことを知った。私は、そこで初めて、それまで行ってきた作業が、純粋に私の為に先生が用意して下さった学習の方法でありチャンスであったことを理解したのである。

そして、その数年後、私は、加藤諄先生ご自身の学問への入り口が、拓本整理と目録作成であったことを先生の口からうかがうことになった。

先生は、大正十三年三月、愛知県立一宮中学校を卒業され、同十五年四月、後に會津八一先生と出会う早稲田大学第一高等学校文科に入学された。昭和三年、つまり、先生が高等学校三年生の十月に、師會津八一先生の指導の下、「日本上代金石文拓本展覧会」を催すことになった。会津先生所蔵の拓本を借用して展覧会にする企画であったが、会津先生の指導は厳しく、加藤先生ら学生に、しっかりした「展観目録」を作るよう指示されたという。先輩の力を借りながらもなんとか作り上げ『金石流光』の名を会津先生からいただいて、その展観目録を印刷配布した。全六十二頁の展観目録は、その内容といえば四十点の資料について、名称、所在、釈文、時代、寸法に注釈と解説を加えた立派なものであった。加藤諄先生の学問の入り口は、そこにあったと仰った。

先生は、ご自身と同じ方法・手段で、私に金石文学の学習の機会を与えて下さったのである。

そうした研究の日々のある時、加藤先生は突然私に対して「文字の技術史」をライフワークにするようご指導下さった。先生は、昭和四十年に平凡社より刊行された『書道全集』第九巻で、「金石文について」を著された。そこにおいて、金属や石に文字を彫る技術について詳しく言及されたように、私たちとの研究会においても、たびたび取り上げられ、文字の技術に並々ならぬ関心を示されていた。私は、文字の技術史の題をいただいたとき、いつかそれを体系化して一冊の本にまとめることが出来たら、と思った。

こうして、本書を世に問うことができるようになった。この場を借りて、改めて、金石文学の道に導いて下さった師・加藤諄先生にこころから感謝申し上げたい。

文字の技術史は、それを加藤先生が発想された頃より大きな可能性を感じることが出来るまでに成長した。文字の技術史的解析や、技術移転論の展開によって、私は、金石の銘文自体の解釈や、金石資料自体の理解についても、わずかばかり新たな視点を見いだすことが出来たかなと思うこともある。さらに、遺物の誕生時空論も着想し、その展開が歴史学に有用であるとの確信を持つようになったが、その研究が文字の技術史研究の延長上にあることも明らかである。

会津八一先生は、『金石流光』の「序」において、加藤諄先生等当時の学生に対して次のような言葉を贈られている。

〈前略〉諸君は須く此の一々の拓本につきて、その釈文を作り、寸法を測り、年代を決め、所在出所を究め、即ち実物につきて先ず明確なる研究を遂げ、その造詣を以て一部の解説書を綴り、已が手もとにもとどめ、一般来観者

にも頒かちて参考に資するの用意あるべきなり〈後略〉

会津先生が、若き加藤先生等に示されたのは、学問研究における客観性の大切さである。加藤先生も私にそのことを教えるべく、目録作りを指示されたに違いない。そうしていただいた客観性こそが、文字の技術史研究の可能性を広げてくれたものと私は考えている。

本書の名称『造像銘・墓誌・梵鐘銘　美しい文字を求めて―金石文学入門Ⅱ　技術篇―』は、加藤先生のご著書『日本金石文学』（青裳堂書店　日本書誌学大系五六　一九八八年）から一部を借用し、その技術の部分を担ったという意味で「技術篇」の語を加えさせていただいた。先に世に問うた『復元七支刀―東アジアの鉄・象嵌・文字―』、『論叢文化財と技術1　百練鉄刀とものづくり』の拙著も、それぞれ『金石文学入門Ⅲ　七支刀銘篇』、『金石文学入門Ⅳ　百錬鉄刀篇』と題してもよい内容である。今後は、本書の続編『金石文学入門Ⅴ　釈文篇』の刊行に取り組みたいと考えている。歩みを止めずに、師からいただいたライフワークに、しっかりと取り組んで行きたい。

早稲田大学文学研究科で加藤先生が始められた「金石文特論」の講義を、柴田光彦先生の後を受けて担当させていただいている。若い研究者の卵たちの勉強の参考になればこんなに嬉しいことはない。

隻眼舎の同人であった群馬大学教授石田肇氏には本書に用いた原稿の多くを下読みしていただき、厳しくご指導いただきました。心より感謝申し上げます。本書の刊行にあたって筆者の「金石文特論」の受講生である渡辺深和さん、村上佳濃さん、住綾乃さんに校正のお手伝いをいただきましたこと、深いご縁と存じます。改めてお礼申し上げます。また、（株）雄山閣の宮田哲男氏には懇切丁寧な編集をしていただきました。感謝申し上げます。金石文学の研究は所蔵者の方々や関係者の方々の暖かいご援助があってはじめて遂行できるものです。これまでお世話になった方々に対して、末尾を借りてお礼を申し上げます。

《著者紹介》
鈴木　勉（すずきつとむ）
1949年、横須賀生まれ、早稲田大学理工学部卒。
工芸文化研究所　理事長
　橿原考古学研究所共同研究員
　早稲田大学大学院文学研究科非常勤講師（金石学特論）

主要著書
『古代の技術―藤ノ木古墳の馬具は語る―』（共著）吉川弘文館
『ものづくりと日本文化』橿原考古学研究所附属博物館
『考古学資料大観7 弥生・古墳時代 鉄・金銅製品』（共著）小学館
『復元七支刀―東アジアの鉄・象嵌・文字―』（共編著）雄山閣
『百錬鉄刀とものづくり〈論叢文化財と技術1〉』（編著）雄山閣
『「漢委奴国王」金印・誕生時空論〈金石文学入門I 金属印章篇〉』雄山閣
他

2013年3月20日　初版発行　　　《検印省略》

造像銘《ぞうぞうめい》・墓誌《ぼし》・鐘銘《しょうめい》　美《うつく》しい文字《もじ》を求《もと》めて〈金石文学入門《きんせきぶんがくにゅうもん》II 技術篇《ぎじゅつへん》〉

著　者　鈴木　勉
発行者　宮田哲男
発行所　株式会社　雄山閣
〒102-0071　東京都千代田区富士見2－6－9
ＴＥＬ　03-3262-3231（代）／FAX　03-3262-6938
ＵＲＬ　http://www.yuzankaku.co.jp
e-mail info@yuzankaku.co.jp
振替　00130-5-1685
組　版　創生社
印　刷　ティーケー出版印刷
製　本　協栄製本

Printed in Japan 2013
ISBN978-4-639-02259-6　C3021